不忘初心路
奋进新征程

北京理工大学材料学院思政工作纪实

王浩宇　主编

北京理工大学出版社
BEIJING INSTITUTE OF TECHNOLOGY PRESS

版权专有　侵权必究

图书在版编目（CIP）数据

不忘初心路，奋进新征程：北京理工大学材料学院思政工作纪实 / 王浩宇主编 . -- 北京：北京理工大学出版社，2021.6
　　ISBN 978-7-5682-9969-5

Ⅰ. ①不… Ⅱ. ①王… Ⅲ. ①高等学校 – 思想政治教育 – 研究 – 北京 Ⅳ. ① G641

中国版本图书馆 CIP 数据核字（2021）第 132667 号

出版发行 / 北京理工大学出版社有限责任公司
社　　址 / 北京市海淀区中关村南大街 5 号
邮　　编 / 100081
电　　话 /（010）68914775（总编室）
　　　　　（010）82562903（教材售后服务热线）
　　　　　（010）68944723（其他图书服务热线）
网　　址 / http：//www.bitpress.com.cn
经　　销 / 全国各地新华书店
印　　刷 / 三河市华骏印务包装有限公司
开　　本 / 710 毫米 × 1000 毫米　1/16
印　　张 / 27.5　　　　　　　　　　　　　　　　　责任编辑 / 徐艳君
字　　数 / 410 千字　　　　　　　　　　　　　　　文案编辑 / 徐艳君
版　　次 / 2021 年 6 月第 1 版　2021 年 6 月第 1 次印刷　责任校对 / 周瑞红
定　　价 / 98.00 元　　　　　　　　　　　　　　　责任印制 / 李志强

图书出现印装质量问题，请拨打售后服务热线，本社负责调换

本书编委

孙秋红　邢　飞　刘晓雪

历凌霄　葛　幸　李　森

禹世杰　杨飞洋　张宇清

彭浩宇　刘力豪

前言

不忘初心路，奋进新征程

习近平总书记在党的十九大上提出"不忘初心，牢记使命，高举中国特色社会主义伟大旗帜，决胜全面建成小康社会，夺取新时代中国特色社会主义伟大胜利，为实现中华民族伟大复兴的中国梦不懈奋斗"。"为中国人民谋幸福、为中华民族谋复兴"作为共产党人的初心与使命，是当代中国共产党人的精神呼唤和时代强音，更是激励中国共产党人不断前进的根本动力。

为深入学习贯彻习近平新时代中国特色社会主义思想，落实"守初心、担使命，找差距、抓落实"的总要求，牢记"四个意识"、坚定"四个自信"、坚决做到"两个维护"，北京理工大学材料学院在校党委的正确领导下，积极开展"不忘初心，牢记使命"红色主题教育活动，将红色基因传承与红色筑梦实践相结合、科技报国初心与抗疫应急研发相结合、时代使命担当与创新创业奋斗相结合，立足学院实际、紧扣学院特色持续将"使命在肩、奋斗有我"暨"担复兴大任，做时代新人"主题教育活动引向深入，推动主题教育见实效。

本书正是对近年来北京理工大学材料学院思政育人工作的写实记录、感悟与总结。全文共设六部分，围绕材料学院师生对红色基因的历史传承与科研实践的开拓创新，以初心为主题，以"材料师生担使命，实践路上悟初心"为主线，记录了材料学院教师们"春风化雨，培植灵魂"的红色育人故事、"材以养德，料以治学"的科技报国故事，追忆了那些年"知党恩，听党话，跟党走"的入党初心，讴歌了"冲锋在前，逆行而上"的抗疫典型事迹，记叙了党领导下的材子材女们"响应时代召唤，深入基层一线"的责任担当故事，"攻坚克难，创新突破"的青春奋斗故事。全方位展现了北京理工大学材料学院师生的入党心、爱国情、强国志、报国行。具体章节内容概述如下：

第一章"党领导下的红色育人故事"。全景描绘了北京理工大学材料学科"八十年筚路蓝缕，薪火相传；八十载栉风沐雨，春华秋实"的历程；记录了材料学院纪念五四运动一百周年、校庆八十周年主题教育活动，传承"延安根，军工魂"的大思政场景；呈现了疫情防控下学生网络主题教育活动、云思政课堂现场；分享了高分子材料样板党支部典型经验；讲述了才鸿年院士、吴锋院士、吕广庶教授等老一辈材料大师的科研坚守和红色育人事迹。

第二章"党旗飘扬在科技报国的阵地上"。记录了材料科学与工程学科诞生于延安烽火中，艰苦奋斗、抗战建国；成长于新中国建立期，燃情奋斗、兴学图强；奋进于改革开放时，与时俱进，砥砺前行。描绘了吕广庶教授、曹传宝教授、曹茂盛教授、马壮教授、吴川教授等模范导师，以及陈义文、黄永鑫、叶玉胜等榜样学子，面向世界科技前沿、面向经济主战场、面向国家重大需求、面向人民生命健康，不断向材料科学技术广度和深度进军，共同谱写与民族共命运、与时代相偕行的壮丽篇章。传递了"一代材料，一代装备；科技报国，材料筑梦；心系国家，献身国防"的正能量。

第三章"我的入党初心"。讲述了彭浩宇、丁家俊、谷珺昳、王旭等材料学子受家人、老师等身边党员影响，以实际行动积极向党组织靠拢，自觉学习党的基本知识，接受党组织的培养、教育、考察，一次次向党组织交心，对党的理解渐渐清晰，对党的向往愈发热切的心路历程；再现了他们从少先队员到共青团员，再到共产党员的蜕变，追忆了"拳拳爱党心，潺潺报国情"。

第四章"致最美逆行者"。吕广庶、程博、周海莲、邬旭等以七绝、格律、现代诗等原创作品，讴歌了同心同德同力抗疫的中国人民；张锡铭、魏宪昆、陈左政、陈娜、薄荣琪等分别从"我的外婆、我的爸爸、我的妈妈、我的叔叔、我的姐姐、我的好朋友……"等视角出发，记录了身边的医生、社区工作人员、药店工作人员、普通群众的战疫"微故事"，展示了中国人民伟大的抗疫精神和中华民族战胜疫情的坚强意志。

第五章"把学问做在祖国的大地上"。记录了材料学院"甄材实学"实践团、赴西安实践团走进生产现场，瞄准一线需求，利用专业知识解决企业难题，推动产学研结合的实践过程；讲述了赴彭州实践团、"理展红图"实践团、"焕辉鸿涂"实践团、"助力脱贫"实践团响应时代号召，前往宁夏红寺堡、山西方山县等地区，探索"扶贫 + 扶智 + 扶志"同向发力的扶贫新模式，关爱留守儿童，助力打赢脱贫攻坚战的实践过程；记录了赴嘉兴实践团参观中共一大会址，调研五芳斋产业园、嘉兴市的穆河社区，探寻"红船精神"的实践过程；记录了赴天津实践团基于北理工（天津）新材料研究院，举办预料未来小学生暑期夏令营，开发趣味课程传播科学知识，播散科学信仰的实践过程。

第六章"奔涌的后浪"。记录了材料学院"藿然而愈"团队、Hyzinc 团队、"水火有腈"团队、"金材决研"团队以及邓向星团队分别在止血材料、储能研发、阻燃材料、金相技术、铬基材料方面的科研探索；记述了杨珏莹、闫崇、李宗麒等材料学院优秀学生的成长故事，弘扬了材料师生在非常时期特别艰难的外部条件下冲破阻碍、攻克难关，

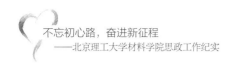

百折不挠、敢为人先的精神。

需要特别指出的是，材料学院孙秋红、刘晓雪、历凌霄、葛幸、李森、邢飞老师以及禹世杰、杨飞洋、张宇清、彭浩宇、刘力豪等学生在活动征集、稿件收集、修改审定和统稿等方面做了大量的工作，在此表示衷心感谢！

谨以此书向建党一百周年献礼！

目录

不忘初心路，奋进新征程

第一章 党领导下的红色育人故事 … 1

材料学院"百年青春梦 材料学子情"纪念五四运动
100周年主题教育活动纪实 … 3

材料学院"八十军工征程 点亮高能北理"老六系校友
八十周年校庆庆典活动 … 13

"一代材料一代装备 立志国防再创新篇"材料学院
高分子材料系党支部工作纪实 … 23

"众志成城 共克时艰
——大学生在行动"网络主题教育活动纪实 … 28

材料学院"鸿材育才 创想未来"
云思政系列活动纪实 … 32

用技术武装兵器
——才鸿年院士红色育人事迹 … 37

"要做对国家有用的科研"
——李树奎教授红色育人事迹 … 40

为培植国防红色灵魂而奉献
——吕广庶教授红色育人事迹 … 42

奋斗的青春是最美丽的
——谭惠民教授红色育人事迹 … 48

增强全民族的科技意识
——吴锋院士红色育人事迹 … 52

坚持不懈，百折不挠
——杨道明教授红色育人事迹 … 56

材料学的情缘与感悟
——郑秀华教授组诗 … 61

师者，传道授业解惑也
　　——钟家湘教授红色育人事迹 ⋯⋯⋯⋯⋯⋯⋯⋯⋯⋯ 69

第二章　党旗飘扬在科技报国的阵地上 ⋯⋯⋯⋯⋯⋯⋯⋯ 73

矢志一流，"顶天立地"，谱写时代华章
　　——北理工材料科学与工程学科建设发展纪实 ⋯⋯⋯ 75
不忘初心，方得始终——曹传宝教授访谈 ⋯⋯⋯⋯⋯⋯⋯ 85
学无止境，梦不止步——曹茂盛教授访谈 ⋯⋯⋯⋯⋯⋯⋯ 90
胸怀壮志，时代担当——马壮教授访谈 ⋯⋯⋯⋯⋯⋯⋯⋯ 93
志存高远，脚踏实地——吴川教授访谈 ⋯⋯⋯⋯⋯⋯⋯⋯ 97
自强不息，追求不止——记吕广庶教授 ⋯⋯⋯⋯⋯⋯⋯⋯ 103
不惧艰难，挑战自我——军工报国榜样陈义文 ⋯⋯⋯⋯⋯ 107
披荆斩棘，踏浪前行——军工报国榜样李文智 ⋯⋯⋯⋯⋯ 110
坚守信念，砥砺前行——军工报国榜样穆啸楠 ⋯⋯⋯⋯⋯ 113
青春无悔，谱写华章——军工报国榜样李静 ⋯⋯⋯⋯⋯⋯ 116
筑梦绿色，勇攀高峰——科研创新榜样黄永鑫 ⋯⋯⋯⋯⋯ 119
心怀感恩，砥砺前行——徐特立奖学金获得者王希晰 ⋯⋯ 123
宁静致远，方得始终——徐特立奖学金获得者叶玉胜 ⋯⋯ 126
以梦想铸造未来——丁才华学长的故事 ⋯⋯⋯⋯⋯⋯⋯⋯ 131
传承红色基因，发扬延安精神 ⋯⋯⋯⋯⋯⋯⋯⋯⋯⋯⋯⋯ 133
浅谈科技创新与家国意识 ⋯⋯⋯⋯⋯⋯⋯⋯⋯⋯⋯⋯⋯⋯ 135
心怀梦想，矢志不渝 ⋯⋯⋯⋯⋯⋯⋯⋯⋯⋯⋯⋯⋯⋯⋯⋯ 139
秋日一抹红色剪影 ⋯⋯⋯⋯⋯⋯⋯⋯⋯⋯⋯⋯⋯⋯⋯⋯⋯ 142
生活在材院 ⋯⋯⋯⋯⋯⋯⋯⋯⋯⋯⋯⋯⋯⋯⋯⋯⋯⋯⋯⋯ 145

第三章　我的入党初心 ⋯⋯⋯⋯⋯⋯⋯⋯⋯⋯⋯⋯⋯⋯⋯ 147

诗词三首 ⋯⋯⋯⋯⋯⋯⋯⋯⋯⋯⋯⋯⋯⋯⋯⋯⋯⋯⋯⋯⋯ 149
诗两首 ⋯⋯⋯⋯⋯⋯⋯⋯⋯⋯⋯⋯⋯⋯⋯⋯⋯⋯⋯⋯⋯⋯ 151

那年华时 …… 155

坚定初心跟党走 …… 159

初心 …… 164

春风化雨　丹心如故 …… 167

忆昔入党初心路 …… 171

不问前路坎坷　只愿初心不违 …… 178

初心不忘　薪火相传 …… 181

铁锤镰刀照我心 …… 185

初心向党，与党相随 …… 189

丹心从来系家国 …… 193

向着太阳歌唱
　　——青春心向党　初心永不忘 …… 197

追忆入党之路 …… 205

选择与沉思 …… 208

到人民中挥洒青春 …… 211

历史的选择，我们的方向 …… 214

从红领巾飘扬到红旗下宣誓 …… 218

第四章　致最美逆行者 …… 225

抗疫专题诗 …… 227

格律两首 …… 228

同心战"疫"　党员在行动
　　——材料学院教师党员先进事迹 …… 229

我身边的抗疫故事
　　——材料学院"防控疫情，与爱同行"主题
　　　网络征文集锦 …… 235

共抗疫情　爱国力行
　　——材料学院唐山医护工作者子女
　　　在线辅导实践纪实 …… 242

晴空 ··· 246

只因我们是中国人 ··· 250

致最美逆行者——和平年代的战士 ······························ 254

每一位党员都是战士 ·· 259

村里抗疫两三事
　　——致每一个平凡而伟大的时代英雄 ··················· 263

现代诗 ·· 269

组诗 ··· 271

第五章　把学问做在祖国的大地上 ························· 275

担时代大任　立"甄材实学"
　　——北京理工大学材料学院"甄材实学"
　　　实践团"红色筑梦之旅"实践故事 ··················· 277

互联助农破难题　扶贫战疫青年军
　　——北京理工大学材料学院"理展红图"实践团
　　　"红色筑梦之旅"实践故事 ··························· 287

千锤百炼军工魂　矢志不渝材料情
　　——北京理工大学材料学院赴西安实践团
　　　"对话信仰"实践故事 ································· 302

弘扬"红船精神"不忘初心使命
　　——北京理工大学材料学院赴嘉兴实践团
　　　红色育人实践故事 ······································· 311

青春勇立潮头，为弘扬科学精神而奋斗
　　——北京理工大学材料学院"预料未来"
　　　夏令营社会实践纪实 ···································· 323

我的祖国我奋斗，青年服务国家
　　——北京理工大学材料学院赴彭州
　　　"关注留守儿童"实践故事 ···························· 335

把学问做在祖国的大地上，把论文写在方山的车间里
　　——北京理工大学材料学院"焕辉鸿涂"实践团
　　　"北理工—方山"定点扶贫实践故事 ················ 345

心之所向　素履以往　播撒希望　青春无悔
　　——北京理工大学材料学院社会实践团
　　"北理工—方山"定点扶贫实践故事 ……………… 357

第六章　奔涌的后浪 ……………………………… 365

激昂青春创业志　弘材济世道中行
　　——北京理工大学材料学院"藿然而愈"
　　团队创新创业故事 …………………………… 367

用创新谱写的青春乐章
　　——北京理工大学材料学院"Hyzinc"团队
　　创新创业故事 ………………………………… 377

创新，突破，永不言弃！
　　——北京理工大学材料学院"水火有腈"团队
　　创新创业故事 ………………………………… 386

敢闯会创，勇立潮头
　　——北京理工大学材料学院邓向星团队
　　创新创业故事 ………………………………… 393

精抛细磨指间跃，工匠精神心中铸
　　——北京理工大学材料学院"金材决研"
　　团队故事 ……………………………………… 398

博观而约取，厚积而薄发
　　——北京理工大学材料学院优秀学生
　　杨珏莹成长故事 ……………………………… 406

立足前沿交叉　服务国家需求
　　——北京理工大学材料学院优秀学生
　　闫崇成长故事 ………………………………… 415

小本的"顶级SCI"诞生记
　　——北京理工大学材料学院优秀学生
　　李宗麒成长故事 ……………………………… 420

第一章
党领导下的红色育人故事

材料学院"百年青春梦　材料学子情"纪念五四运动 100 周年主题教育活动纪实

> 百年岁月沧桑，百年风雨兼程，百年风华正茂。今天是五四运动 100 周年，我们致敬 100 年前那段激情燃烧的岁月，期许当代青年不辜负党的期望、人民期待、民族重托，不辜负我们这个伟大时代。
>
> ——节选自《人民日报》

2019 年是五四运动 100 周年，4 月 30 日，党中央隆重召开纪念五四运动 100 周年大会。习近平总书记在大会上发表重要讲话，对青年同志提出了切实要求与美好祝福，他说："衷心希望新时代中国青年积极拥抱新时代、奋进新时代，让青春在为祖国、为人民、为民族、为人类的奉献中焕发出更加绚丽的光彩！"

材料学院团委积极响应上级号召，组织材料青年团员收看纪念五四运动 100 周年大会直播，聆听习近平总书记重要讲话，深入领会属于新时代中国青年的荣光与梦想。随后，材料学院师生齐聚北理工中关村校区中心花园，开展了"青春·中国""青春·宣言""青春·奋斗""青春·唱响""青春·风采""青春·领航"系列主题学习庆祝活动，致敬百年前勇敢无畏的青年前辈，展现当代青年团员的自信风采，热议习近平总书记讲话精神，学习五四精神，向青春致敬，为祖国奋进！

青春·中国

材料学院师生200余人现场演绎了《我和我的祖国》青春爱国快闪,邀请张军校长、包丽颖副书记等学校领导和嘉宾共同演唱歌曲《我和我的祖国》,抒发青年一代对祖国的热爱,展现新时代青年风采,唱响了青春礼赞祖国的好声音。

校领导和同学们共同演唱歌曲《我和我的祖国》

青春·宣言

材料学院师生在北京高校思想政治理论课特级教授、北理工马克思主义学院教授崔建霞教授的带领下,共同领会学习了习近平总书记在纪念五四运动100周年大会上的讲话。"在祖国的万里长空,青年人不仅要学会飞,还要知道飞向哪里",在学习现场,崔建霞教授凭借作为一名优秀思政课教师对时代脉搏的精准把握,从理想信念教育与思维方法养成出发,将重要讲话的核心要义和精神实质生动地呈现在师生面前。

崔建霞教授带领青年团员学习讲话精神

材料学院青年教师陈棋、博士研究生牟鸽作为时代新人宣讲团成员,共同诵读了习近平总书记深情寄语新时代中国青年的"六点要求"片段。陈棋作为青年教师骨干代表,带领全场师生宣誓,发出了北理工青年"青春与祖国共奋进"的时代宣言:

奋斗有我,让人民更加幸福

奋斗有我,让家园更加美好

奋斗有我,让祖国更加昌盛

百年传承,今日到我

激荡未来,壮志在我

青春万岁,强国有我

习近平总书记对青年的殷殷嘱托,在深深镌刻着红色基因的北理工校园久久回荡。

时代新人宣讲团发出"时代宣言"

青春·奋斗

张军校长和包丽颖副书记对参与活动的青年团员开展了循循善诱的学习辅导,也提出了新阶段的工作要求。

张军校长强调,青年师生要牢记习近平总书记的嘱托,把理想、爱国、担当、奋斗、本领、品德作为成长坐标,贯穿融入思想和行动中。对北京理工大学而言,学校"延安根、军工魂"的红色基因,与以爱国主义为核心的五四精神一脉相承。北理人践行五四精神,就要勇做追梦者,把每个人的个人梦、北理梦铸就成中国梦、强国梦;勇做奋斗者,坚守"德以明理、学以精工"的校训精神,以实际行动苦练本领、干事创业;勇做创造者,守正出奇、开拓创新,把创新知识、创新实践转化为创新成果,建设创新大学、创新国家;勇做奉献者,适应新时代、踏上新征程,把每个人的力量汇聚成北理工力量,为建设社会主义现代化强国、实现中华民族伟大复兴的中国梦作出北理工贡献。

第一章 党领导下的红色育人故事

张军校长对青年团员的辅导讲话

包丽颖副书记表示,要将"青春奋进"十大行动贯穿全年,以党的旗帜指引北理工青年奋斗方向,用爱国奋斗的主旋律点燃青春梦想,向祖国母亲70华诞献礼。

青春·唱响

活动还邀请了各学院青年团员,全场齐唱《歌唱祖国》,汇聚起了一股股催人奋进的青春磅礴之力。过往行人纷纷驻足齐唱,共同唱出对伟大祖国母亲心中的赞歌,唱出北理材料人对祖国最真切的祝福!"歌唱我们亲爱的祖国从今走向繁荣富强",嘹亮的歌声久久回荡在校园上空。

各学院团员代表合唱《歌唱祖国》

青春·风采

灿烂春日的中心花园草木蔓发、生机勃勃,材料学院在花园两侧举办了"百年青春梦"主题展。展览分为"青春·长歌""青春·学习""青春·记忆""青春·影像"四个板块,错落排布在中心花园两侧,设计别致的展览景观吸引一批批师生驻足观看、合影留念,唤起了大家对一个时代的深邃思考和无尽回忆。

"青春·长歌"展出的是1919—2019年100年来的青年运动综述,分为"新民主主义革命时期""社会主义建设时期""改革开放时期""党的十八大以来"四个时期。

"青春·学习"展出的是习近平总书记在各个时间阶段对青年的嘱托和寄语。

"青春·记忆"是北京理工大学各个时期的校门的手绘,以立体展的形式展出"延安自然科学院""华北大学工学院""中法大学""北京工业学院""北京理工大学",展示了北京理工大学"延安根、军工魂"的红色历史。

"青春·记忆"手绘校门立体展

"青春·影像"向首都高校材料联盟征集了青年团员的日常摄影作品,展现了材料学子在图书馆、实验室、运动场、赛场的青春风貌。

材料学院各团支部结合各个专业特色,开展了"我的祖国我奋斗"暨"担复兴大任,做时代新人"主题团日活动。特邀张军校长、包丽颖副书记和杨世泽校友等嘉宾参加,师生共同热议习近平总书记在纪念五四运动100周年大会上的重要讲话,掀起一股学习热潮。

博士生2017级2017B3团支部和2018级2018B3团支部围绕"青春·记忆"板块,讲述我校各个时期在服务国家战略和奉献世界科技发展中展现的担当,展开"北理工精神"大讨论,凝练北理工精神主要内涵。

本科生2015级09411501团支部和2016级09111601团支部围绕"青春·学习"板块,深入开展习近平新时代中国特色社会主义思想学习,立足当代中国爱国主义精神内涵、大学生如何弘扬爱国主义精神的主题开展讨论。

硕士生2018级2018S4团支部围绕"青春·长歌"板块,讲述"1919—2019"赓续百年的中国青年运动,开展"我的祖国我奋斗"暨"担复兴大任,做时代新人"主题讨论。

不忘初心路，奋进新征程
——北京理工大学材料学院思政工作纪实

团日活动中邀请张军校长互动

青春·领航

张军校长为材料学院1989级校友、中国兵器北化研究院集团辽宁庆阳特种化工有限公司董事长、党委书记杨世泽颁发聘书，聘请其担任北京理工大学"校外辅导员"，材料学院"育材导师"，并赠送了《北京理工大学校史丛书》。

杨世泽校友以《青春，怒放在最需要的地方》为题，做客百家大讲堂，与我校师生畅谈青春奋斗感悟，材料学院百余名师生聆听了报告。杨世泽校友回顾大学生活，结合学习和工作经历，激励同学们要做到"三个立"：要"立信"，激发创新创造活力，矢志为祖国发展强大做贡献；要"立业"，聚焦党和国家事业，完成理论到实践层面的对接；要"立德"，超前谋划人生布局，夯实未来职场所向匹敌的基础。

第一章 党领导下的红色育人故事

张军校长为杨世泽校友颁发"校外辅导员"聘书

结　语

5月1日，中央电视台《新闻联播》以"让青春在新时代绽放"为题，报道了习近平总书记在纪念五四运动100周年大会上的重要讲话，在各地引发热烈反响。其中，材料学院师生作为北理工师生代表，抒发了北理人"要将自己的青春梦和国家的强国梦联系在一起"的心声。

"百年青春梦　材料学子情"主题教育活动覆盖范围广、宣传力度大，在全校范围内掀起了学习热潮。参与活动的团员纷纷表示备受鼓舞，受益匪浅。青年一代不仅生逢其时，更是重任在肩。青年团员作为党的助手和后备军，更应高举爱国主义伟大旗帜，自觉接受党的领导，听党话，跟党走。

主题教育工作是培养青年团员的重要环节，新时期的主题教育活动更要掌握新变化，把握新机遇，结合学科专业特色，激发团员学习积极性。材料学院团委将保持活力，紧跟党的步伐，完善育人目标，帮

材料学院青年教师陈棋接受中央电视台《新闻联播》节目采访

助青年学生坚定理想信念，带领青年学生专注读书学习，激发青年学生使命责任担当。

回 声

王靖宇，2016级材料化学专业本科生

  历史的一页已经翻去，铭记历史是为了创造未来。过去的总会过去，生命的脚步永不停息，历史的长河仍将继续。回首百年前，先辈们能够在民族危难之时勇敢地站出来，为追求民主自由和真理而抗争，为中国从衰败和贫穷落后中走出来发出自己的声音；在今天的和平年代，我们更要将自己的理想目标和国家的需求紧紧联系起来，为材料科学领域的研究贡献出自己的力量。

李建中，2016级材料化学专业本科生

  随着校友在洁白的宣纸上喷洒出"魔术水"，"奋斗是青春最亮丽的底色"几个大字跃然纸上，人群中爆发出一阵热烈的掌声。我们用最具材料人特色的方法，在五四青年节的暖阳下，诠释青春的意义。在张校长的殷殷嘱托中，在校友的关怀叮嘱下，我们新一代北理人，应当传承北理工的红色基因，用青春热血诠释"德以明理，学以精工"的校训，秉承"实事求是，不自以为是"的学风，践行"材以养德，料以治学"的院训，以青春之小我奉献红色的中国。

金枭雨，2017级新能源材料与器件专业本科生

  非常荣幸参与到"百年青春梦"的活动中，当《我和我的祖国》的歌声飘扬在校园上空时，内心的自豪感油然而生，不自觉地跟随着身边的同学摇动手中的小国旗，放声歌唱。我为自己是北理人而骄傲，我为自己是中国人而自豪！

（文：材料学院团委）

材料学院"八十军工征程　点亮高能北理"老六系校友八十周年校庆庆典活动

金秋九月，北京理工大学迎来了八十周年华诞，八十载栉风沐雨，八十载立德树人，八十载创新不辍，八十载号角激昂。火炸药专业作为北理工的代表性专业之一，也走过了八十年风雨历程，在坚守军工报国初心的同时，火炸药专业也拓展延伸了阻燃材料、能源材料等相关专业。一代又一代北理工火炸药学子与国家同呼吸、共命运，服务国家战略、矢志科技报国、展现北理担当，共同铸就了北理工独特的精神气质和文化内核。

2020年9月12日，材料学院举办"八十军工征程　点亮高能北理"的老六系校友八十周年校庆庆典活动，北京理工大学党委常务副书记项昌乐、党委副书记包丽颖、副校长王博、原常务副校长杨宾、离退休教师代表、优秀校友代表、中国北方化学研究院集团等知名企业代表，曾在材料学院工作或学习的部门、学院领导代表以及材料学院师生代表共计200余人参加了庆典活动，7 000余名校友在线观看、参与了活动。

庆典活动包括影像展览、庆典大会、实验室参观等环节，分别在中心教学楼、7号楼报告厅、5号教学楼进行。本次活动采取线上与线下结合的方式，通过"微赞"和"哔哩哔哩"平台，面向全体北理工校友全程直播；现场特邀请150位火炸药相关专业的校友抵校，共贺母校八十华诞。

返校校友在中心教学楼前签到后，获赠定制纪念胸牌与校庆八十周年主题文创等礼品。在中教大厅，学院还特别设计制作了历年毕业合影照片墙，供校友们回忆青春路上的奋斗拼搏，激励他们不忘初心，砥砺前行，在奋斗的青春中争做时代先锋，成就自己新的事业华章。在5号教学楼大厅，展出了材料学院历史沿革与发展过程。北京理工大学材料科学与工程学科建

直播活动剪影

于 1952 年，分属原六系、七系，着力于先进特种材料和新材料的前沿研究。2002 年，材料学院由多个单位合并成立；2015 年，能源与环境材料系并入，由此成为如今的材料学院。目前，北京理工大学材料学科在 2020 年 ESI 世界学科排名中位列 1‰，是全国第四轮学科评估 A 类学科。

庆祝活动的高潮环节——庆典大会由材料学院党委书记金海波主持，在"70、80、90、00、10"年代校友代表饱含深情的诗朗诵《六系情歌》中拉开帷幕。校友代表们抒发了自己对火炸药专业的追求和对母校的眷恋：

    我们老六系的人哟
     志在千山万水
     走遍东西南北
    常念往昔梦百回
    八十校庆齐相会
    共话青葱风华事
    同祝母校永光辉

第一章 党领导下的红色育人故事

庆典大会现场

"70、80、90、00、10"年代校友代表诗朗诵《六系情歌》

庆典大会分为"峥嵘岁月,不负韶华(1940年—1982年)""凝心聚力,砥砺前行(1983年—2001年)""踔厉奋发,继往开来(2002年—2020年)""薪火相传,赓续辉煌"四个篇章,通过对1940年建校以来一代代老六系人艰苦奋斗经历的深入挖掘和卓越成绩的总结凝练,在校友们回校之际共叙同学之情,共谢恩师培育。

北京理工大学党委常务副书记项昌乐在为庆典大会致辞中高度评价了老六系人为国民经济建设、国防事业和母校发展作出的突出贡献,并提出了材料学科新时代的建设目标和建设任务,嘱托北理工材料人能够继承和发扬老六系的优良传统,不忘初心,牢记使命,为学校的"双一流"建设不懈努力。

北京理工大学党委常务副书记项昌乐为庆典大会致辞

峥嵘岁月,不负韶华

1940年到1982年,在这段激情岁月里,我们的共和国诞生了,初代火炸药人在艰苦卓绝的环境中为学科的发展奠定了坚实的基础。这是一段峥嵘的岁月,是一段青春的印记,是一段说不完的师生情,是一段诉不尽的同学意。

1977级校友、北京理工大学原常务副校长杨宾分享了自己四十年的在校学习和工作经历。在老一辈有机化学家周发岐等老先生的指导和激励下,学长们积极进取、努力拼搏、硕果累累。老六系教师孜孜不倦、不畏艰苦、潜心钻研、无私奉献的科学态度和家国情怀为学生们树立了终身榜样。

1955级校友、材料学院谭惠民教授曾是材料学院首席科学家,已过耄耋之年的他,仍工作在科研一线。他向参会校友们深情回忆一代代老六系人不畏艰苦、矢志为国、勇于担当、献身国防的生动故事。谭教授的讲述深刻地表现了老一代火炸药人的坚守和执着,激励着新一代火炸药人矢志国防,只争朝夕、不负韶华。

凝心聚力　砥砺前行

1988年,我们的母校有了新的名字——北京理工大学,首批进入"985""211"工程是对学校砥砺奋进、璀璨成就的充分肯定。在这段砥砺前行的岁月中,各行各业中涌现出许多杰出的老六系校友。

1979级校友、中国北方化学研究院集团有限公司董事长兼党委书记程向前,1981级校友、北京理工大学原化学与材料学院党委书记李燕月,分享了在母校的求学经历,并表示母校的延安精神和老六系的优良传统一直激励着自己,在工作岗位上取得的每一份成绩都离不开母校的精心培养。同时代表广大校友表示,会永远铭记恩师情谊,饮水思源,一如既往地心系母校,关注学校和材料学院的发展,以拳拳之心和实际行动助力母校和学院的人才培养、科学研究和"双一流"建设。

通过老教师和各位校友的讲述,老六系的发展脉络逐渐清晰地呈现了出来。为了国家的需要,虽然经历多次调整和更名,老六系在矢志军工、恪守使命的同时,不断与时俱进,率先开展军民融合研究,开辟出阻燃材料、能源与环境材料和材料化学等新型研究领域,这些领域也已成为材料学院科学研究的中坚力量。

踔厉奋发 继往开来

2002年,以老六系和老七系为核心组建了材料学院。2004年,原老六系环境工程专业(68专业)整体并入材料学院。新鲜血液的注入,带来了新的发展和机遇,材料学院蓬勃发展,材料与工程学科2017年进入国家首批"世界一流学科"建设行列,2020年进入世界排名百强。

庆典大会分享环节剪影

新时代，新机遇，材料学院秉承"材以养德，料以治学"的院训，以立德树人为根本任务，培养出许多优秀的时代新人。他们中的杰出代表——2006级校友北京德美科创科技有限公司总经理赵毅做了大会发言。

材料学院院长庞思平通过《北理工火炸药的昨天、今天、明天》，详细讲述了老六系的历史贡献、发展现状和未来目标，号召新一代材料人要不忘初心，发扬老六系传统，勇于担当新时代赋予的责任和使命，全院师生和校友们勠力同心，早日实现一流学院和一流学科的建设目标。

薪火相传　赓续辉煌

材料学院所取得的每一份成绩都离不开校友与社会各界的关爱和大力支持，初心不改，饮水思源。此次庆典中，还举行了三个奖教奖学金的签约仪式。

为了促进火炸药行业人才培养和高水平科研成果转化，中国北方化学研究院集团有限公司于2017年倡导并出资在北京理工大学教育基金会设立"火炸药未来人才成长奖励基金"，累计已奖励20余名优秀教职员工和50余名优秀学生。为了支持北京理工大学火炸药相关专业的科学研究和人才培养，中国北方化学研究院集团有限公司将继续实施捐赠计划，并将基金更名为"火炸药奖教奖学金"。

北京理工大学是国内最早开展阻燃领域科学研究与应用开发工作的高校，1989年建设了我国唯一的阻燃材料研究国家专业实验室，为国内外高校、研究院所、企业培养了一大批阻燃领域的专家学者和企业家，现有国家阻燃材料工程技术研究中心和国家阻燃材料与制品质量监督检验中心等多个国家级和省部级平台。国内11家阻燃相关领域优秀企业联合在北京理工大学材料学院设立了"阻燃奖教奖学金"。

北京高盟新材料股份有限公司是目前国内聚氨酯胶粘剂领域的龙头企业。喜迎北京理工大学建校八十周年之际，为吸引更多优秀学子和教师致力于新材料领域研究，增进与北京理工大学的产学研用深度合作，特在北京理工大学材料学院设立"高盟奖教奖学金"。

捐赠仪式剪影

最后,隆重举行了"周发岐教育基金"启动仪式。周发岐教授是我国享有声望的有机化学家,新中国炸药制造工艺学科的奠基人,80年代他领导建立了北京工业学院第一批博士点之一的含能材料学科。为表彰老六系等相关专业在人才培养、科研工作和成果转化等方面作出突出贡献的师生,由杨宾、谭惠民和欧育湘三位老师共同倡议发起了周发岐教育基金。启动仪式现场,包丽颖、杨宾和谭惠民三位老六系校友共同启动周发岐教育基金。基金正式启动后,在短短的一天时间内,收到300余名校友的捐赠共计26万余元。

包丽颖、杨宾和谭惠民共同启动周发岐教育基金

庆典大会结束后,校友们一同参观了冲击环境材料技术国家级重点实验室和材料学院先进材料实验中心,零距离感受体验了材料学院的先进仪器设备以及全链条一站式的高水平共享实验平台。位于5号楼10层的先进材料实验中心于2018年年底正式投入试运行。承载着助力学校"双一流"建设的使命,先进材料实验中心致力于服务新材料的制备、表征及应用研究,是提升人才培养、科学研究、学术交流以及社会服务水平的重要平台,也是集分析测试通用平台和高端人才创新平台为一体的多元融合公共实验平台。分析测试通用平台为创新人才和全校师生提供先进的分析测试保障和服务,高

端人才创新平台为分析测试通用平台提供有力的智力和技术支持。

铭记历史传承，汇聚校友力量。老六系校友八十周年校庆庆典活动的成功举办，充分传承母校"延安根、军工魂"红色基因，大力弘扬老六系的优良传统。材料学院师生定将不忘初心，牢记使命，与时俱进，不懈努力，为北京理工大学"双一流"建设奉献高能力量。参与活动的校友们纷纷表示，通过这次庆典活动，追溯到了当年的师生情、同学意，也见证了学校和学院近年来的快速发展和突出贡献，更是感受到了学校"延安根、军工魂"的红色基因代代传承，衷心祝福母校和学院拥有更加辉煌灿烂的明天。

（文：材料学院）

"一代材料一代装备　立志国防再创新篇"
材料学院高分子材料系党支部
工作纪实

北京理工大学材料学院高分子材料系党支部隶属于北京理工大学材料学院党委，现有正式党员33人。全体党员均具有研究生以上学历，均为火炸药学科人才培养和科学研究的一线教师。

"一个支部就是一个堡垒，一名党员就是一面旗帜"，高分子材料系党支部自成立以来，就以此为座右铭开展各项工作。在校、院党委的领导下，始终坚持以马克思列宁主义、毛泽东思想、邓小平理论、"三个代表"重要思想、科学发展观和习近平新时代中国特色社会主义思想作为行动指南，认真组织党员学习贯彻党的理论知识，提高政治素养，贯彻执行党的路线方针政策，牢记共产党员的先进性，发挥党支部的战斗堡垒作用和党员的先锋模范作用，树牢"四个意识"、坚定"四个自信"、坚决做到"两个维护"。在工作中，秉承"延安根、军工魂"，立志军工、攻坚新材料，服务国防、研制新装备。近年来，党支部成员共获国家技术发明二等奖等国家级奖励2项、省部级奖5项、授权发明专利50余项，承担国防重大/重点、装备预研、型号研制和国家自然科学基金等项目50余项，多名党员获评北京市优秀党员、校优秀党员、校师德先进个人、"三育人"先进个人等。

一、把牢政治方向，支部建设中提升组织力、凝聚力、向心力

支部作为党的基层组织，担负着宣传、执行党的路线、方针、政策的重

要作用。党建工作是建设党、发展党、发挥党的先锋堡垒作用的重要工作，直接关系到党在群众心目中的形象和地位。支部建设学习型党支部，深入推进理论武装工作，不断加强思想建设，加强党员的理论学习，贯彻落实习近平新时代中国特色社会主义思想，认真学习了新修订的《中国共产党章程》《保持共产党先进性教育读本》等重要文件精神，按质按时开展民主生活会。支部不断建立完善各项规章制度，先后建立和健全了支部党员大会、党日活动制度，每月中旬周二为支委会议日、每月月末周二下午为支部党员集体学习日等相关工作制度，并对会议记录、决议、表决等文书材料和支部档案做出了具体规范。真正做到组织形式规范、组织生活规范。

支部党员承担了较重的科研和教学的任务，为此，除每月固定时间的集中学习以外，还建立了支部内合作学习和自我学习制度。组成了以课题组为单位的党小组，小组定期学习和讨论最新理论文章和时事新闻等；建立支部微信群，及时发布有关国家和学校的重要讲话和理论，使每位党员进一步确立正确坚定的政治立场，时刻做到和党中央保持高度一致。全体党员还认真做好学习记录，积极撰写学习心得体会，通过支部统一购置"两学一做"红色记事本，交流学习心得和体会。

支部组织丰富多彩的主题活动，组织党员和积极分子观看《无问西东》《反贪风暴》《我和我的祖国》"走在建设世界科技强国征程上的中国科学家"等电影和展览，增强了支部的号召力、凝聚力和战斗力，使党员同志在生活、工作中永葆热情。开展"道固远，笃行可至——师德传承"活动，促进支部党员加强党性修养，提升育人能力，加强专业自豪感和使命感；开展"创新融合、军工材料人"活动，使支部党员尤其青年党员加深了对我国火炸药行业的发展，更加明确了自己的科研方向；为庆祝建党97周年和改革开放40周年，广泛挖掘"我眼中的美丽瞬间"，充分展示新时代共产党员良好精神风貌，举办了党建主题摄影大赛，留下一道美丽的风景。为了认真贯彻习近平新时代中国特色社会主义思想和党的十九大精神，庆祝建党98周年，激发党员的学习热情，巩固学习内容，举办了"不忘初心 牢记使命"之"学习强国"知识竞赛。通过学习，支部党员同志更加深刻地认识到：中国共产党从历史中走来、从人民中走来，只有中国共产党才能救中国。党的先进性，归根结底要靠每一位党员来体现。因此，在工作学习中充分发挥党支部的战斗堡垒作用和党员的先锋模范作用，使党员在全体高分子材料系教师中起到带头兵的效果，在点滴实践中传承"延安精神"和发扬"军工情怀"。

二、围绕国家使命，科研攻关中发挥党员先锋模范作用

高分子材料系党支部的同志都战斗在军工教学、科研的第一线，承担了大量国防、军工科研项目。近几年，年均到校科研经费五千万元以上。由党员同志牵头，承担了"某先进推进剂""某新型高能炸药""某软体水雷"等多项科研任务，取得了突出成果，达到了国际先进水平，并应用于装备型号，展示在"9·3"阅兵、70年国庆阅兵等武器装备中。

为了提高含能材料能量水平，党员庞思平团队从基础研究入手，开展了多氮化合物和笼型化合物的储能原理及合成方法等研究，在国际上首次报道了长氮链含能化合物合成、三维笼型含能 MOFs 合成及性能调控等，研究成果在《JACS》《ANGEW》等国际著名期刊发表，相关成果获 2015 年度国防科技进步特等奖和 2016 年国家技术发明二等奖；党员杨荣杰团队在亲水软体水雷研究方面十年磨一剑，突破了水雷的软体和隐身技术，其成果获 2015 年国家技术发明二等奖；党员罗运军团队在高能固体推进剂和不敏感推进剂研究中，不惧危险，在西山试验基地开展了基础研究，并在火炸药企业进行大量的验证试验，终于首次将新型含能黏合剂和不敏感含能增塑剂应用于高能固体推进剂中，使推进剂的性能大幅提高，其成果相继获 2018 年和 2019 年国防科技进步一等奖。这些工作都以实际行动践行了"把科研成果写在祖国的大地上"。党员教师们还在军工基础科研中取得了丰硕成果，在国际顶级学术期刊《JACS》《ANGEW》《NC》《JMCA》《Nanoscale》等发表高水平文章多篇。

在老党员的引领和指导下，年轻党员已成长为新一代延安精神的传承者和践行者。党员陈煜指导本科生获得"互联网+"大学生创新创业大赛一等奖、全国大中专学生志愿者暑期"三下乡"社会实践活动奖等；党员夏敏工作在固体推进剂前沿，获得第 22 届茅以升北京青年科技奖和第 15 届中国兵工学会青年科技奖。他们表示，在这样一个优秀的支部学习、工作和成长，

在各位优秀的党员前辈带领下，一定牢记军工使命，拼搏努力，接好老一辈科技工作者的接力棒，不忘初心，牢记使命，薪火相传延安精神。

三、着眼立德树人，教书育人中培养军工人才

支部全体党员认真学习全国高校思政工作会议精神，坚定科技报国信念，把立德树人作为工作的中心环节，在教书育人中培养军工人才。全体党员树立学生是教育主体、更是我们的服务对象、以学生发展为中心的教育服务理念，给学生更多的微笑、关爱、理解、尊重，更好、更全面地育人。为使学生体会我校的军工传承，教师将军工精神潜移默化地融入教学中，使学生建立为祖国建设、为国防军工发展而奋斗的理念。

支部针对大一新生开展思想教育和入学专业教育，安排优秀党员担任班主任和学育导师，从学业学术到思想生活，多维度开展教育引导；在大二学生中实行"德育导师制"，让教师党员与学生"朝夕相伴"，进一步深化了学生对专业的了解，加深了对党的认识。为进一步加强支部党员和学生党员间的沟通联系，支部与本专业研究生支部开展共建，开展了"香山革命纪念馆·党日1+1+1"等主题党日活动。为培养"胸怀壮志、明德精工、创新包容、时代担当"的青年学子奉献自己的力量。

为了开阔学生视野和培养优秀人才，支部邀请了多名院士做学术报告：2018年李永舫院士的《天道酬勤——我的人生和科研感悟》、2019年韩布兴院士的《绿色化学与绿色碳科学》和2019年阎锡蕴院士的《纳米酶：肿瘤治疗新策略》，吸引近200名学子参加，和学术大牛们面对面交流。支部为高分子材料系吸引了更多的优秀人才，近年来，已有3名"四青"人才加盟，2019年又全职引进一名"优青"，为高分子材料系的"双一流"建设注入更有竞争力、活力的高水平学术力量。

支部以党员的先锋模范作用影响和吸引着系里优秀的青年教师加入党组织。2017年1月，李玉川同志加入中国共产党，成为一名预备党员，使高分子材料系三十年来在教师中发展党员获得突破。2019年又发展了一名青年教师加入党组织。支部党员的文化程度和业务水平高，均为博士，为高分子材料系的可持续发展奠定了基础。为进一步发挥党员的引领作用和吸收

新生力量，支部注重对入党积极分子的吸引和培养，2019年有两名"四青"人才递交了入党申请书，正大步地迈向党组织。

四、服务教工学生，点滴工作中参与校院系工作

在党支部的全部工作和战斗力体现中，最关键的是调动党员的积极性，发挥出党支部的整体优势和作用，全面参与学校、学院和高分子材料系的各项工作，在点滴工作中发扬党员的先锋模范作用。

高分子材料系以军工教学科研为主，保密是最基本的要求。在历年的保密资格审查认证中，支部思想上高度重视，行动中坚决落实：组织全体党员认真学习，认识到保密事关我国国家安全，是重中之重；协助系具体布置保密认证工作；党员李丽洁和党员李国平同志作为保密员，顺利通过了预审和正式审查，为学校顺利通过保密认证作出了贡献（李国平同志在认证考试中取得100分和99分的好成绩）。2018年，以党员罗运军为负责人获批"高能量密度材料教育部重点实验"。支部积极参与校、院的"火炸药二期条保""小山口基地建设"等论证工作，组织教师调研设备、撰写材料，顺利通过申报，为校、院的教学、科研和学科建设作出了贡献，目前这两个项目已经分别获批建设经费1.4亿元和4.8亿元。党员同志们在点滴工作中践行"延安根、军工魂"。

一代材料、一代装备，立志国防、再创新篇，作为战斗在军工国防教学科研前线的党支部，高分子材料系党支部一定团结在以习近平同志为核心的党中央周围，在学校党委的领导下，在学院党委的直接领导下，牢牢把握住师生思想政治教育主线，努力进取、群策群力，"撸起袖子加油干"，始终不忘"报效国防"之初心，践行"军工强国"之决心，坚持发挥党员先锋模范作用和支部的战斗堡垒作用，脚踏实地、扎实推进，努力取得更好成绩，为祖国建设和学校、学院"双一流"建设作出新的贡献。

（文：材料学院高分子材料系党支部）

"众志成城 共克时艰——大学生在行动"
网络主题教育活动纪实

2020年伊始,一场突如其来的疫情,让这个春节极为不同;一群逆行的白衣天使,让全国有了迎接战"疫"的底气。在新型冠状肺炎面前,党中央迅速作出决策,全国各级单位积极响应,众志成城,共克时艰。作为"宅家"的大学生,我们不能像那些医护人员一样走向"战场",却可以"坚守属于自己的岗位"。材料学院团委在疫情防控期间组织开展了形式丰富的网络主题教育活动,号召全院青年团员在全国抗疫中积极行动起来,为打赢疫情阻击战贡献出自己的一份力量。

青年同在 抗疫宣言

"莫信谣言四起,相信眼见为实""抗疫面前,我们每个人都是参与者""我们万众一心,守望相助,共抗疫情""新冠疫情波涛四起,让我们从自身做起抗疫防疫,胜利一定属于我们"……来自全国30个不同省区市的材料学子共同发出抗疫宣言,传递材料学子对战胜疫情的信心和正能量。材料学院团委由此推出的"祖国各地抗疫宣言"主题新媒体作品,累计播放量七百余次。材料青年以高度的政治自觉和强烈的使命担当,成为这场疫情阻击战的践行者、宣传者。

各团支部随后开展了"我承诺、我报到、我接力"的线上接力活动,利用宣传语接龙方式,通过微信朋友圈平台科普科学防疫知识,传递积极抗疫思潮,激发广大青年团员的责任担当。2019S4团支部还在线上集体朗诵了《武汉加油！》为武汉人民加油鼓劲；09321701团支部制作了防疫表情包，积极宣传科学防疫方法。

各团支部发起线上接龙活动

共抗疫情　爱国力行

为了讲好抗疫故事，弘扬抗疫精神，彰显制度自信，材料学院结合"时代新人说"长效活动，在各团支部中开展了抗疫榜样故事宣讲活动，用身边的榜样发挥朋辈效应，把疫情防控中的科学数据和典型事例转化为制度自信的有力证据、转化为理想信念教育的直接教材。

09221701团支部的刘泽龙同学讲述了抗击疫情中苏逸飞、刘曾豪两位同龄人的榜样故事；常佳慧同学通过讲述北理工化工学院全坤同学的故事，切实让同学们体会到了抗疫榜样在身边；何鲁晋同学讲述了北理工团队研发自清洁口罩的故事，呼吁同学们发挥自身学科优势，将课堂所学应用于实践，为抗疫斗争贡献力量。

联动学习　共担大任

材料学院各团支部以学习习近平总书记重要回信，进一步深刻理解其核心要义和精神内涵为学习目标，开展了线上接力"共学回信精神　同担复兴大任"主题团日活动，覆盖材料学院全体团支部，在全院掀起了学习热潮，营造了良好学习氛围。

4月13日，材料学院与河北衡水中学联合举办"青春你我，绽放梦想之花"活动，共同学习习近平总书记给北京大学援鄂医疗队"90后"党员重要回信精神，通过线上平台腾讯会议、哔哩哔哩同步直播。千余名学子相聚云端，共同许下诺言，立志通过勤奋学习、实践锻炼、岗位建功等实践载体，扎实践行回信精神，争做新时代、新精神的学习者、践行者和传播者。材料学院四名优秀团员代表结合自身经历讲述了学习贯彻习近平总书记回信精神的心得，衡水中学的同学们也积极表达了自己的收获和对大学生活的向往。

"青春你我，绽放梦想之花"线上共学回信精神活动

结　语

"众志成城　共克时艰——大学生在行动"网络主题教育活动在材料学院青年团员中引起热烈反响，取得了丰富的成果。在新冠疫情的影响下，材

料学院团委秉承"停课不停学,隔离不隔爱"的工作理念,将营造学习氛围作为工作重点,挖掘榜样力量,发挥联动作用,全面展示了"材子材女"的青春风采与奋进决心,领导青年团员积极实践"共学回信精神 同担复兴大任"的主题精神,内化于心,外化于行,激发青年师生的责任感、使命感,深化拓展教育功能,打造院级特色品牌。

(文:材料学院团委)

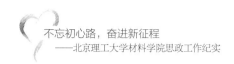
不忘初心路,奋进新征程
——北京理工大学材料学院思政工作纪实

材料学院"鸿材育才 创想未来"云思政系列活动纪实

为深入学习贯彻习近平新时代中国特色社会主义思想,做好疫情防控下的学生思想政治工作建设,充分发挥"三全育人"优势,破解疫情防控带来的思想政治工作难题,材料学院坚持因事而化、因时而进、因势而新,结合专业宣传月活动,通过党政干部、专任教师骨干、学生工作干部、学生骨干云分享等形式,开展了"鸿材育才 创想未来"云思政系列活动。

院长寄语·返校第一课

作为返校第一课,6月2日下午,材料学院院长庞思平以《真材猛料 玉汝大器》为题,为材料学院、求是书院、徐特立学院全体学生带来了一堂精彩的云思政课,在线观看人数近6 000人。"在党中央的正确领导下,我们国家终将战胜疫情,在这个特殊时期,理工学子更应胸怀家国,立志明德,坚持探索科学真理,努力发展为国家需要的复合型人才,返校后更应坚持理想、坚定信念,严格遵守疫情防控各项规定,做好个人防护,调整身心健康状态,做好疫情防控工作同时迅速投身于科研学习中,以实际行动提高思想认识,诠释新时代爱国主义精神的北理工表达,筑牢青年学生爱国荣校、奋进新时代的精神根基。"对于即将返校的学子们,庞思平院长语重心长地提出了嘱咐和希望。

第一章 党领导下的红色育人故事

材料学院院长庞思平《真材猛料　玉汝大器》云思政课

名师在线·领航新材料

除了庞思平院长，新能源材料与器件专业教授陈人杰、高分子材料与工程专业教授李霄羽、材料成型及控制工程专业教授刘颖、材料科学与工程专业教授程兴旺、材料化学专业教授钟海政、电子封装技术专业副教授赵修臣、"霍然而愈"团队指导教师陈煜等众多教学、科研"大咖"也参与到"鸿材育才"云思政系列活动线上授课中。他们从材料学科发展的专业角度，鼓励同学们注重交叉协同，敢于开拓创新，以兴趣为坐标、以理想为航向、以需求为导向，筑牢成才之基、培养爱国之情、砥砺强国之志、实践报国之行，创造新技术和新产品，满足国家科学技术发展的需求，让青春在党和人民最需要的地方绽放绚丽之花。

33

不忘初心路，奋进新征程
——北京理工大学材料学院思政工作纪实

材料学院各系教师代表线上授课

朋辈效应·鸿材青春说

朋辈效应，同辈引领。现在美国九所"新常春藤"名校之一圣路易斯华盛顿大学留学的牟鸽也多次为材料学子分享她的成长经历、思想感悟，尽管现在疫情严重，她依然与母校保持密切互动，深刻感受到祖国的牵挂和学校的支持，用亲身经历讲好作为博士学姐的这堂"思政课"。"鸿材·青春说"系列活动组织材料学院、计算机学院、机械与车辆学院、徐特立学院等十余名优秀学子线上直播，校内外上万名师生通过线上平台观看互动，促进同学们共学共进、共情共育，让朋辈教育融入全员、全过程、全方位育人的学校思政大格局中。

优秀在校生代表经验云分享

结　语

"鸿材育才　创想未来"云思政系列活动，将家国情怀融入"云端"广泛传播，在师生中引起了热烈反响。疫情特殊时期，返校在即之际，"鸿材育才"云思政作为材料学院落实立德树人根本任务、推进学生思想政治建设、开展主题教育活动的重要部分，将党政干部、专任教师骨干、学生工作干部、学生骨干等融入学生思想政治教育的前沿阵地，形成好经验、好做法、好成果，为学生返校上好第一课，营造新时代爱国主义教育浓厚氛围，为打造先进网络思政平台、推动学校大思政建设格局奠定了坚实基础。

回　声

张洪允，材料学院 2019 级硕士

通过本次思政系列活动，我更加真切地感受到材料学科在抗战救国中诞生、在服务国家重大战略需求中成长、在开放融合中不断壮大，材料人更是具有攻坚克难的品质。作为一名刚刚踏入科研学习的学生党员，我应该传承好这份精神，敢于吃苦，勇于探索。同时作为学生党支部书记，我要发挥好自己上通下达的作用，号召支部党员传承好前辈们的精神，提高党性修养和服务意识，为建设更繁荣强大的祖国贡献自己的力量！

杨飞洋，材料学院 2016 级本科生

在疫情防控的特殊时期，能在"云端"观看庞院长为我们上课备感亲切。这堂生动的思政课作为返校前的教育，让我对"北理工材料人"这个身份有了更加深刻的理解，立身科研是我们的使命，专业报国是我们的担当。庞院长讲到"吴锋院士团队研发了第一条国产镍氢电池生产线，摆脱进口依赖，又与时俱进研究锂离子电池、柔性钠离子电池，使中国在二次电池领域走在世界前列"，作为预备党员，我要学习这种立足当下，放眼未来，胸怀家国的情怀，成为一名有责任有担当的北理工材料人，让世界看到新时代的中国青年和中国力量。

（文：材料学院）

用技术武装兵器——才鸿年院士红色育人事迹

才鸿年院士出生于 1940 年 1 月，是材料学院的奠基人，著名的材料专家，同时也是一名共产党员。他是中国兵器装备集团公司科技委副主任、总装备部科技委委员、总装备部先进材料技术专业组组长、中国兵器装备集团公司顾问。1984 年他被批准为国家级有突出贡献的中青年专家，1991 年获政府特殊津贴和兵器工业功勋奖并享受政府特殊津贴，1996 年兼任国防科工委先进材料技术专业组组长、中国兵工学会理事兼金属材料分会主任委员等职位，2001 年当选为中国工程院化工、冶金与材料工程学部院士，2003 年开始在北京理工大学工作，现任北京理工大学教授、博士生导师。他主要从事先进材料技术的研究，长期工作在科研一线，是我国薄装甲钢、复合装甲和炮管自紧技术的创始人之一。

才鸿年院士几十年的科研之路可谓硕果累累，且研发技术已成功应用于主战坦克、装甲车辆、自行火炮等十多种主战武器：在金属材料的研究方面，为我国兵器工业作出了卓越的贡献。他长期从事军用新材料的研究工作，有很多研究都取得了重大突破和进步。他主持了焊后不回火薄装甲钢和我国第一代复合装甲的研究工作，发明了我国第一代具有自主知识产权的薄装甲钢，为我国复合装甲材料与结构的发展奠定了较好的基础。他主持了炮管自紧技术及应用基础研究工作，参加了自紧炮管疲劳寿命的研究，先后创立了炮管液压自紧技术和高效液压自紧技术，使炮管强度提高 60%~100%，并成倍提高疲劳寿命。他还组织了军用新材料发展战略、中长期规划研究和先进材料技术预先研究"十五""十一五"计划指南、关键技术报告的编写工作。其成就已载入《当代中国的国防科技事业》。此外，才院士还参加和主持了"七五"至"十三五"我国军用材料发展战略研究和规划拟制，为我国武器装备发展所需关键材料的保障作出了贡献，有力地促进了我国军用新材料的发展；近十年来主持开展了军用材料体系的研究和创建工作，主编了《武器装备基本材料体系要览》和《武器装备基本材料体系要览（材料系列研究）》，为我国军用材料发展的系列化、标准化、通用化作出了突出贡献。

才鸿年院士这些年的辛勤工作，以及不懈努力所取得的成就，为他获得了众多荣誉。他曾获国家发明二等奖 1 项、国家发明四等奖 1 项、国家科技进步一等奖 1 项、国家科技进步三等奖 1 项、部级科技进步二等奖 3 项、国防科技创新团队奖等科技成果奖励，而这些成果均已用于武器装备。才鸿年院士在进行科研的同时，还担任科技管理的领导工作。他的理论基础扎实，专业知识面广，治学严谨，学风正派，具有较高的学术水平和组织管理能力，在国内国外均享有很高的声誉，曾在国内外重要学术刊物上发表学术论文 100 余篇，其中被 SCI 和 EI 收录 60 余篇。

才鸿年院士所达到的成就让人难以望其项背，然而更为重要的是，多年以来，他为我国科研教育事业的发展培养了很多优秀的人才，为我国兵器工业的现代化建设作出了重大贡献。北京理工大学作为共产党创建的第一所理工科大学、新中国的第一所国防工业院校，自建成以来能够为中国国防科技事业作出卓越贡献，这一切与广大教师和同学的努力是分不开的。才鸿年院士在材料学院培养出一个个军用材料方面的优秀人才，孜孜不倦，诲人不倦。这种代代传承的精神让人为之动容，同时也激励着我们材料学子不松懈地继续努力，发挥自己的作用，做好每一颗小小的螺丝钉，为祖国的强盛不断奋斗，争做时代新人。

今年八十岁高寿的才院士对于科研的热情丝毫不见衰退。在轻量化材料及先进复合材料制造业创新中心研讨会上，才院士表示，在军用材料发展中已经建立了军民结合体制，比较有力地保证了装备和新材料的应用，但有些重要材料还存在着价格偏高等问题，希望创新中心与国家大的战略深度融合。

激励他一路前行的，是对祖国的无限热爱；引领他坚持到底的，是对教育的认真负责。才鸿年院士，一个用技术武装兵器的科研者，用过硬的技术，铸就了红色的铠甲。

（文：肖若寅）

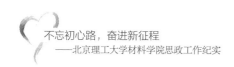

不忘初心路,奋进新征程
——北京理工大学材料学院思政工作纪实

"要做对国家有用的科研"
——李树奎教授红色育人事迹

"教书几十年,希望寄托在你的身上。"1987年,李树奎大学本科毕业之际,导师杨道明教授对他寄予厚望。三年后,研究生毕业的李树奎选择了留校任教。2020年,从教三十年的李树奎已是桃李芬芳满天下,但仍然对导师当年的嘱托记忆犹新。

"我喜欢当老师,也适合当老师。既然选择了教师这个职业,我就要做一名受学生爱戴的老师。"谈到自己的育人初心,李树奎说,"为人师者,要传道授业解惑。我不仅要向学生们传授知识,还注重培养他们的能力,更要教会他们怎样做人、怎样做事。"

每年考研报名期间,作为导师"热门人选"的李树奎,都会收到很多学生的咨询邮件,无论工作多忙,他都一一认真回复。"我会认真答复学生的每一个问题,更注意措辞、标点这些小细节,邮件发送之前还会再通篇检查一遍,确保无误。无论对方将来是不是我的学生,我都希望自己能时时刻刻成为学生的表率。"李树奎始终把为人师表、言传身教融入工作的点点滴滴中。

"教书育人,不仅仅在于教书,更在于育人。教学是作为一名教师最重要的任务,但是教书的目的是育人。如果说教书要靠学识,那么育人要靠人格魅力,要做学生的良师益友。"李树奎这样分享自己从教三十年的经验与感悟,"与学生相处,最重要的是人格平等,互相尊重。我对学生并不严厉,但我会不断鼓励他们,把鼓励转化为学生的内生动力。我的心愿就是培养出能够超越自己的学生,期待他们青出于蓝而胜于蓝。"

2010年,李树奎走上了学院的领导岗位,在长期负责本科教学管理中与学生结下了深厚的友谊,每逢重大节日学生们都会纷纷发来节日的祝福。有一次,当李树奎询问学生姓名时,学生深情地回复:"我是谁并不重要,重要的是您是我的老师,谢谢您培养了我。"

作为冲击环境材料技术国家级重点实验室主任的李树奎,三十年来,在三尺讲台外,把精力全部投注在科研第一线,"要做对国家有用的科研,作出属于自己的贡献"的奋斗目标从未改变。目前,李树奎带领实验室科研团队取得多项科研成果,并且都应用在国家重大需求领域,为行业发展作出了重要贡献。回望三十年,李树奎初心未改、奋斗无悔。

在实验室的外墙上,悬挂着"静、敬、竞、净、镜、境"六个大字,"我希望年轻人在爱岗敬业的基础上,可以静下心来,严谨治学,在科学、民主、公平、宽容的学术环境中,干干净净搞科研,并时刻以优秀团队为镜,反思自己,良性竞争,找差距、比贡献。我希望他们可以勇担时代重任,不负青春韶华。"李树奎对青年师生们,寄予深厚期望。

(文:北京理工大学新闻网)

不忘初心路,奋进新征程
——北京理工大学材料学院思政工作纪实

为培植国防红色灵魂而奉献
——吕广庶教授红色育人事迹

个人简介:吕广庶,男,1942年生,材料学院退休教师,二级教授、博导/主讲教授。曾任教研室主任、党支部书记,学院教代会主席,连任二十年分党委(总支)委员,中国体视学会常务理事。发表论文150余篇,译著、教材多种,获部级科技成果奖多项。

一、大学情怀——度过初入大学的几关

无论哪个年代,接到大学录取通知书,无论家长还是考生,都会是一件无比兴奋的事情。

半个多世纪了,那是20世纪60年代初,我接到大学录取通知书,父母亲和我都无比高兴。到了开学的前一天,忙坏了父亲和母亲。母亲忙着给我收拾行装,父亲去生产队联系车辆。第二天早晨,我还在睡梦中,母亲叫醒我:"快起来吧,吃饭啦"。我起床,热腾腾的饭菜,母亲早就做好了。吃完了饭,父亲套好了从生产队登记联系来的小驴车,搬上行李,让我坐上车去火车站。那时上学要自己预备全套褥子被子及生活用品,而不是如今由学生公寓配备。北戴河火车站离我家30里路。出村前,有个乡亲见到了,就背后说:"那大小伙子还不会自己背着行李去北戴河呀,还用他老爹送。养得真娇!"听他们背后在议论,说我不争气,说父亲脾气贱,我一直感到很羞愧。

直到前两年,我们同村一个远房的兄弟吕广阳,从我的老家开着小轿车到北京送他的儿子吕润强来上大学,我这种羞愧的心情才得到释怀。

他们到校把儿子安排好以后，自然到我家来看我。我问他："广阳，你听说过在我上大学的时候，村里人都说，你二爹是多么的贱脾气，说我是多么的不中用吗？"那远房兄弟管我父亲叫二爹，他拉长了口气说，"知——道！"我说："是你二爹贱还是你贱呢？"他嘿嘿一笑连忙说："我贱我贱！"他稍停片刻说，"要那么说呀，我比二爹贱多了！二爹，只用一头小毛驴，把大哥你送到北戴河；我开着小轿车，连他妈他弟一起把润强送到北京来，也有人说呀！"我接着说："刚才聊天时候说弟妹还给润强铺好了床啊！"这时我那侄子感到不好意思，赶快插话，"我这么大人，还不会自己铺床啊，妈非得管我。"我那弟仿佛醒悟过来，不服劲儿地说："他们是没有上大学的儿子，他们如果有，那比我和我二爹不知道还要贱多少倍呢！一个孩子要远离父母，到远处去求学，哪个父母舍得离开呀？哪个父母，不都是惦记着啊？"

我这远房兄弟一语道破真情。可怜天下父母心！他这样一说，才使我多年的羞愧心情得以释放。其实，我当时的心情，也和那侄子说的话是一样的，我也感到那么大岁数的老爹赶着小驴车送我，不合适。但是，哪里能拧得过、拗得脱老人呀，让他送了他才安心哪！到了北戴河车站站台上，我有点舍不得父亲。父亲说："别难过，到那里去，要自己独立生活，要努力读书。你坐上火车是件高兴的事情。你长多大，爹就已经有多少年没坐火车了，现在看着火车还是很亲切呢。爹原在哈尔滨当店员，一当就十多年呢，那时每当坐火车的时候，有一种豪迈的心情呀。你到学校不要难过，也不要想家，只有努力学习，好好念书才行啊！"父亲的话，现在还言犹在耳。

到学校里，当然有很多想家的时候。想想父母那么大岁数，对我寄予那么大的希望，我有什么理由不好好读书呢？星期日和节假日干什么呢？想起了父亲在车站上的嘱咐，就只有努力学习。

后来在学校里还听过一个时事报告。那报告中给我印象最深的是，培养一个大学生，每年国家投入的资金是很巨大的。报告说那不是每个人的家长拿上几块钱，来上学就行了。学校这么大的地方，这么多楼房，这么多教师，这么多设备都是哪来的？都是国家投资来的，是人民的血汗。报告中号召我们每个人要好好学习，要对得起国家，对得起人民。这件事情使我感动至深。

于是我在日记本上写了一首顺口溜,后来收录在我出版的一本诗集中。那题目叫作《远行》,是这样写的:"怀雄心,抱理想。别家乡,辞爹娘。千里跋涉为心愿。垂炼智能读万卷。"后来模仿采桑子写了一首词:"大学院里层楼起。白杨参天,翠柏长连。寄托雄心伏案边。青春似火心炽烈,恐后争前,努力钻研。春去秋来又一年。"又有:"身在城中念大书,谁家宝贝掌中珠?人民流汗培学问,父母劳神育幼雏。才高不忘父母养,路宽牢记祖国铺。成绩切莫沾沾喜,快结硕果快产出。"这些深藏在日记本中的诗句时刻鞭策着自己。

实在来说,到学校里远离家乡父母,是想家的。想家了,那就没法专心复习和做作业。要努力只是口头的空喊不行,要拿出实际行动来就不一样了。这怎样努力呢?刚从中学来到大学,那讲课的速度是非常快的,不像在中学认真听讲,可当堂消化,课后做作业,不用再看书就可以做。可是在大学里,讲课就像做报告一样,讲得快、内容多,直接做作业就会遇到困难,特别是高等数学。那时候高年级同学给新生介绍学习方法,说要先看书,先复习,后做作业;先弄懂概念,再做作业。开始就不理解这话是怎么回事?随着课程的进度加快、内容加深,不复习,做作业就非常困难。大家知道读书是非常枯燥的事,一想家就头脑走私分神,怎么体会书中写的是什么?这个时候我就用笔记的办法,边读书边把那个重点记下来,再对照课堂笔记,就可把当堂内容弄清楚了。这个办法,一直到后来,我在教学备课的时候都是这样应用的。这样就不容易头脑开小差了,很容易把想家的念头赶走,也就很容易把知识内容记住了。

学微积分,尽管困难重重,但是我采用日清月结的学习方法,使得所学的知识容易巩固。每个星期或一个月后把前面学习的内容总结好,总结出条理来,把那数学、物理的公式,政治课的提纲,总结到一个小本本上。等到期末复习的时候就容易多了。我对数学的兴趣,一直到76级入学,我当班主任兼高等数学辅导老师时才得到了验证。我们这些人刚毕业,赶上十年"文革",把书本忘得一干二净,你还能够解微积分题吗?但是由于我复习时日清月结,把公式、提纲都记得很牢固,辅导微积分就变得很容易。到后来发表材料学论文时,也采用数学的方法,提高了论文的质量。

上大学除了解决想家和学习方法问题,还有一个适应集体生活问题。一个班上同学来自五湖四海,有的中学住校过过集体生活,还有些同学是走读上中学的。在集体生活中需要同学们融合在一起。在快入冬的一个半夜里,同宿舍一同学把被子都蹬到床下面了,正好我半夜上厕所回来看到,给他拾起盖上,那个同学非常感动,说我像大哥哥一样,和我成了好朋友。直到前几年七十几岁了,我们俩还一直通信往来。所以说,同学们之间相处要互相关照,互相爱护,互相团结。善于团结他人、善于合作是现代社会尤其重要的素质。有些人自顾自己,不照顾周围同学间关系,没有养成集体生活习惯,将来是难以融入社会的。

现在和我们那个时代环境大不一样了。现在国家富强了,家家富裕了,不像我们那时候那么艰苦。但是我想不管哪个时代,学习是学生的天职。环境好了,经济条件好了,更应该努力学习。现在大北京到处是古迹名胜、灯红酒绿,能把心情用到学习中去,就要有毅力。只有现在把所学知识掌握得牢固了,将来工作中那本领才会很强。

二、当班主任带实践——处在教书育人的第一线

校庆刚过,马壮副院长发起了"71专业历届校友微信群",我接到一则71811班唐昱荟同学专门发来呼我的微信:"吕老师好!大学一年级春节没回家,老师请班里所有没回家的同学除夕夜去家里包饺子吃,以后几年春节不回家,老师都倍加关照,这种温暖记忆犹新,吕老师保重!"读了之后,百感交集!时值王琳书记发来微信"约约稿",于是写下这篇感想。

81级到现在也有40个年头了,很多事情我都记不清了。但是这小唐我还是记得很清楚,她家在四川,在班里年龄最小,还是个不到成年的小孩子。春节到了,每逢佳节倍思亲,她多么孤单哪。我把没回家的学生请到家里来包饺子,还有谁我都不记得了。唐昱荟在群中首先想起了我,讲了她这段温暖记忆,我深受感动。

虽然任课老师都应该做到教书育人,但比较起来,班主任工作更是在育人的第一线。我除了教一门专业课和带毕业设计,义务连续兼职班主任,每期两年。从76761班(1977年3月入学)班主任,到73761、73762、71761三个班的年级指导员,再到71791、71811班主任,最后到71851班

导师制唐冉小组（十人）导师，应当说还包括1974年8个月进修班和1975年10个月进修班师生混编支部，我任支部委员分管学生工作，算起来前后不间断地做了十年学生班级管理工作。

当班主任首先不要摆架子，要与学生打成一片。那时还要求班主任到学生宿舍谈心呢，与学生接触最多。一次我到74级宿舍，844厂来的刘仁杰比我还大两岁，他说："吕老师，你一点都不像老师。"我说："你看水平低不是！"他赶紧说："不不不，不是！我是说，你很热情，没有一点老师架子，连中小学老师都有架子，越不摆架子的老师越受人拥护。"71781周秋生同学在71群说："四十多年前吕老师给我们上课总是面带微笑循循善诱，永远也忘不了。"当老师要以爱护学生帮助学生为主。钱北诚说："当年我因病缺课，吕老师单独给我补课，那情景依然历历在目。"陈长根同学还记得跟着我做汽车安全带扣的盐炉淬火，第一次真刀真枪地做热处理。我都忘了这些情景，学生还没忘呀。

我除给71761班当班主任外，还给他们讲课、讲座、辅导高等数学、辅导兵器概论，带毕业论文，带认识实习、专业实习和学农劳动，与他们建立了深厚友谊，和很多同学至今保持着联系。盛自强同学已成为著名书法家，给我送了横幅，黄绢小楷字画，卷尾感言"广庶师是我二十五年前在北工之班主任。时为同学们所称颂的是其出口成章之雄才及对同学们的关爱"云云。他为学校献字画，校主办人通知我说他特别邀请我参加，因事未到，我为他做了一首诗，报道中还专门报道了这一情节。

我还带了很多次实习。这实习也像班主任一样，是接触学生最多的机会。而且实习单独在外，指导老师就代表理工大学，对学生的管理必须认真负责。带上海实习时，因当时我任党支部书记和教研室副主任，中途系里让我回校，在交接的班会上我做详细的嘱托与要求，做到认真负责。有人认为我工作呆滞，甚至于有人说，我交接工作是多余的，是在交代"后事"。这个后事要交代呀，而且要认真到一丝不苟，这是对学生、对学校的负责。

学生出了毛病，要以长者的身份进行关怀并耐心的教育，不要居高临下，盛气凌人。有一个学生，我上了三次课都缺课。我一打听，别人说他是"九三学社"成员，就是早晨9点起床，下午3点起床。于是我就让学习委员通知他来见我，单独见他时我说："你到北工上学，不一定每课都来，可能个人有事情，或者身体不好，但是不能三个星期了都不上我这课呀，对我有多么大意见呀？"他说："老师，不是啊，我对您有什么意见啊，我给您说我哪一节课都不来呀。"我给他讲，"一个人要重视自己的品格的故事，一个人做一件事情，不一定能做好，但有一个底牌，就是不能不做。你不能整天睡觉。"我讲了一个故事说得他直笑。后来他就每节课都来啦。

要实事求是善解学生思想疙瘩。为了解决学生的专业情绪，我说任何问题都有最高要求和最低要求，讲学什么专业问题至少要做到入我佛门念我经，国家设立任何一个专业都是有用的。不用讲大道理，学生就踏实学习了。毕业后是考研还是工作好，我说，家庭经济负担得起尽量考研。有学习信心不足的学生我给予鼓励，毕业后他写论文寄给我修改并推荐发表。

毕业论文的实践环节和班主任一样。与学生的接触机会更多。有一个同学在大家议论毕业答辩不容易时，她说她就不怕，并说她的指导老师是教研室主任，怎能不及格。后来有人把这个意见反映给我，我就直接找到了她，我没有直接批评，我说不能有侥幸心理更不能有特权阶层想法。她感谢我说，"一辈子的教导啊。"有一个同学毕业设计不好好参加，下海去挣钱，我说服了他安心做毕业设计。还有一个同学因有不及格的课程，也就不参加毕业设计了，我给他做思想工作，不但顺利通过了毕业设计，后又补考合格得到了毕业证。他爸感谢我，说我比家长还负责。有的同学毕业后带妻子出差还住在我家。著名校友潘小夏、傅恒升、盛自强、李和章、王鲁、马壮等都一直和我有密切的联系。

作为老师要以春风化雨的精神，要有循循善诱的方法。做学生工作，要做到晓之以理动之以情。老师应该把教书育人管理育人工作做好，使学生感到温暖，为培植国防红色灵魂而奉献，为科教兴国、教育强国做贡献。

（文：吕广庶）

不忘初心路,奋进新征程
——北京理工大学材料学院思政工作纪实

奋斗的青春是最美丽的
——谭惠民教授红色育人事迹

材料学作为一个高新技术学科,在当下受到了越来越多的关注和重视,各个技术领域都愈发开始重视对新型材料的开发和利用。其中,高分子材料作为材料学的一个分支,也在许多领域里展现出了重要性。现已83岁高龄的谭惠民教授在高分子材料领域作出了卓越的贡献,他多年来一直从事高分子材料方面的研究,产出了无数优秀的成果。

1935年,谭惠民教授出生于广西的一个小镇。1955年,谭教授迎来了他的第一个转折点。是年,他正在苏联留学,并参加了当年的全国统考,在众多考生中,他脱颖而出,被北京理工大学(时北京工业学院)录取,开始了在京的学习生涯。那时的北京工业学院,比起清华北大也毫不逊色,谭教授的才华在这里得到了充分的发挥。1960年,在结束了五年的本科学习之后,谭教授选择了继续深造,在北京工业学院完成了他研究生时期的学习(当时并未分硕士和博士,而是统一为研究生)。在这之后,谭教授便全身心投入了研究工作之中,长达数年。直到1979年,国家给出了共500个赴美国留学的机会,谭教授获得了一个名额,当时北京理工大学共有40人获得了名额,占据了总名额的8%之多。1983年,谭教授又获得了赴日本参加学术交流的机会。结束后,他便一直留在了国内,全身心投入了自己的科研事业之中。

曾有学生回忆,在与谭教授的采访中,他无数次提到北理工,并毫无保留地表达了对北理工的热爱之情,他对这所学校的热爱也深深感染了同学们。提到在北理工读书时期,谭教授十分感慨,在他的心目中,北理工是那时国内数一数二的高校,各方面都丝毫不逊色于清华和北大,在一些领域,北理工甚至比清华北大做得更好。谭教授说,正如徐特立老先生说的那样"实事求是,不自以为是",北理工是一所校风严谨的学校,在他们那个年代,学校的管理比较严格,说是军校也不为过。这样做都是学校为了给广大学子营造一个良好的学习氛围,使得学生们能够全身心地投入学习之中而不受打扰。同时,学校的师资力量也十分强大,老师们也都是出类拔萃的佼佼者,就算是教授级的人物,也不会摆架子,而是特别平易近人,平时都很愿意和学生们交流。老师们不仅理论基础非常扎实,也十分重视实践操作,秉承理论指导实践的原则,将理论课与实践课结合进行,这样学生们不但掌握了理论知识,也得到了实践的机会,并在实践中巩固了课上所学。

谭教授对当时学院里教四大基础化学学科的老师们印象尤其深刻,在他的描述中,每一位老师都是别具一格的优秀教授,从谭教授的言语中就能感受到他对老师们的敬佩之情。谭教授说,北理工的教学注重"三个基本"——基本理论、基本知识、基本技能,考试旨在"摸清学生的底,对症下药"。这样的教学理念比起很多传统大学要更加合理,也更能培养出优秀的人才。谭教授一直觉得当初能来到北理工学习是一件非常令他骄傲和自豪的事情。在采访中,他也数次告诉同学们要珍惜在北理工学习的机会,也要好好利用北理工的各种学习资源,努力学习知识,充实自己,成为祖国的栋梁之材。

当谈到自己的留学经历时,谭教授也感慨颇深,他首先谈到了自己1979年赴美国留学的经历。他说,当时的出国留学名额是通过考试来确定的,所有的科研工作人员都有资格参加,最后按考试成绩来进行排名,那次赴美国留学共有500个名额,也就是说排名前500的科研人员将获得赴美留学资格。谭教授最终凭借自己的努力获得了这次赴美留学的机会。他格外珍惜这次机会,也十分渴望通过这次留学的机会开阔自己的眼界,接触并了解全新的知识,再将这些先进的理论带回国内。因此,在留美期间,谭教授刻苦努力,不仅学习到了当时世界最先进的专业知识,还刷新了当时外国学者对中国学者的认知,得到了世界对中国学术研究的尊重。回国之后,这些留洋的经历对国内材料学科的发展起到了巨大的推进作用,也对他以后的研究生涯产生了巨大的影响。紧接着,他又概述了自己1983年赴日本交流学习的经历和当时日本的学者对中国学术的态度转变。最后他说到,在留学期间,他曾数次感到北理工对他的影响之大，使得他在学习和研究中一直保持着良好的习惯、严谨的思维、细致的操作，从而即使不在北理工，在留学期间时仍能收获颇丰，因此他非常感恩北理工对他的教育和培养。

聊到自己的科研生涯，谭教授目光坚定语重心长地说："虽然十分辛苦，但一切都是值得的。"最初，他认为科研是一件充满了神秘感的事情，未知的事物总是令人感到畏惧，但在开始从事研究之后，他慢慢地适应这种氛围，开始大胆地进行科研工作。他也曾因为科研需要在寒冬去哈尔滨、在酷夏去到海南，也曾遭遇各种各样的失败；但他对科研的热情始终没有减退，几十年如一日地坚持研究，由研究的方向找到解决办法，在"路子对不对，效率高不高"上多下功夫，最终才有了现在这么多研究成果。

谭教授至今已产出了数项研究成果，具有代表性的成果包括：用木糖醇制造火药，这在爆破学领域有着重大意义；研发了无规聚苯乙烯，在制造业有着重大影响，这项研究成果获得了美国高分子物理学奖；发明硝酸酯增塑聚醚固体推进剂，这是一种具有优异能量特性和低温力学性能的固体推进剂，为固体火箭推进剂的发展起了重大作用。这些只是他所有成果中的一部分，其他大大小小的成果无法一一列举。谭教授在高分子材料学领域作出的贡献是毋庸置疑的，他提出了很多具有开创性意义的概念和想法，也研发了很多具有实用性的材料，为人们的生产生活带来了更多便捷。

谭教授提到要"脚踏实地"，在本科阶段，最基本的要求就是要学好自己的专业知识，把该掌握的东西都掌握牢固，每个人都应该将自己应该完成的东西认认真真地完成，做一个对社会有用的人，不应当只是考虑到自己的个人利益。谭教授认为习主席给了现在的年轻人更多的机会，当代大学生应该抓住这些机会，为祖国作出更多贡献。不同的人能力不同，对社会所做的贡献不同，有的人能够作出很大的贡献，而有的人只能作出很少的贡献，但就算只是做一个普通人，也要自己问之无愧，也要在平凡中活出自己的不平凡。谭教授还提到了要"务实"，强调当代青年做事情不能老想着利益至上，而是应该将"完成事情"本身放在第一位；同时也不要养成吹牛皮说大话的坏习惯，应该用严谨认真的态度面对科学。谭教授说，现在的科学技术已经让科研中的很多步骤得到了简化，所以我们更应该认真地对待剩下的部分，而不是马马虎虎应付了事。

面对当代大学生,谭教授送出了自己的寄语。第一,当代大学生应该把自己该学的东西学好,注重基础理论知识和能力的培养,学会科学的思维方法,对困难的事情要敢于迎战。第二,当代大学生应该有奋斗精神,敢于付出,不能因为害怕吃苦、害怕劳累而半途而废,要知道有付出才会有收获,收获总是和付出成正比的。不管条件有多困难,只要你愿意为此去付出,去做你认为应该去做的事,总是会有收获的。电视剧里说:"奋斗的青春是最美丽的。"这句话是对的,你不奋斗,天上是不会掉馅饼的。第三,在处理生活和事业的关系上,谭教授认为事业应当是优先于生活的,因为事业是生活的支撑,没有事业,你的生活也将变得难以前进。

(文:石珂宇)

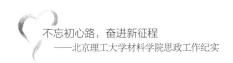

不忘初心路,奋进新征程
——北京理工大学材料学院思政工作纪实

增强全民族的科技意识
——吴锋院士红色育人事迹

  吴锋,男,1951年6月出生,中国工程院院士,教授,博士生导师。环境科学与工程学科首席教授,应用化学学科带头人之一,长期从事新能源材料、环境材料和绿色二次电池等方面的研究与产业化开发。先后主持承担国家"863计划"项目、"973计划"项目、国家自然科学基金和国防科研等项目26项;主持创建了国家863镍氢电池中试基地和北京理工大学绿色二次电池与相关材料设计、制备、评价与应用一体化的创新研究平台,以及校"绿色化学电源体系研究与应用"科技创新团队。研究成果获国家科学技术进步奖二等奖1项、省部级科技奖一等奖6项、二等奖多项。在国内外学术刊物发表SCI、EI收录论文400余篇,主编学术专著2部、参编多部。获得发明专利授权43项,实用新型专利授权5项,主持制定国家汽车行业动力电池标准3项。2017年中国工程院召开了院士增选评审和选举会议,吴锋当选化工、冶金与材料工程学部院士。

  众多周知,美国马萨诸塞大学波士顿分校是波士顿八所研究型大学中唯一一所公立大学,这里有优秀的教职员工和颇有造诣的学生,在各种城市问题创新研究中颇有声望。今年三月,吴锋接到了该校校长的来信,信中提道:"尊敬的吴教授,我非常荣幸地通知您,马萨诸塞大学理事会一致投票通过,颁授您荣誉科学博士学位。""我们尊崇您在高科技研究,特别是绿色新能源技术和温室气体减排方面作出的杰出贡献,并且非常欢迎您和我校在中美电动车方面开展合作。您的杰出成就一直给予我们大家启示和启发。"到目前为止,该校荣誉博士学位的获得者还有美国前总统奥巴马,金融分析家和教育家、哈佛大学商学院教授罗莎贝斯·莫斯·坎特,歌唱艺术家杰西·诺曼，物理学家、诺贝尔物理学奖获得者利昂·莱德曼，药物学家亨利·特梅尔等各界精英、学者，而吴锋教授则是马萨诸塞大学波士顿分校第一个获得此项荣誉的中国学者。

吴锋院士的成就有目共睹。近年来，他先后被中科院化学所、南开大学、天津大学、中南大学、清华大学等聘为兼职教授。

吴锋院士是中国镍氢电池研究和产业化的主要开拓者之一，是我国锂离子电池研究最早的倡导者和组织者之一。在"七五"期间他作为新型储能材料专题责任专家组织了"863"计划全固态锂电池及相关材料研究工作，1990年他又接受了查全性院士和吴浩青院士的提议，不失时机地将锂离子电池研究列入了"863"计划，这对发展我国锂离子电池和相关材料的研究及产业化具有至关重要的意义。他长期从事相关基础研究与应用开发，从多个角度提出了提高电池安全性的思路，发明了高强度复合隔膜、热关闭隔膜、具有阻燃性和电化学兼容性的电解质体系和热稳定性良好的电极材料；采用咪唑啉酮类离子液体作为电解液功能添加剂，提高了锂离子电池的温度适应性，是多项锂离子电池新型材料发明专利的第一发明人。

吴锋院士作为首席科学家，2002年主持了我国重点基础研究（"973"计划）"绿色二次电池新体系相关基础研究"项目，提出采用多电子反应体系实现电池能量密度跨越式提升的创新思路，拓展了电池材料研究的视野，带领团队针对轻元素化合物多电子反应中的关键科学问题，发展了金属硼化物、硅复合材料、硫复合材料等具有多电子反应特征的电极新材料，攻克了高能电极材料与功能电解液的适配性难题。2009年他再次作为首席科学家主持了"973"计划"新型二次电池及相关能源材料的基础研究"项目，基于轻元素多电子反应理论研制出能量密度达378.9Wh/kg的二电子高比能锂硫电池，为构建新型高比能电池体系提供了理论依据与技术支持，得到了国内外相关领域的高度评价。国际电池材料学会理事会主席R. Brodd博士在发给吴锋院士的信函中指出："2012年国际电池材料学会（IBA）理事会选定您作为2012年国际电池材料学会（IBA）科研成就奖的获奖者是基于您在新型二次电池和相关电池材料领域所作出的杰出贡献，这些贡献已得到了国际学术界的广泛赞赏……您所提出的基于多电子反应原理发展新型高容量电极材料的开创性思想十分重要，我相信这一新的思想将成为发展高比能电池的指导性原理。"

之后他又率领团队在废旧锂离子电池回收资源化再生方面进行深入研究，针对废旧二次电池日趋严重的回收压力和回收过程的二次污染问题，他开创性地将苹果酸、柠檬酸等对环境无害的天然有机酸和生物淋滤技术用于废旧电池材料回收和资源化再生，探明了不同体系中 Co 和 Li 等金属离子的溶出机制。吴锋院士主持的"973"计划项目在科技部组织的结题验收中均被评为优秀。吴锋院士作为国家重点基础研究（"973"计划）"绿色二次电池新体系相关基础研究"项目的首席科学家，敏锐地意识到新课题应立足我国在新型储能材料方面的资源优势与特点，创立具有我国自主知识产权的高性能绿色二次电池新体系，最终达到提升我国在该领域的创新能力，推动新兴高技术产业快速发展的目的。目前，该项目已经在绿色二次电池的新体系构造原理、可控电池反应原理、现场谱学、电化学研究方法、电池新材料设计方法和制备技术等研究中取得了重要进展，为我国绿色二次电池领域的创新与发展奠定了理论基础。

吴锋院士很少出现在报纸、网络、电视上，却总能在高层技术论坛、国内外学术会议、学生课堂、实验室捕捉到他忙碌的身影。

从教书育人的角度来讲，吴锋院士不仅传授知识，而且对学生的思想、生活也很关心，他更多的是扮演一个父亲的角色，把所有的学生当作自己的孩子来培养。

从科研工作的角度来看，吴锋院士最大的特点就是勤奋，在带队科研项目期间他经常会废寝忘食地准备材料和撰写报告。勤奋是一个科研工作者的基本素养，吴锋院士在这方面起到了表率作用。

为了国家，吴锋院士满腔热血。他从一名默默无闻的年轻教师成长为我国绿色能源和电池领域的顶级专家，他牢记"团结、勤奋、求实、创新"的校风，以无私奉献与不懈努力实践着一个理工赤子对祖国的无限热爱。"能者多劳，智者多忧。"自 1987 年被国家科委选聘为国家"863"计划功能材料专家组最年轻的专家以来，加在他身上的担子越来越重。1993 年 2 月，他参加了时任国务院总理李鹏同志主持召开的政府工作报告征求意见座谈会，作为主要发言人之一，他提出把"增强全民族的科技意识"加入政府工作报告中，此提议得到了重视和采纳，并最终被写入了政府工作报告。

一滴水只有放进大海里才永远不会干涸，吴锋院士常说自己所取得的成绩离不开他的团队。他身边的人说："吴锋是一个甘为事业赴汤蹈火、为朋友两肋插刀的人。"他说自己最大的乐趣之一是和朋友、学生讨论问题，最大的心愿是学生能够超过自己，为祖国、为科学作出贡献。

（文：龙博）

坚持不懈，百折不挠
——杨道明教授红色育人事迹

杨道明，男，79岁，材料科学与工程学院教授，金属材料与材料加工专业重要学术带头人之一。曾先后担任金属材料专业委员会副主任、机械工程系副主任，参与了材料科学与工程专业的创立和学科建设。长期致力于兵器金属材料与动态力学方面的科研工作，创建了材料动态力学研究新学科方向，开拓了金属材料在国防领域的应用研究，创建了材料动态力学试验基地。在国内首次设计制造了大能量高速材料试验机系统，获国家发明专利；改进了动态拉伸测试技术，完善了数据处理系统。从"六五"至"九五"期间主持承担了多项部委科研项目，在金属强韧化、高速冲击下材料动态力学行为、弹箭材料等领域的研究方面取得了多项成果，尤其是"贝氏体钢在弹箭上的应用研究"取得了突破性进展，对新弹种的开发研究起到了重要作用，获机电部、兵器部、国防科工委科技进步二等奖6项，并获1993年光华基金奖。以上这些工作为后来我校国家级冲击环境材料技术重点实验室的创建奠定了重要的基础。先后讲授过"金属材料及热处理""金属物理性能""金属力学性能""材料失效分析基础"等本科生课程以及"断裂物理""材料加工学原理"等研究生课程，主编过《金属力学性能及失效分析》《金属机械性能基础知识问答》《断口学文集》《形变热处理专辑》，与校外同行合作主编《金属机械性能》，合作翻译《金属机械性能》（俄罗斯佛里德曼著）等著作。曾三次获校优秀教学成果奖，指导本科生和研究生数十人，其中5人留校任教，成为材料学院学术带头人和骨干教师，对金属材料学科发展、专业建设、学术梯队和人才培养作出了积极的贡献。曾先后担任北京市机械工程学会材料学会理事长、兵器工业金属材料专业情报网副网长、总装备部陆军材料防护专家组成员、国防科工委高强度钢专家组成员以及兵器工业总公司材料专家组成员和预研成果评审专家，在预研规划制定、项目鉴定、成果评审等方面做了大量工作，推动了我校在箭弹材料和材料动力学方面的研究。

1939年，农历兔年，在这一年的四月，杨道明出生在了湖南宁乡。此时，中国正处于一片风雨飘摇之中，在未来的几年中，他与其他解放前出生的人们一样，都经历了一段艰苦的生活。

解放后，杨道明进入了高小。一个县的高小并不多，在那时，高小毕业便已经称得上是知识分子了。进入高小的他延续了曾经艰苦的生活，直到进入大学后生活才有了改善。其中那段记忆，最让杨教授印象深刻的不是生活，而是老师，他说："当时老师非常不错，要求很严格，兢兢业业。"

1957年，高考后的杨教授进入了武汉大学物理系，正式开始了他的大学生活。在这一年的9月12日，他和武大同学在操场等候毛主席和中央领导接见，从下午5点多一直等到晚上10点才见到主席风采，一直高喊毛主席万岁！等回到宿舍大家喉咙都哑了，仍兴奋不已。这是杨教授在大学期间最难忘的一天。

在杨教授的大学期间，中国正经历着几场大变革。他回忆道："大学期间运动多，劳动多，大办钢铁、红专辩论、下厂下乡劳动，大学期间基本上不是自己规划。"而此刻正在教育界酝酿的"大跃进"，竟成了他后来选择金属物理专业的一次契机。

1958年，全国上下开始了轰轰烈烈的"教育大跃进"，身处武汉大学的杨教授也受到了这场运动的影响，他和8名同学一起被分配到搞金属物理的老师那里去学习、工作。1960年年底，教育大整顿开始，杨教授又与同学们一道回原班级参加统一学习。因为有跟着老师学习的两年经历，杨道明最终选择了金属物理专业。

1962年，杨道明从武汉大学毕业。毕业后，他被分配到一机部所属太原机械学院（现中北大学）的金相热处理专业工作。在这里，杨教授一干就是八九年。直到"文化大革命"爆发，学校进行了改制，杨教授等一大批老师就被调入了北京工业学院（现北京理工大学）。

1971年，刚进入北京工业学院的杨教授与其他老师一起组织了"回炉班"。所谓"回炉班"，就是让已经毕业或面临毕业的学生"回炉再造"。杨教授说:"那时候70年、71年毕业的学生专业课没上完,基础不扎实,于是我们当时就搞了个'回炉班',让他们再多学一点"。但是,除了"回炉班",一直到70年代末,无论是教学还是科研都没能正常地开展。

改革开放之后教学和科研逐渐步入正轨,杨教授也开始活跃在教学与科研的第一线。在此期间,杨教授第一次参加了兵器部组织的坦克齿轮氰化课题研讨会,主持会议的程正庭副局长从北京工业学院毕业,他让杨教授担任高校组组长,会后成立攻关组,这是金属材料系承担的第一个部级科研项目。回校后杨教授向系、教研室进行了汇报,教研室成立科研组,指定另一位老师担任组长,也因此,杨教授虽在组内,但没有任何工作。从这以后,杨教授就下定决心,一定要自己搞科研。他真正承担的第一个项目是"形变热处理",经过艰难的攻关,这个项目最终获得了校级特等奖、部级二等奖的荣誉,自那以后,直到退休,杨教授的科研工作从未停止。

在几十年的科研工作中,杨教授主要开展了金属强韧化、高速冲击下材料动态力学行为、弹箭材料等领域的研究工作,圆满完成了"六五""七五""八五""九五"期间的课题研究任务。他还先后担任北京理工大学金属材料专业委员会副主任、机械工程系副主任、新时代新材料公司副总经理、机电部金属材料及热处理专业指导委员会委员、中国兵工学会金属材料学会委员、北京市理化测试联合会常委,在"七五""八五""九五""十五"计划期间担任了兵器部兵器材料预研专家组专家和兵器成果评审专家组专家。杨教授在"九五"期间进行的"贝氏体钢在弹箭上的应用研究"取得了突破性进展,对新弹种的开发研究起到了重要作用。其主要研究成果主要有:通过对材料动态回复再结晶、粒状贝氏体形成规律及其对力学性能影响的深入研究,提出了某型火箭弹喷管高温形变分级淬火新工艺,并设计了相应的生产线;与中科院力学研究所合作在国内首次完成了动态拉伸测试技术的研究,完善了数据处理系统;在国内首次设计制造了大能量高速材料试验机系统,获国家发明专利;与山西利民机械厂合作首次研制成功贝氏体钢焊接药筒,发现贝氏体钢在焊接过程中的自增强效应;深入研究了毁伤单元杀伤威力、材料动塑性、绝热剪切现象与材料组织、性能之间的关系,指出绝热剪切是局部绝热大变形的结果,它既可以是相变的产物,也可以是动态回复再结晶的产物,既能提高材料的动塑性,又是导致开裂的裂纹源，这一发现，对毁伤单元的形成与控制提出了新思路。

有同学提到与杨教授交流时，杨教授曾说："科研与其他任何工作一样，都会遇到困难和麻烦，一是人际关系，二是技术难关。做事难，做人更难。我记得当我受到委屈、心情不好时，当时系主任林汉藩先生亲手给我写了四个大字，'柔能克刚'，并告诉我退一步海阔天空，至今感到受益匪浅。如果我当时非要争个高下，不但解决不了问题，而且耗费了时间和精力。事情往往出人意料，那些无端受害的人，虽无还手之力，可是常有一些正义之人会伸出援助之手，拉你一把，帮你走出困境。我的这些事兵器部材料处的领导知道后，在后来真给予了不少帮助。真是塞翁失马焉知非福，好人一生平安。至于攻克技术难关，的确需要有坚持不懈、百折不挠的精神，但有时也须学会绕个弯，或者逆向思维。"

令杨教授印象最深刻的科研经历，就是他临近退休时承担的"海-76炮弹"的研制。这型炮弹的研制前后共经历了近十年的时间。在这十年里，实验室、研究所、工厂车间、国家靶场，都有杨教授活跃的身影。无论是工厂炼钢、制成炮弹还是靶场打靶，杨教授都亲自参与。十年下来，仅打靶用去的炮弹就多达几千发。对此，杨教授说道："真正搞科研、做项目是很不容易的，要花费很多的时间。"

从1971年来到北京工业学院，到如今的2020，杨教授已经在北理工工作生活了近50年。在这50年里，北理工也发生了许多令他印象深刻的事和变化。在杨教授刚到北京工业学院的时候，这里一年仅仅招收几百人。直到20年前杨教授退休时，当时的北理工一年的招生人数也不过1 200余人。而现在，北理工的规模已经扩大到了年招收本硕博学生共计近万人，拥有气势恢宏的两个校区，再加上深圳、珠海、秦皇岛分校，真是不可同日而语。北理工的发展历程也正是祖国欣欣向荣的景象！杨教授长期所在的金属材料专业在这几十年中也发生了翻天覆地的变化。在中华人民共和国成立初期，华北大学工学院（1952年调整为北京工业学院，现为北京理工大学）的金属材料专业已经拥有正、副教授20余人，具有相当的科研实力。经过1952年院系调整后，绝大多数教授被抽调组建了北京钢铁工业学院（现北京科技大学）和中南矿冶学院（现中南大学）。60年代后期，北理工金属材料专业开始艰难地重建。杨教授正是参与重建的第一批骨干力量，也是几十年来北理工金属材料专业从重新起步到逐渐腾飞的见证者和主力军。回忆起在北理工的生活，杨教授感慨万千："北理工50周年校庆时，李鹏委员长（时任国务院总理）来校庆贺，在操场前排就座的部级领导就有八十多人，还有坦克、枪炮弹、火炸药、天线、雷达、光学、航天方面的大量领军人物，可见北理工为祖国建设输送了大量栋梁之材，为此为学校感到骄傲。"

回忆起自己的人生，杨教授也有颇多感悟，他说道："要做好事，先要做好人。做人一定要勤奋、谦虚、公道、守信。有能力时，尽量要帮助那些需要帮助的人，送人玫瑰手有余香；没有能力，尽量不给别人添麻烦。"对于名利，杨教授一直持谨慎态度。他反对虚名，即使他为国防科研作出了巨大的贡献，也不愿意别人夸大他的贡献。他一直讲："不说假话，要实事求是，不能拔高。"

杨教授对学生们十分关心，他对学生们嘱咐道："希望同学们永远爱国、敬业、诚信、友善。你是一棵大树，要根系中华，你是一棵小草，也要绿化祖国大地，不管将来走到哪里，永远都有一颗中国心。"

原《科技精英》的编辑李茂山先生曾经写道："杨道明为传播新的科技进展和培养人才起到了较好的作用……多年来，他刻苦钻研，努力工作，为兵器材料科学技术的发展作出了积极的贡献。"

（文：彭浩宇）

材料学的情缘与感悟
——郑秀华教授组诗

第一部分 材料学组诗

四十七年前,我从东海之滨来到京城,走进水木清华。从此,我与材料学结下了一世情缘。

三十七年前,一个机缘,我迈进北京理工大学。从此,我扎根这片沃土,在材料学的园地耕耘至老。

材料学向我展现了一个五彩缤纷的世界,在这个世界里,有画一般的意境,有诗一样的韵律。那一条条宏观定律,美妙绝伦,凝聚着无穷的智慧,让我如痴如醉。那一幅幅微观图画,精美至极,蕴含着无限的哲理,让我流连忘返。

四十多年来,我与材料学相伴而行,不离不弃。它是那样的深邃,那样的博大。为它,我上下求索,苦心志,劳筋骨;为它,我东西寻觅,衣带宽,人消瘦。许多不解,难以改变我对它的执着;几番周折,难以阻断我对它的追求。

四十七年弹指一挥间,我在材料世界里,看到的只是冰山一角,获得的只是沧海一滴。这一角之地,虽然窄小,却让我领略了材料世界的种种风光;这一滴之水,珍贵无比,足以让我享用一生。

因为它,我的生命变得充实,我的生活充满乐趣;因为它,我明白了世间的许多奥妙,我懂得了人生的许多真谛。它让我变得从容自在,让我变得成熟包容;它带我走出迷茫徘徊的境地,从必然王国走向自由王国。

材料学中阐述的基本原理和基本概念不仅可以用来指导材料科学研究,

解释各种材料行为,解决各种材料问题,而且可以用来诠释社会和人生的种种现象,使我们对自身和他人有更深刻的认识和理解。

所以知识,不仅让我们了解自然,立足社会,以此生存,而且给予我们智慧,认识生命,洞察人生。而后者应更为重要,是我们所有活动的终极目标。

在这里,我与大家分享我的材料学感悟组诗——《你和我》,并以此诗文献给我热爱的材料科学,祝贺北京理工大学建校八十周年,祝愿北京理工大学材料科学与工程事业兴隆昌盛,蒸蒸日上,英才辈出,后继有人。(诗中的"你"代表材料学)

(一)完美、平衡与平等

你告诉我

万物不完美

人生不平衡

社会不平等

达到完美的境地很遥远

需要修炼

通往平衡的道路很漫长

需要时间

获得平等的理想很艰难

需要努力

(二)亚稳态

你告诉我

人生的道路

需要经过

一个又一个的亚稳态

它是我们

通向平衡状态的驿站

它是我们

走向完美极地的坐标点
它是我们
实现平等目标的加油站

（三）缺陷

你告诉我
不要嫌弃缺陷

它赋予每个生命
不同的品质
它让每个生命
呈现不同的美丽

从而
我们的世界
才如此多姿多样

因而
我们的人生
才如此丰富多彩

有缺陷的生命
才是真实的生命

有缺憾的人生
才是真正的人生

不要自卑
不要自傲
尊重每一个生命

包括自己

不要羡慕
不要攀比
欣赏每一个生命
包括自己

不要嫉妒
不要怨恨
善待每一个生命
包括自己

（四）内与外

你告诉我
内因最重要
内在的修养
决定外在的气质
内在的品质
决定外在的行为

你还告诉我
不同的生命品质
履行不同的使命
担当不同的角色
适合自己的
才是最好

钢铁再坚硬
无法与金刚石抗衡
钢铁再柔软

也不能与高分子媲美

普通碳钢
无法像不锈钢一样
抵抗复杂环境的侵蚀
更不能像陶瓷一样
承担极端条件的重任

不要以为
普通碳钢
贴上合金钢的标签
就可以为所欲为

那只会过快地腐蚀损伤
失去生命的光彩
那只能过早地失效断裂
失去生命的活力

虚假的标签
不能代表内在的品质
内外的和谐
才是生命的真谛

要让生命
变得强大柔韧
需要千锤百炼
需要添加新的元素
需要改变自我结构

你还告诉我

社会系统的行为
取决于
组成个体生命的品质
还取决于
群体中生命之间的相互作用

社会变迁
潮流更换
世风轮转
哪个不与生命品质相关

不要以为
自己的遭遇
只是环境所致
不要以为
他人的境况
与己无关

要让
生活变得美好
唯有个体生命的品质
变得美好

要让
世界变得美好
唯有群体生命的品质
变得美好

第二部分　格律

满庭芳·归航

春去秋来，六十尘梦，路遥风雨苍茫。
最痴材料，格物意情长。
一曲学舟唱晚，诗音颂，霞落归航。
而今后，琅環闲待，明月共文章。

何妨，歌对酒，西山脚下，一任清狂。
海天浪无涯，飞雁徜徉。
多少蓬莱旧事，烟消散，云淡沧桑。
常相忆，秀园华木，桃李满庭芳。

相见欢·无题

（一）

人间春意浓浓，显青葱。正是少年勤奋练身功。
虚名累，心疲惫，慕浮荣。何奈光阴失却水流红。

（二）

昨日柳绿桃红，岁匆匆。蝶舞花开不见境相重。
自品味，当无愧，不求同。惟寄楚志忱在梦魂中。

七律·赞北理女教师

（一）

须眉不让立中堂，建功立业不输郎，
台后案前心血呕，乡南村北文章忙。

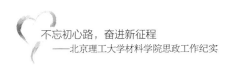

中西并用传师道,文理相融施教长。
一片丹心桃李报,春华秋韵尽芬芳。

(二)

学海红妆慧智强,柔情似水志如钢。
自尊自信循天道,身教身传作栋梁。
知理明德传术道,究真解惑著华章。
蚕丝吐尽心无悔,硕果满园慰衷肠。

(文:郑秀华)

师者，传道授业解惑也
——钟家湘教授红色育人事迹

钟家湘，男，1938年生，材料学院教授，金属与无机非金属材料学科重要学术带头人。1982年至1998年期间，曾担任金相热处理教研室副主任、校学术委员会委员、七系学术委员会、七系学位委员会委员、材料科学研究中心副主任。参与了我校材料科学与工程专业的创立和学科建设以及材料专业实验室的筹建与调整，对金属材料学科发展和专业建设作出积极的贡献。任教期间，讲授金属学原理等多门课程，主持并参与编写了《金属学教程》《金属材料学》《机械工程材料简明手册》等本科生和研究生教材。

90年代初，鉴于我校材料学科过于分散，钟教授协同朱鹤孙校长创建了北京理工大学材料研究中心，并担任材料研究中心副主任，负责制定了全校材料学科的规划。1990年，钟教授组织编辑了《材料科学与工程论文选集（1980—1990）》，收编了全校公开发表的材料学科176篇论文（详细摘要），献礼五十周年校庆，对我校从学科上连接全校的材料相关专业和研究课题（包括金属材料、陶瓷材料、高分子材料、能源材料、生物材料、光学材料、功能材料、纳米材料等）发挥了重要作用。90年代初，钟教授协同朱鹤孙校长以及国内著名材料专家学者创建了中国材料研究学会（1991—2001年学会办公室设在北京理工大学，朱鹤孙校长任第一、二届理事长），并担任学会常务副秘书长，对推动我国材料研究领域的发展作出了巨大贡献。除了主持学会日常工作、组织每年的全国性大型材料学术会议和国际材料学术会议，作为第一常务编委，钟教授负责统筹编辑工作，参与组织和编写了中国第一部巨著《材料大辞典》（340万字，参加编写的学者超过500人）。

80年代至90年代，钟教授作为核心人员参加了"合金钢""动态力学性能""工程陶瓷材料和等离子喷涂""彩色金相、磁流体纳米隐身材料""化学热处理"等多项科研项目,其中"彩色金相"研究成果获国家科技三等奖,钟教授为第一获奖人。同时,钟教授还主持撰写了科研专著《彩色金相技术》上下册。他也是我国较早展开陶瓷材料研究的学者之一,"七五"期间与倪国年教授一起承担了"陶瓷的应用研究"科研项目,指导硕博研究生以及本科生数十人,为我校无机金属材学科的发展、学术梯队建设和人才培养作出了积极的贡献。

1998年,钟教授退休。2000年,钟教授主持的全自动动态氮吸附仪改造项目取得成功,之后在汇海宏公司定型为3H-2000型并开始产业化。2004年创建北京精微高博科学技术有限公司,专门从事氮吸附比表面及孔径分析仪的研究与开发,凭借深厚的理论基础、广博的知识积累、丰富的实践经验、敏锐的创新思维、严密的科学精神,不断创造佳绩。

钟教授被誉为"中国氮吸附仪的开拓者",近50年来一直活跃在科研、生产、教学的第一线,学术研究涉及无镍不锈钢、彩色金相、金属及陶瓷中的相变、纳米材料、氮吸附仪等领域,科研成果曾获国家科技进步三等奖、机电部科技进步二等奖、科学院科技成果二等奖、理工大学科技成果三等奖各一次,已申请国家发明专利3项,先后发表科技论文90余篇,出版专著6册。

钟教授一生经历十分丰富。他生于抗战时期,所以从小时候就开始过上了经常搬家的日子,后来去了湖南姥姥家。1962年在上海交通大学毕业,然后去了沈阳金属研究所工作了十三年,在研究所上班的经历给钟教授带来了很多东西。钟教授说:"那时候,什么事情都需要自己干,自己搞设备自己加工自己用,这对于个人的能力有很大提升,学习了很多东西。"他谨记导师教诲:"年轻人搞科研,需要经常去实践和调研,需要有实践性和前瞻性的思维。"当然钟教授也一直践行这一理念。

后来因工作需要,钟教授转战交通部红旗船舶配件厂任工程师。要设计制造这些配件单靠本专业所学的金属知识是不够的,而且研究对于自己来说并不是那么熟悉、不是直接有关系的柴油发动机、调速器,钟教授几乎要接触所有的东西,什么工作都要做,并不是只干一样。钟教授主动迎接挑战,通过不断请教和自学,在这一领域得到同行的肯定。在这样的实践中,钟教授锻炼了自己，提高了解决实际问题的能力。同时，在工作中，钟教授不怕犯错，敢于承担责任，在生产工艺上不断尝试改进和创新。钟教授说了一件他印象特别深的事，就是在工厂做涂刷材料时，其中用到的是一种可以进入皮肤到骨头的氢氟酸，人体皮肤碰到就会截肢，同事们无所畏惧，依然在为国家的发展努力工作。钟教授就想，是不是可以将这种涂刷液体中的氢氟酸的含量降低？然后他就开始做实验，最终将其浓度降到了4%。但是不知道是不是还会对人体产生危害，就自己亲身做实验，用自己的手指足足在液体中浸泡了5分钟。这种大无畏的精神真的震撼到我们，钟教授的付出值得我们所有人学习。在当时的社会环境下，每个人工作都只有一个目的，那就是把我们这个国家建设好，这就是当时所有年轻人的想法。我觉得同样是年轻人，只是生活在不同的环境下，为什么我们现在很多人就没有这种思想呢？我们必须要反思一下。另外，钟教授的创新精神和遇到问题解决问题的理念更是值得我们学习。

后来钟教授因为和妻子常年分居的原因离开了研究所，到了交通部上班，辗转来到了北京理工大学。那个时候的北理工，材料还很薄弱，没有兴起。钟教授和其他一些老师主持组建了现在的材料学院，并担任教研主任。他感慨道："师者，传道授业解惑也。老师上课，不单单是要传授内容，还要引导学生用正确的方法去学习、解决问题。"

钟教授积极组织学科交流、书籍编写等，同时认为：教学应该是注意分析问题，有思维逻辑的，一个人的成就越大，他经历的事情就越多，一定要拥有不怕失败的精神，一往无前。

钟教授不仅是一位杰出的科学家，还是一名成功的企业家，他敏锐地发现了目前科研成果和应用二者脱轨的问题，并且致力于将科研成果推广。他积极推广纳米材料，希望在纳米技术的支持下，大幅度提升材料性能，虽然在前期发现效果不尽如人意，但另一条路——纳米粉体检测仪器（比表面仪）的制造却柳暗花明般显现出来。当时这个技术还被国外垄断，国内相关研究一片空白。钟教授结合自身科研基础，和研发团队克服重重困难，最终自主研发出了比表面仪，填补了国内的空白，并且如今公司已经达到了一年2000万元的销售额。谈及成功经验，他分享道："创新创业需要三大要素——足够的知识储备、正确的思维方法、不断的实践精神。"即便有困难，也要坚持下去，坚持自己的研究，做到国际水平。钟教授一直到八十岁，不管到了什么样的环境，都尽心尽力，都在不断探索，没有停下脚步。

钟教授为人和蔼，他曾和同学们分享他八十年的人生经历，告诫我们要培养自己长远的眼光，既能看到某个方向在几年后的发展，还要做足准备，认真思考研究怎样转化为应用。创新和创业是需要基础的，这个基础就是科研的功力，只有基础深厚，创业才能水到渠成。钟教授告诉我们，研究所真的是一个好地方，当年在研究所的求学经历对自己的影响很大，因为这里的条件严格，能够敦促更好地完善自己，具有得天独厚的条件，可以有许多资料帮助学习，更有实践的精神，还说做科研一定要有远大的眼光，这个是很重要的，能够在许多时候抢得先机。

曾有人说过，教育其实是以生命影响生命，钟教授的一生给我们上了大学感受最深的一课，在我们今后的路途中，会有一个尽管白发苍苍却风采依旧的老人一直激励着我们前进。

（文：许卫权）

第二章
党旗飘扬在科技报国的阵地上

矢志一流,"顶天立地",谱写时代华章
——北理工材料科学与工程学科建设发展纪实

北京理工大学 5 号教学楼材料学院

"进入'世界一流学科'建设行列!"2017 年 9 月,教育部、财政部、国家发展改革委印发了《关于公布世界一流大学和一流学科建设高校及建设学科名单的通知》,北京理工大学材料科学与工程学科(以下称材料学科)成功入选。进入国家首批"世界一流学科"建设行列,反映了材料学科近年来高质量发展的卓越成效,也标志着学科进入了新的发展阶段。

回首近 70 年的建设发展历程,北理工材料学科始终以昂扬之姿,砥砺奋进,弦歌不辍,既坚持服务国家重大需求,又致力立足世界材料科技前沿,

不忘初心路，奋进新征程
——北京理工大学材料学院思政工作纪实

书写出矢志一流的时代华章。

北理工材料学科创建于1952年，自1955年开始培养研究生，是学校首批获得博士学位授权点和首批设立博士后流动站的学科，也是国家"211工程""985工程"等历批次重点建设学科。2016年，在第四轮全国学科评估中获评A类学科；2017年，入选国家"世界一流学科"建设行列。

多年来，北理工材料学科以"特色鲜明、优势突出、国内一流、国际知名"为目标，想国家之所想、急国家之所急、应国家之所需，突破了系列"卡脖子"关键核心技术，产生了一大批科研成果，培养了一大批材料科学领域的领军领导人才，走出了一条"顶天立地"的学科发展之路。

顶天立地，科技创新勇当先锋

材料学院庞思平教授团队荣获2016年国家技术发明二等奖

"做中国自己的炸药，做世界最棒的炸药"，这是材料学科教授、材料学院院长庞思平团队夙兴夜寐的愿望和使命。多年来，庞思平带领团队在老一辈北理工人的研究基础上，奋斗不辍，不断突破技术壁垒，创新生产工艺，推动了行业产品的升级换代，相关科研成果获得了2016年国家技术发明二等奖。"心怀国之大者，始终把服务国家作为最高追求。这既是我们团队不变的科研情怀,也是北理工材料人矢志强国的责任担当。"庞思平说道。

材料学科自创建以来,始终以服务国家重大战略需求为己任,围绕国家战略、重大工程开展科研攻关,全面服务于海、陆、空、天、电各领域的关键材料需求,有力支撑了产业机械化、信息化、智能化复合发展。五年来,学科获国家自然科学一等奖1项(参与)、二等奖1项;牵头获国家技术发明二等奖2项,国家科技进步奖2项,参与国家科技进步一等奖1项,何梁何利科技进步奖1项,获省部级奖励和学会奖励10余项。科研实力处于国内领先地位,部分技术达到国际先进水平,持续推动材料行业技术更新,填补多项国内技术空白,自主创新成果、学术影响力等方面居国际第一梯队。

吴锋院士荣获"2021储能杰出贡献奖"

"他,怀揣科技报国的伟大理想,为民族发展支撑起绿色能源的笔直脊梁;他,坚持孜孜以求的创新理念,为时代进步书写上下求索的动人篇章。……"2021年4月,中国工程院院士、材料学科教授吴锋荣获"2021储能杰出贡献奖",饱含深情的颁奖词正是对他钟情科研事业、报效祖国的真实写照。

作为北理工材料学科的领军专家,吴锋是我国锂离子电池研究最早的倡导者和组织者之一、工信部电动汽车发展规划专家。多年来,他带领团队发明了高性能电极材料、高强度陶瓷复合隔膜、具有阻燃性和电化学兼容性的功能电解质,提高了锂离子电池的能量密度、功率密度、安全性和温度适应性,率先提出电池系统安全阈值边界的概念,开发出安全识别与控制技术,探索出了一条中国绿色能源技术产业化的发展路线,为国家锂离子电池抢占国际高端产品市场提供了技术支持。

材料学院先进材料实验中心

在深耕国家重点领域的同时,材料学科还积极统筹谋划科研发展新路径,拓展民用领域,建设了冲击环境材料技术重点实验室等6个国家级科研平台,火安全材料与技术教育部工程研究中心等7个省部级平台,扎实推进新能源、环境工程、绿色发展等领域的新材料研究,不断推动产业升级。

近年来,材料学科还积极培育新兴交叉学科生长点,依托现有特色学科方向,谋划布局了生物医用材料、材料信息学、智能材料与结构3个交叉学科方向,探索新学科前沿、新科技领域和新创新形态。

"每天生产材料500吨,1吨材料可满足25万个口罩生产使用。"2020年新冠肺炎疫情肆虐,市场对高质量防护口罩及医用阻燃防护材料需求爆发性增长。材料学科快速响应,与校友企业"金发科技"联合成立攻关组,在短短10天时间里,制定了口罩熔喷布阻燃聚丙烯专用料的生产规范和快速检验标准,建立了完整的生产线。在疫情防控的关键时刻,以深厚的科研积累,为打赢疫情防控阻击战提供了科技支撑。

高质量防护口罩材料的生产,只是材料学科推进成果转化的一个缩影。近年来,学科与中国原子能院、厦门钨业股份有限公司等行业企业建立了"一条龙"成果转化机制,产品创新发展和技术成熟应用动态滚动迭代,所研制的钨单晶材料、量子点显示材料等均实现成果转化和应用,获得了中国产学研合作创新成果奖、中国产学研合作促进奖等。

党建领航,人才培养成果丰硕

第六届中国国际"互联网+"大学生创新创业大赛材料学院金奖团队

"材料人与生俱来就有着'矢志报国、勇于担当'的精神密码,多年来,我们不断丰富党建工作内涵,以大学生社会实践和创新创业实践为抓手,不断涵育学生的家国情怀。"材料学院党委书记金海波介绍。近年来,材料学科充分发挥党建引领作用,发挥实践育人功能,引导学生关注社会热点、服务基层建设,把论文写在祖国大地上。

"在国际上率先解决传统阻燃剂效率低、易吸潮等问题,填补了市场空白。

成绩的取得,并非一朝一夕。合成、加工、测试,简单的过程,我们可能要重复成千上万遍,有时候为了保证研究进度,我们干脆就24小时轮流盯在实验室。"创新成果的产生绝非易事,作为2018年新入职教师,潘也唐感慨道。在学科浓厚的创新氛围影响下,他立本求新,2020年11月,指导的"水火有䏲"团队获得了第六届中国国际"互联网+"大学生创新创业大赛金奖。

一流的学科,就要培养一流的人才。材料学科聚焦立德树人根本任务,以大项目、大团队为牵引,引导学生理论结合实践,激发创新思维,锻炼创新能力。2016年以来,获得国家级竞赛奖31项、省部级竞赛奖近40项。值得一提的是,在2020年中国"互联网+"创新创业大赛中斩获三金一铜,实现了奖项级别和数量的双突破。

材料学院"藿然而愈"大学生社会实践团

"从传统中药广藿香和天然植物茶油树中提取的精油具备抗菌的功效!"市场上一般的止血产品不具备抗菌性能,而高端止血产品则受国外巨头垄断。随着藿香提取物的发现,这个一直萦绕在"藿然而愈"大学生社会实践团成员脑子里的问题,终于找到了答案。自2014年成立以来,实践团百余名学子分赴广东省和京津冀多个地区,行程1万余公里,走访了30余家医用材料研究与应用企业,研发出3款系列化抗菌止血新产品,申请国家发明专利5项,发表高水平学术论文11篇,真正用知识服务了一方百姓。2019年,

"霍然而愈"实践团获全国"互联网+"大学生创新创业大赛银奖。

"2个双创实践基地、22个校外实践基地、80余名教师双创指导教师"。为建设具有学科特色的全方位、立体化的创新创业教育体系,材料学科打造集约型开放共享科教融合平台,资源向大学生实验课程、创新创业开放。成立专项工作委员会,将双创工作纳入学院教师绩效考核,制定研究生招生指标激励政策,设立专项奖学金,每年奖励近百名双创人才,大力推进创新创业工作高质量发展。学生参与社会实践实现全覆盖,形成了多个工作品牌和优秀团队,多次荣获"首都大学生社会实践优秀团队"。

"功能型党支部成立后,我们在校外也能经常性地开展思想政治教育、学习交流、专题培训等,活动的内容和形式很鲜活,接地气。"先锋功能型党支部成员王玮哲说道。2020年12月,11名长期在甘肃省白银市承担科研、实验任务的学生党员组建成立"先锋功能型党支部"。

材料学院高分子材料系党支部

近年来,材料学科创新基层党组织设置模式,在学生社区、社团组织、科研管理团队中建立功能型党支部,实现了党建工作与科研工作"同频共振",党团建设与学生创新创业实践互促互进,不断增强基层党组织的组织力、凝聚力和战斗力,打造了创新创业"一线"战斗堡垒。目前,已成立"互联网+"双创团队临时党支部、功能高分子创新型团支部等新型基层党团组织。

"三引领、三融入、三提升"已经成为材料学科党建工作创新模式,通过引领学科办学方向、发展规划、文化建设,将党建工作融入学科人才培养、队伍建设、资源配置,实施党员素质提升工程、党员意识提升工程、组织能力提升工程,丰富党建工作内涵,筑牢学院事业发展提质增效的思想根基。5年来,材料学科学生群体先后7次获北京市优秀团支部、先进班集体等称号,80余人次获北京市十佳团员等省部级思政类荣誉,教师群体荣获"北京市优秀共产党员",教师党支部荣获"北京高校先进党组织"。

开放多元,国际交流百花竞放

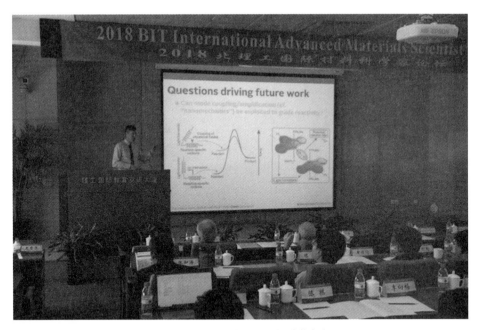

2018年北京理工大学国际材料科学家论坛

2017年12月,国际纳米材料科技权威杂志《Nature·Nanotechnology》在线发表了"非磁性掺杂纳米晶的光诱导磁性"研究成果;2020年,Cell旗舰杂志《Chem》发表了制备双异价离子掺杂半导体纳米晶/量子点的研究进展……这一系列成果都来自材料学科教授张加涛和他的国际合作伙伴。

从一次国际会议的深度交流，到多年的跨国合作，再到一系列成果的产生，材料学科在国际化建设方面成绩频出，成为学校一流学科国际化建设推广的典型范例。

近年来，材料学科面向世界科技前沿，立足新能源材料、光电半导体材料等领域优势，开展了一系列富有特色的国际交流活动。坚持"走出去"，学科与美国、德国、以色列等 10 余个国家的 30 余所世界著名高校、研究机构建立联系，鼓励学生积极参加国际学术会议、国际访学项目，覆盖率达到 30%；坚持"引进来"，近 5 年学科引进海外人才 20 余名，开设全英文课程 9 门，与奥克兰大学、都灵理工大学、澳大利亚昆士兰大学建立联合实验室。

2020 年，材料学科钟海政教授受邀担任日本 IDW 显示会议 MEET 分会组委会委员，王博教授、陈棋教授应邀参加世界顶尖科学家论坛并作报告……近年来，材料人和材料学科"阔步"走向国际学术舞台，引领国际学术话语。2016 年至今，材料学科举办全球性学术会议 10 余次，与瑞士联邦理工学院、新加坡国立大学等全球材料科学与工程专业排名前列的多所大学签署合作办学协议，开展了多项国际合作科研项目和人才联合培养项目。

材料学院曹传宝教授指导外国留学生

"语言问题,其实对科研成果的取得影响并不大。对于留学生来说,选好方向,耐下心来,踏实努力,就一定能出成果。"作为学校指导外国博士留学生数量最多的导师,材料学科教授曹传宝始终坚持高标准要求和细致耐心指导相结合,因材施教,循循善诱。多年来,累计培养国际留学生40余名,留学生在国际期刊上发表SCI论文100余篇。其中,2014届博士毕业生Faheem Khurshied Butt获巴基斯坦物理学奖,2015届博士毕业生Muhammad Tahir获巴基斯坦阿卜杜勒·萨拉姆奖。

坚持海纳百川、优化结构、规范管理、博学博爱、高质量培养,材料学科充分发掘留学生潜能,满足留学生成长需求,培养了一批适应现代国际社会需要的知华友华人才,探索形成了一条特色鲜明的留学生培养之路。每年培养巴基斯坦、韩国等留学生10余名,其中,博士生在读期间人均发表SCI论文2篇。近年来,随着国家"一带一路"倡议的不断推进,材料学科也在逐步扩大"一带一路"国家高素质人才培养数量,2018年以来,已培养留学生30余名。

多元交流互动、成果普惠共享是科学发展的重要推动力量。材料学科注重国际交流合作的内涵发展、质量提高和品牌建设,加强与世界一流大学和学术机构的实质性合作,国际知名度不断提升。

悠悠七十载,春华秋实。回首来时路,一代又一代材料人孜孜以求、砥砺奋进,始终心怀"国之大者",勇于担当,善于作为,书写了时代荣光。展望未来,材料人将以更加昂扬向上的姿态,勇立潮头,挺进科技前沿,向着世界一流学科的目标奋勇前进!

不忘初心，方得始终
——曹传宝教授访谈

每每提到科研工作者，我们总会油然而生敬畏之情，总会觉得他们离我们很遥远，总会好奇他们的一些奇闻逸事。我们有幸同曹传宝教授进行交流后发现，原来榜样的力量就在身边，他们做的都是与生活相关的事，但是这些小事，却又会颠覆我们的生活。

曹传宝教授出生于60年代，1983年毕业于南京大学化学系，在中国科学技术大学获得博士学位，后来在复旦大学电子工程系担任博士后一职。曹教授自1994年于北京理工大学任教，至今已有24载。在这24年中，曹教授主持过国家自然科学基金、国家高技术研究（"863"计划）、国家重大基础研究（"973"计划）、国防"973"、新世纪人才基金以及博士点基金等项目，担任过《JACS》《JPC》《Biomaterials》等十余种国际期刊的审稿人，曾担任材料学院的副院长，入选了新世纪人才；主要从事低维信息功能材料及生物医用材料的研究工作，包括一维半导体纳米材料及器件、纳米复合材料及应用、新型功能薄膜材料及其应用、天然高分子材料的改性、人工小口径血管材料等研究。

桃李满天下而不为天下闻，这么形容曹传宝教授再合适不过。曹传宝教授至今培养了超过百名硕士生、博士生、博士后，毕业的学生中，已升任正教授14人，包括1人获"杰青"资助，3人获"优青"资助。相比其他教授，曹教授还指导了多名外国留学生。语言不通是老师们拒绝外国留学生最好的借口，但是曹教授关爱每一个学生，平等看待他们。对于外国留学生，曹老师的要求也是严格的。"不能来这里混文凭，不能把语言当作学习不好的借口，选好方向，耐下心来，一定会得到拿得出手的成果。"

曹老师经常用这句话来激励、教育留学生们。实验室每周都会开总结交流会，汇报进展，中国学生的标准如此，留学生亦然。由于留学生在第一学期听课较为费力，曹老师就给他们推荐教材，专门指导，每门课都必须合格。

一开始，我们都是秉着敬畏的态度与曹教授交流，却没有想到曹教授如此和蔼可亲，"听君一席话，胜读十年书"，这一个多小时的访谈，对我们每个人都收获良多。

尊师重道自古传

"师者，人之模仿也"，对学生影响最大的莫过于老师，对曹传宝教授而言亦如此。提及对他影响最大的人，曹教授首先想到的就是他的导师。曹教授谈到他的学生经历时感慨道："导师对学生的影响是最大的，导师的水平直接影响学生发展的高度。"他的导师曾经有一个可以进入管理层机构任职的机会，但他后来拒绝了，因为他认为，国家需要科学研究，而他唯一的想法也是遵从国家的使命，只想搞好科研这一项工作！这一点上，曹教授与他的导师很相似。毕竟，科研是一项需要人终身投入的事业，如果条件允许的话，花上一生的时间完成科研这一件事，足矣。所以说，导师对于学生的影响是最大的。正是由于曹教授和他的导师十分合拍，这才更加坚定了曹教授将毕生的时间都投入科研的决心，也才有了曹教授今天的成就。

功夫在平时

"汝果欲学诗，工夫在诗外"，创新能力也需要一点一滴地积累。纵观科研领域的历史长河，很多新的发现、发明，几乎是从各种各样的"偶然"之中生根发芽的。我们都好奇：除了这种偶然因素，创新是否还有其他的因素呢？曹教授用自身多年来的科研经验解答了我们的疑惑。其实，这种创新并不能全部归因于"偶然"现象的发生，而更是一种勤于思考的能力。打个比方，在做实验时，如果得到的结果与最初的设想不一致，有些人就会想这个

"不一致"背后的原因,并且愿意去继续深入地探究下去。然而,大部分人的第一反应是"我这次实验搞砸了"!于是他们重新开始试验,把原先的产物丢弃了。正是这样的差异,随着科研项目一点一滴的进展,优秀的人和普通人就慢慢区分开了。这也启示我们:玉不琢不成器,在进行科研的时候要勤于思、敏于行,才有可能从"偶然"之中发现新事物,才有可能获得新的突破。

不忘初心,方得始终

"李杜诗篇万口传"。科技与艺术本是同源,艺术的成果展现在舞台,而科技的成果则展现在各类期刊上。期刊的种类有很多,对于文章是否要发表在国外的期刊,个人各执一词。曹教授则一针见血地指出,发文章归根到底只是科研工作的结果,最终只为达到启发科研人员的目的,只有把结果发表出来,并且产生一定影响,才能实现这一点。首先,从沟通角度上来看,国外的英文期刊有利于与世界各国学者交流沟通,毕竟英文还是当下的通用语言。其次,发表在国外期刊确实要比国内期刊的影响因子高。但是,这并不意味着知名度低的期刊就没有好的文章,而是相对而言,国外期刊认可度较高是学术圈的共识。所以,对于个人发展而言,国外期刊似乎会是一个更有利的选择。当然,这也是两方面的因素,现在国家也开始注意到了这个问题,开始致力于提高国内期刊的影响力,鼓励大家在国内发表文章,这是一个好的开始,毕竟大多数科研工作者还是习惯用母语交流,以汉语发表,更能回归让更多的国内科研工作者看到读懂的初心。

好酒不怕巷子深

"天生我材必有用",现在国内研究已经达到了很高的水平,然而很多成果还没有实际用途,也难免会有一些质疑的声音出现。对于这种质疑,曹教授认为"走自己的路,让别人说去吧"。首先,对于这种质疑,我们大可不必管它,因为科研就是这样,历史上也是,很多对社会有重大贡献的,并不是在得出成果时就得到认可的,甚至很多都是几十年后才得到认可。所以，既然我们选择了科研，那么就要做好这样一种心理准备，即对于外界的质疑大可不必去管它。例如石墨烯，从发现一直到现在，我们都知道它对材料性能的提高是非常巨大的，但是目前还没有出现一个主要以它为原料的东西，都是通过小比例地添加石墨烯来起到改性的作用。但是，我们是否因此说它没用吗？显然不能。它的前景是非常好的，对社会发展起到推动性作用是必然的，只是时间问题罢了。其次，应用于实际和普及，大部分还是依靠企业去实现，而现在国内很多企业都是"拿来主义"，需要科研人员全部做好了他们直接拿去用就可以，只生产"现成的"，而不给一个试错的机会，对于不看好的东西就不会去尝试。这也在一定程度上影响着成果的实际应用。

曹教授的谆谆教诲令我们受益匪浅。对于处于本科阶段的我们，曹教授对我们青年学子寄予重大的希望。曹教授说，本科阶段是我们学习基础知识的大好时光，基础知识的扎实与否，对以后的科学研究工作影响非常大。作为一个合格的研究生，最基本的素养就是解决问题的能力，如果能做到自主提出一些问题，并且在实践中加以解决，那就可以说是比较优秀的学生了。

对于科研和学习，切忌好高骛远。曹教授说，科研入门可以从本科生毕业开始算起。然而，就算从本科毕业来算，不少人对科研还是懵懵懂懂，曹教授也是一样。他从大学毕业开始一直到博士后的13年过程中，按曹教授的话讲"还都是在学习"。曹教授一直在学习之中，跟着师兄师姐、跟着导师学，即便是到了中国科学技术大学，到了复旦大学的博士后阶段，其实都是在学习当中，而真正搞科研"直到到了北理工之后才算初窥门径"。我们难以想象，在曹教授这样的大学者看来，本科到博士后的阶段居然都只能算作"学习"，而十几年后才勉强"初窥门径"。这虽然是曹教授的谦虚之言，但不难看出曹教授对于科学的崇敬，以及劝告青年学子切忌好高骛远的现身说法。

科研过程中会遇到各种挫折与磨难。当面对困难时，我们需要反思与坚持。反思时我们要学会变通，如果一个方向迟迟做不出成果来，"很长时间是在徘徊，在实在没有结果的日子中度过"，那就需要思考方向是否正确。如果不正确，那就立即改变，如果拒绝改变，那无异于闭门造车。如果方向正确，那就需要坚持。"你如果放弃了，就如挖井吃水一样"，"水在100米深处，你挖到90米的时候，还没有水，你说这肯定没水，放弃了，那就没有了。但是你再坚持一会儿，那就将是甘泉涌动，柳暗花明。"

通过访谈曹传宝教授，我们惊讶地发现，原来科研工作者和我们一样，也有敬佩的人，也有自己的喜好选择。正是他们这种"不忘科研的初心、不忘教育的初心"的精神，我国的教育事业才得以延续。习近平总书记去北京八一小学看望师生，提出广大教师要做学生"锤炼品格的领路人、学习知识的领路人、创新思维的领路人和奉献祖国的领路人"，曹教授给我们树立了很好的榜样。我们都要学习曹教授谦虚而低调的科研精神，不管将来是从事科研工作或者其他工作，都要不忘初心，坚持进取。

学无止境，梦不止步
——曹茂盛教授访谈

曹茂盛，出生于1961年4月。北京理工大学材料学院教授、博士生导师，原黑龙江省委省政府经济科技顾问委员会专家组成员、原中国船舶工业总公司有突出贡献中青年专家、北京理工大学引进人才（第二层次）。中国颗粒学会理事，《复合材料学报》《材料工程》《表面技术》等多个期刊编委。《Adv Mater》《Adv Func Mater》《ACS Nano》《Nano Lett》等国际著名期刊审稿人。获国家科技进步二等奖、省部级科技进步一、二、三等奖8项；获省优秀教学成果二等奖2项；获省优秀著作一等奖2项、省优秀教材奖2项。2016年、2017年、2018连续入选英国皇家化学会（RSC）材料领域"Top 1% 高被引中国作者"榜单。2018年入选首届英国皇家物理学会（IOP）材料领域"Top 1% 高被引中国作者"榜单。2018年入选全球高被引科学家榜单。

曹茂盛教授主要从事低维材料吸波、透波、压电等功能材料结构与性能研究，先进电磁功能材料设计、制备及其性能表征等方面的基础研究。长期从事吉赫波段电介质材料研究，积极倡导热透波材料的基础研究，特别专注于探索高温吸波材料。取得了如下标志性学术成果：第一，完善了高温和烧蚀电介质材料的微成分微结构反演分析并建立了实验表征方法，揭示了"空－天"特种服役环境中典型电介质材料高温电性能演变规律，发展了新型热透波材料，其中部分材料在重要型号中得到应用；第二，揭示了低维碳材料高温微波响应机制，原始性描述了非理想石墨结构纳米复合材料的高温电荷输运、高温介电弛豫及微波能量衰减，设计了面向高温电磁屏蔽和微波吸收技术目标的新概念电磁功能材料；第三，发明了纳米晶和纳米晶须增强的新型压电陶瓷材料，显著提高了传统压电陶瓷的电学性能、介电性能及压铁电性能，成果在新型换能器和声呐基阵中应用。

近年来，曹茂盛教授主持完成了国家自然科学基金重点项目、"973"专题、"863"课题、国防预研项目等10多项，在非理想电介质材料高温电荷输运和高温介电弛豫等方面取得了重要进展，部分成果获得应用；研究成果获国家科技进步二等奖和国防科技进步一等奖各1项，黑龙江省科学技术二等奖2项，发明专利授权15项；在《Adv Mater》《Adv Func Mater》《Small》《Adv Opt Mater》《Nanoscale》《Mater Chem A/C》《Carbon》《Appl Phys Lett》等期刊发表论文200多篇，论文被引用10000多次，H指数58。5篇论文两次进入ESI热点论文（Top 0.1%），ESI高被引论文（Top 1%）30多篇。2003年发表在国内《材料工程》杂志上的论文《CNTs/Polyester复合材料的微波吸收特性研究》被引用180多次，该论文于2007年获得首届"中国百篇最具影响国内学术论文"荣誉。撰写著作6部，主持编写材料科学与工程系列图书60多部，本人编著或主编10部。已培养硕士、博士毕业生60名，指导博士后5名。

曹茂盛教授在2003年9月作为北京理工大学引进人才进入北京理工大学工作。除了带领研究生进行科研工作，曹茂盛教授还作为材料学院大一学生专业课"材料科学概论"的主讲老师，让材料学院的大一新生在大一上学期对材料科学与工程有了更全面的专业认识，可以说，曹茂盛教授的材料科学概论的课堂，是学生认识"材料"之窗，也是学生与"材料"了解、沟通交流的桥梁。曹老师的课堂，总是既带着专业知识的高深，又透着生活的平易；他以自己在材料学科的研究学习经历和对材料学科的认识与见解，把"材料"向学生娓娓道来。曹老师还邀请了他的博士研究生在课堂上向我们展示了这些优秀的学长学姐的科研学习经历和科研成果，更是激发了我们的学习热情和对自己专业的自信与期待。

曹茂盛教授十分平易近人。初次见到曹茂盛教授的时候，他是以一种和善友好的面貌出现的，作为一方面颇有建树的老学者，他并没有摆起大专家大学者的架子，而且看上去十分的精神饱满，没有一点老人暮气的样子，给人的第一感觉就是：慈祥和活力。在这位老人的身上，能感觉到一种伟大博学者的气质。

曹茂盛教授上课时注重活跃课堂气氛。他给大一新生上材料科学概论时，了解到全理论类的上课对于刚上大学的大一新生来说，未免有些枯燥乏味，为此，他在课上给新生做课程简介时，穿插着给新生介绍当前材料专业的前景，并用图文并茂的讲解来吸引新生的兴趣。他还适时地加入一些课上讨论，提高每位学生的课堂参与性。

曹茂盛教授对学生有着指引的作用。除了自己给学生讲解课程内容，还在学院的帮助支持下，在课程的后几周内，请来材料学科内部各专业的老师来给学生做专业分流前的指导，让学生对接下来可能步入的方向有大致的了解，不至于对突然而来的专业分流措手不及。可以说曹茂盛教授间接地帮助学生了解自己将来可能的方向，为学生找准自己的学习研究方向点燃了第一盏灯。他常常讲到某些方面时，就顺便带上一句："你们当中，有些如果将来学某某某方面的，就会学到这个，在某些方面这个可是很重要的。"我们就像是站在巨人的肩膀上，将各个前进的道路上的风景小小地看了一遍，而曹茂盛教授就是那个引领我们的巨人。

曹茂盛教授以严谨认真的态度对学生负责。曾记得有一次，曹茂盛教授似乎是因为做实验受伤，脑袋上缠着绷带，仍然坚持来给我们上课，即便后来有所不适，也准时到场，让他所带的两位学生上课，自己坐在下面仔细听讲，并补充学生所讲的有缺漏的地方。曹老师对教学的重视态度，让我们对其肃然起敬。

作为第一学期就给大一新生上课的老师，同学们对曹茂盛教授的印象都是非常好的，上课生动有趣，课堂积极活泼，偶尔还会给同学们秀上一手，展现自己所编过的优秀书籍，从而让我们对这位身体虽然瘦小不起眼，但其内却蕴含着巨大知识的老人更加尊重。

"人不可貌相，海水不可斗量"，或许说的就是曹茂盛教授这种人，虽区区单薄之身，却又有浩瀚之学识。耳顺之年的曹茂盛教授仍然奋斗在科研的第一线，用自己的行动告诉了我们学无止境这个道理。祝愿曹茂盛教授在他的研究领域里再创佳绩，有更好的研究成果！

（文：吴富强、黄蕊）

胸怀壮志，时代担当

——马壮教授访谈

马壮，男，1974年出生，博士，北京理工大学材料学院教授、博士生导师。所在学科是材料科学与工程，主要研究方向为高温高能防护涂层材料/金属陶瓷复合材料。国防科技重点实验室副主任，材料学院副院长，表面工程学科方向责任教授，入选教育部新世纪优秀人才。获国家技术发明二等奖1项，国防科技创新团队奖1项，国防技术发明奖2项。申请发明专利55件，已获得授权28件。发表论文SCI检索64篇。获北京理工大学师德先进个人、三育人先进个人、优秀班主任等荣誉，两次入选"我爱我师"十佳教师称号，指导的博士生获北京理工大学优秀博士学位论文。

临渊羡鱼，不如退而结网

普通人第一印象都会觉得，如此优秀的人，必然是从小到大发着光，是周围众人中最为耀眼的那一个，一直以来享受着别人倾慕的目光，然而，事实并非我们所想。

成功的花，人们只惊慕他现时的明艳，然而当初他的芽儿，浸透了奋斗的泪泉，撒遍了牺牲的血雨。每一个人的成长之路都很难能够一帆风顺，总会有或多或少的荆棘与坎坷横亘于眼前，马壮教授走过的路亦是如此。

有些大学生的生活状态可以总结为，心中迷茫但驻足不前，发现了自己的问题后，想要做出改变，却不拿出有效的行动，一天天重复着同样索然无味的生活。很难想象的是，26年前的1992年，马壮教授初到北京理工大学求学时的状态也是如此。大一第一学期的每天虚度着也苦恼着，马壮教授不甘就此放弃自己，于是乎，他向自己发出了这样的诘问——"我该做什么才能让自己满意？"反思的过程就是成长的过程，"临渊羡鱼，不如退而结网"，马壮教授开始做出了改变。在发现很难一下子把自己从眼下的泥淖中拯救出来之时，马壮教授选择改变策略，先给自己定一个个相对容易实现的小目标，比如"考一个九十分""拿一个奖学金"等，并朝着这样一个个小目标奋进，一点点提升自己。终于量变引起了质变，马壮教授成功地摆脱了令人厌恶的旧生活，一步步走上了自律、勤奋的道路。

很出人意料，除了大学的迷茫，每节课挥洒自如、娓娓道来的马壮教授在初上大学的时候，是在人前说一句话就会满面羞赧的小生。但胜过常人的是，马壮教授深深地明白，"临渊羡鱼，不如退而结网"，于是他一点点克服着自己的羞怯，寻找锻炼自己的机会。为了提高交际能力，他会到各个楼、各个宿舍中发海报，去做一些小生意与同学交流；会在推着摆着家教牌子的自行车，站在路口去接受路人的目光，跟来来往往咨询的人交流，这样一点一点地去改变自己。在度过大一的懵懂期之后，马壮教授踏上一条属于自己的道路，既在后续的学习过程中收获了优异的成绩，又在各种活动中得到了自我充实。

针对有些大学生这种并不值得提倡却很容易陷入其中的生活状态，针对我们种种亟待改变的现象，马壮教授告诫道："临渊羡鱼，不如退而结网，面对着自己的不足，不要只是在嘴上做出改变，重要的是要落实在行动上。"这是他长久以来对历届学生的期望，想必这也是他的成功之道。

困难之后是机遇，挑战之后是成功

我们知道，马壮教授在表面工程领域学科成就斐然，但是在科研道路中，他也遇到过大大小小、各种各样的困难。

2002年，正值马壮教授刚参加工作不久，他在山西大同某研究所做热障涂层试验，阶段技术要求坚持100小时，但是仅仅不到一小时，涂层就出现了异常状况。试验失败了，大家内心很沮丧，不知道接下来要怎么办，这时候，马壮教授所在团队带头人王富耻教授带领大家一起讨论解决办法，更多的是鼓励大家："没问题，再试一次！"于是科研团队再一次审视之前的准备过程，修改不妥的方案，鼓足勇气再次开动。阶段试验完全成功，并进一步完成了整机全寿命周期的考核。马壮教授反复说着："从前辈那里学习到的不只是技术，更是遇到困难时的冷静、信念和坚韧。"

  2016年，马壮教授研制的强激光防护涂层在某基地进行考核验证试验，技术要求防护时间很长，没有先例，可是结果仅仅不到一秒试验就失败了。这时，接到告知电话的马壮教授不是在想失败有多么可怕，而是一方面了解现象，另一方面脑子飞快转动着分析试验失败的原因，最终找到了关键的影响因素。在经过一系列技术改进之后，他们的激光防护涂层成功地耐受住了时间的考验。值得一提的是：项目组根据试验中的各种现象和规律，提出了新一代防护涂层的技术方案和技术途径，发展出了新的材料体系和工艺方法，涂层材料各项指标都有了大跨度提升。"或许没有这次失败，那么就绝对不会有之后的显著突破，可能如今激光防护涂层还在原来的技术途径里一点点地摸索前进。"

  通过马壮教授这些反败为胜的经历，我们要记住，"困难之后是机遇，挑战之后是成功"。摆在面前的机会有很多很多，但与此同时也会有很多的困难挫折，这需要我们具有坚韧不拔的毅力，遇事要冷静，要努力思考，找到解决问题的方案，而不是手足无措。

大学，是大大的学习

  马壮教授对我们青年一代寄予深切厚望，他用亲身经历告诉我们："大学，是大大的学习，学习科学文化和专业知识，学习为人处世的方法，摒弃自己的惰性，用实际行动提高自己，完善自己。"他鼓励大家一定要具有属于自己的、独立的为人处世态度，对人对事要包容，但自己更要有一定的思考能力，不能人云亦云。生活中会有各种各样的诱惑，比如来自社会环境的诱惑，来自懒惰生活的诱惑，等等。当身边众人各种各样的行为在你的眼前展现，要会对这一切有自己的评价，好的东西可能会值得你去学习，但是，是否一定非要效仿别人的方式去达成目标，这需要自己的独立思维判断。还要对自己有清晰的认识，要有长远的目标。考研？出国留学？这些只是三到四年后的生活，并不是人生的追求，多多体会"胸怀壮志、时代担当""志存高远、海纳百川、跬步千里、共铸大成"对个人理想的塑造价值。青年人还正当绽放时节，生活的道路还很长很长，每个人的脑海中要有一个自己想成为的样子。最后，要去多接触周围的人，如今我们处于信息飞速爆炸的时代，或许手机能帮助我们了解世界，但是手机同样可能成为一部分人的桎梏。要时常反省自己："如果是在通过手机学习，那么学到了什么？"马壮教授的谆谆教导，语重心长，深深烙印在我们每一个人心里。

"临渊羡鱼，不如退而结网""困难之后是机遇，挑战之后是成功""大学，是大大的学习"，透过这情真意切而又实实在在的寄语，每一位青年学生都能感受到，马壮教授对我们的一片丹心。"师者，所以传道授业解惑也。"马壮教授凭借着他精深的专业知识和对学生赤诚的心，完美地诠释了"老师"这个高尚的职业。

胸怀壮志，时代担当。马壮教授不愧为"我爱之师"！

（文：冉玮）

志存高远，脚踏实地
——吴川教授访谈

吴川教授，长期从事先进能源材料的研究工作，目前的研究领域主要关注能量储存与转化体系及其关键材料，包括锂离子电池、钠离子电池、铝二次电池以及其他高性能二次电池新体系；开展新型储能材料、多电子电极材料、洁净能源催化剂的合成、结构与电化学表征。主讲本科生课程材料表征的近代物理技术、研究生课程能源材料及技术工程基础。2012年入选教育部"新世纪优秀人才"支持计划；2009年入选北京市科技新星；2008年作为主要完成人获得中国有色金属工业协会科学技术一等奖；2007年入选北京市优秀人才培养计划；2005年入选北京理工大学首批优秀青年教师资助计划；2014年入选北京理工大学第九届"我爱我师"十佳教师；作为负责人主持了国家"973"课题、国家自然科学基金、教育部博士点基金等科研项目；在包括《Adv. Energy Mater.》《Adv. Sci.》《Nano Energy》《Chem. Mater.》《J. Mater. Chem. A》《ACS Appl. Mater. & Interfaces》《J. Power Sources》《Electrochem. Commun.》《Electrochim. Acta》等在内的学术期刊发表SCI论文100余篇；申请国家发明专利42项，已获授权15项；受邀在国际会议做邀请报告20余次。担任第7至13届"动力锂电池技术及产业发展国际论坛"主席团成员；任中国储能与动力电池及其材料专业委员会副秘书长；任全国燃料电池及液流电池标准化技术委员会委员；为《Adv. Mater.》《Adv. Energy Mater.》《Nano Energy》《JACS》等四十多种国际期刊做审稿人。

当我们向吴川教授问起学生时代值得回忆的事的时候，吴川教授还不忘先问一下我们的大学生活情况。除学习以外，同学们大多参加了丰富多彩的校园活动。吴川教授用"红火"来形容良乡校区社团活动的开展情况。其实，在他上大学的时候，社团活动也很多。

吴川教授参加的社团主要有两个，一个是化工与材料学院的新绿文学社，一个是学校的京工新闻社。吴川教授是在他个人的兴趣驱使下加入这两个社团的。吴川教授很鼓励我们参加一些社团活动，因为这是一个锻炼自己的机会，当然，前提是要根据自己的特点合理地安排这些活动。吴川教授告诉我们，在上大学之前，他的个性还比较内向，但是，通过这些社团活动，他的心理发生了一些变化，因为这个参与社团活动的过程要求他与许多人打交道，并合作办好一些事情。现在，我们通过互联网发送信息，宣传活动时可能只需要电脑设计一些海报并把它打印下来，而且设计海报时，还可以用很多软件添加一些十分精美的花纹，我们用科技的产物，就能很轻松地实现这些事情；但在他们那个时代，条件没有现在好，比较艰苦，当年，吴川教授和他的同学都是自己动手来制作这些东西的。吴川教授在加入新绿文学社后的第一个工作就是写海报——我们可不要以为吴川教授只是科研领域的优秀人才，他也曾经练过毛笔字，是个拥有很好的艺术修养的人。在写完特定的通知后，吴川教授会跟着他们当年的社长，到校园里几个主要的地方，把手工制作的海报张贴起来。那时，新闻社每个月要出一份新闻简报，报道一下学院近期发生的重要事件，尤其以与学生相关的事情为主。简报上的字都是用蜡纸先刻出来，再拿去印刷出来的。学校当年还没有可以印刷的机器，还要跑到北外去统一印刷，不像现在，通过电子邮件系统，我们只需轻轻点击鼠标，就可以发送重要的邮件了。简报制作出来以后，还要分发给每个同学。社员们每个人要负责一栋楼，到每个宿舍门前挨个儿地去发传单和海报（仅限于本学院的学生）。就这样，在新绿文学社里，社员们从各种各样的小事一点一滴做起，吴川教授也在这个过程中逐渐成长起来。到了大三，当初那个负责写海报、做简报的小社员，成为新绿文学社的主编。

而在京工新闻社里，吴川教授最开始是一名小记者，到校园里各处去找新闻事件，每周开一次例会，每个记者都要写几条新闻稿，然后交由编辑来做一些细节处理，最后由播音员负责把新闻录成带子。"挥洒青春的汗水，拥抱火热的生活，鼓起理想的风帆，迎接新世纪的挑战"，每天伴随着京工新闻社的这个片头，吴川教授也经历了由记者到编辑，再由编辑到主编的成长。

当然，吴川教授在鼓励我们参加社团活动的同时，不忘强调学习的首要性及重要性。他提到习近平总书记在北京大学师生座谈会中的讲话："国势之强由于人，人才之成出于学。"人才是国家发展的重要因素，我们学校也非常注重人才的培养，以学生为中心，并致力于把教育搞好。我们也可以切身感受到办学条件日新月异的改善。比如，良乡新校区的教育环境，要比老校区更加优秀；学生的话语权也大大提高了，我们可以利用很多渠道向老师、领导反馈自己的意见，学校也非常重视学生的想法。这些都是很好的改变。对于学生而言，吴川教授要求他的学生一定要有自己的想法，至于这个想法成熟不成熟、完美不完美，这不是我们主要考虑的事情。这个问题的关键，在于学生需要培养自己独立思考的能力，这一点是非常重要的。

在轻松的交谈中，吴川教授提到，很多同学在脱离了中学严格的管制后，在大学生活中反而容易变得散漫。吴川教授认为，生活方式和心态的调节都非常重要，并引用了《孟子》中"求放心"的典故，即要找回自己放纵的心。吴川教授指出，学生要有明确的人生规划，需要知道自己追求的是什么，不能让各种思潮干扰自己的思想，这也要求我们对自己要十分自信。比如，习近平总书记提出了"四个自信"，其中有一项就是"文化自信"。在过去，由于北京理工大学的军工背景，我们的校园文化活动比较沉闷。现在，我们就要继承优秀的传统文化，多多开展优质的、有益于同学们身心健康的活动。在北理与北影共同举办的共建教育活动之中，虽然我们的同学都是理工科背景的学生，但展现出来的艺术素养和生活风采丝毫不亚于北影的同学们，可谓各有各的特色。这也是我们文化自信的一种展现，我们有意与北影将这种优秀的活动持续举办下去，让这种科学与艺术的交流成为一种传承。今后诸如此类的活动就会成为校园文化的一部分，这是文化自信在小的层面得到的体现。

而往大的层面来说，我们中国人要对自己上下五千年的文化有自信，并且积极地传承我们的优秀文化。吴川教授提到，在当代，有很多人批判中医没有明确的科学理论等问题，他表示，从长久的中医诊治历史来看，它的确达到了很好的治病救人的作用和效果。这其实就是一种我们的优秀文化。我们要对这样的文化有自信，而不是一味地去抨击它。当今的西方文明与我们本土的文化思想的交锋很严峻。这些西方背景的学者对我们的英雄人物，比如雷锋、黄继光、邱少云等革命烈士，会从一些另外的角度，特别是历史虚无主义的角度来"分析""论证"他们的事迹是否有不切实际的成分，甚至对这些英雄人物抱有一种戏谑、调侃的态度。这些都是对我们的文化的一种否定。当我们身处这样的交锋时，一定要保持坚定的信念和清醒的头脑，不要轻易地被外界言论动摇，要清楚明确地捍卫我们的文化。其实，对于一个人而言，最直观的就是自己的感受。从我们自身的感受来说，不论是这些动人的英雄事迹，还是我们的传统美德，或是其他方面的文化精髓，这些都是非常美好的东西，是需要我们代代传承的。

吴川教授与我们分享了他今年去美国出差的一点感想。在那边，他路过了一座正在修建的"高架桥"。这座"高架桥"只有几个突兀的桥墩伫立在那儿，桥面还未成型。于是，吴川教授找当地人问道："这桥修了多久？"当地人回答说："已经修了好几年了。"这话在我们听起来有些不可思议，一个高架桥修建了几年居然只修好了几个桥墩。吴川教授说当地的修建速度就是这样，因为他们的工人要按法定的节假日休息，建筑所用的材料需要层层手续才能审批到位……相比之下，我们国家的基础建设速度就相当快了，比如像三环路换个桥面，一两天就完成了。但这是因为我们一天要做别人好几天才做完的工作，我们就是这样马不停蹄地建设着，才能够不断追赶先进国家、缩短发展距离的。技术的进步会使我们能够借力发展得更快些，但付出努力才是最根本的因素。

吴川教授说，学校里的教职工们也是像这样不断努力着的。大家可能会陷入一些误区，觉得当老师很轻松，有课就上，没课的时候很自由，其实并非如此。老师们不仅要教好课程，也要在其余的时间搞好科研，即便是辅导员老师们，也常常是连轴转，牺牲了大把个人时间。校长也在强调，我们要把目标定得高一些，不是简单讲一句"明年要比今年好一点"之类的空洞的口号，而是要规划出一个明确的、比较先进的目标，然后再去步步分析我们应该怎样去做好。所以，我们学校的发展趋势还是很好的。我们学校的发展是正在加速向前的一个过程。当然，在这个过程中，广大的北理学子也是主力军，将来也会有很大一部分学生要继续攻读研究生，继续展开科研工作，学校的未来、祖国的未来，都要靠我们的努力去贡献自己的一份力量。

吴川教授就自己的科研经历谈道:"走上科研道路,主要是水到渠成的。大学学习中,更多的是按部就班,大四时决定考研,后来在吴锋老师(现中国工程院院士)的门下就读研究生,走上科研道路,多半是受了导师的影响。"他在跟随吴锋老师学习和调研的过程中,逐渐培养了对锂离子电池研究的浓厚兴趣,于是从此与二次电池和能源材料结下不解之缘,成为吴锋老师最早一批做电池关键材料研究的博士生,并一直坚持到现在。吴川教授特别回忆了他在博士期间的科研经历,他说道:"博士期间的后半程是在中科院物理所进行联合培养,每天前往实验室有三四公里的距离,常常早出晚归。最艰苦的是冬夏季节,特别是北京的冬夜,寒风刺骨,骑车的时候感觉整个人完全被吹透。在夜里做实验时,一个人身处大大的实验室,难免会生出一种孤独感。做科研到了这样一种层面后,拼的往往就不再是智力而是坚持,特别是在寂寞中和逆境中的坚持。"他指出,"做科研一定要耐得住寂寞,要不断在学习和科研过程中寻找成就感,成为支撑推动自己向前走的动力。"吴川教授感慨:"到了现在,对我以及其他许多老师而言,科研不仅仅是我们工作的一部分,更是我们的兴趣,我时常能在休息日见到老师们主动地前往实验室加班。"

吴川教授就二十多年来的院校变迁回忆道:"二十多年来,学院层面发生了很大的变化。在二十多年前,那时还没有材料学院,只有一个化学与材料学院,基本相当于现在的材、生、化三个学院的组合。到了2002年的时候,进行院系调整,原先的化学与材料学院就分成了现在的材、生、化三个学院。这些年里,学校也发生了很大的变化。90年代时,学校东门外的小树林变成了现在的主干道,中心教学楼也在新世纪开始修建。教学和生活硬件上的进步也很大。以前,老师讲课几乎就靠扯嗓子。曾经,教职工工会的同志甚至还会专门请人来教老师们如何发声以保护喉咙。现在有了扩音器,老师上课大大方便了。学生住宿条件也得到了改善,以前宿舍中没有空调,甚至没有电扇,现在不仅装上了电扇,连空调都有配备。学校对教学质量的要求也在不断提高,学习、文化氛围愈发浓厚"。

在与同学们探讨习近平新时代中国特色社会主义思想时,有同学提出了对于发展所引发的环境问题的担忧,吴川教授回应道:"习总书记说'绿水青山就是金山银山',我们要考虑如何在新能源专业领域来改善和解决环境

污染问题，特别是污染的前端治理是我们全体新能源人的责任和历史使命。发展新型绿色二次电池技术，就是实现污染前端治理的重要途径之一。"吴川教授就习近平总书记所说的"打铁还需自身硬"做了新的阐释。他说："在学术上一定要过得硬，不弄虚作假，这是做学术搞科研的基本要求；同时，打铁还需自身硬就是要求我们要做到以身作则，对别人提出要求时，一定要自己先做到，甚至做得更好。"

最后，吴川教授对同学们说道："能源是社会发展的重要驱动力，在未来很长的时间，能源领域都会持续地需要大量的专业人才，因此我们全体新能源人一定要树立起高度的'专业自信'，志存高远脚踏实地，为国家富强和民族复兴贡献力量。"

（文：隗屿涵）

自强不息，追求不止
——记吕广庶教授

吕广庶，男，汉族，1942年7月生于河北省抚宁区榆关镇东新寨村；教授，博士生导师，博士点学科带头人；先后主持国防科工委、总装备部、兵器工业总公司及横向课题有低碳马氏体应用、高强耐热铝合金、化学镀镍、断口立体再现与三维重建、形状记忆合金及火炮身管疲劳寿命可靠性等10余项课题，在国内外发表学术论文100余篇。现已退休10余年。

寥寥数语，便勾勒出一位睿智而资历深厚的材料学老教授光荣而辉煌的一生成就。但在这表面流光溢金的文字背后，真实的吕教授究竟是怎样的呢？他的性情、他的经历、他的信念……怀揣着一颗希望碰触真实而非文字的心情，我有幸借由采访校友的机会，与吕教授深入交流了数小时。也是经此一谈，我才真正感受到了吕教授那颗自强不息、追求不止的灵魂。

少年时代

年少时，县里曾组织一次建校劳动——盖一个礼堂，于是召集县里的民众去北戴河把砖窑运回来。那时，吕教授家离北戴河30里路，按照要求，他们要去各个村借小平车运砖。那时车本就少，各个村拥有车的人白天要用车，晚上才给借。吕教授那时还小，尚未发育成熟，体格自然也就没有成年人那般强健。在那个年代，那种事情上可谈不上什么尊老爱幼，当时人人嫌他个头小，情愿跟块头大的人一组，便再没人愿意跟他一组。吕教授那时虽小，但心中志气已初露锋芒，他不服气，就自己拉一辆。在采访时他回忆起那段经历，神情还颇带着些傲气，他说："我拉的车，人不跟我，那我就自己来！"

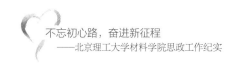

不忘初心路，奋进新征程
——北京理工大学材料学院思政工作纪实

于是本该是两个大人才能拉动的装满砖块的小平车，他硬是靠着自己小小的身躯，拉了回来。他觉得既然别人行，那他自然也是行的，要的就是这种不服输的精神。

1959年，自然灾害爆发，吕教授的生活非常艰辛。那段时间尤其漫长，吃不好穿不暖，并不能像我们如今有着充足的食物和保暖的衣物。那时候渤海发大水，于是铁道部和水利部决定修水库，那时候的水库现在叫天马湖，当时发水时还把铁路淹了。在开幕典礼结束后，只听一声令下，吕教授及其他人连忙行动，就地挖土抬上去，抬了一里路才把土堆起来。那时的水库，竟是纯粹靠人力一点一滴建起来的。吕教授在说到这段经历时便忍不住感慨，说我们这群孩子现在生活水平真的提高了不少，那时他们可以说是一穷二白，缺衣少食。旋即又道，大概正是这样的环境，才将他培养成了一个自强不息、从不轻言放弃的人吧。

学术生涯

吕教授先是在太原机械学院上学，毕业后便来了北京理工大学工作当老师。老师在20世纪80年代是个极安稳的职位，可吕教授自小养成的自强不息，深深扎根在灵魂，让他即使是生活安逸，也未曾懈怠。在北理工，他与另一位杨老师，合力出版了一本极厚的俄文书籍——《金属机械技能》。80年代，能做出这种成就的人并不多。虽然吕教授学过一些俄语，但也并未精通到可以轻松翻译一本材料学巨著的程度。他说，那时靠着以前学的些许俄语、一本俄语字典，更靠着强大的毅力，才完成多达50多万字的翻译。50多万字！即使是看着这庞大的数字，都足以令人眩晕，即使是一本普通的俄语小说，若是多达这么多字，也会心生畏惧无力阅读，更何况那是一本学术高深的巨著！可吕教授硬是靠着毅力，利用闲暇时光，竟将其翻译完成了。少时的不服输与自强，并未随着年岁的流逝而被磨灭，反而一次次在吕教授的身上发挥着它的效力。这是一种刻入灵魂的自强，深刻到永远铭记。

吕教授说，人要有追求，要为社会做贡献。他谈起一件令他感慨万千的事——评职称。那时在学校，有位公认极为聪颖的老师，也是从太原机械学院来的，那位老师还会英语，平时情商也不差，人缘也是可以的。可在一次评职称时，吕教授评上了，他却没有评上，于是他便在家闹病。领导看望他，他便抱怨了这件事，可领导却告诉他："你的聪明才智，既没有变成成效，也没有变成社会财富。正因为你没作出贡献，你没有证明你有这份能力。你在这闹情绪没有意义，凭你的聪明才智，明年肯定能做到。"吕教授和我们说，这件事情对他触动非常大，还是那句话，人要有追求，既然干一行，就要干出一个具体成果来，不要碌碌无为，毫无所求。

"退休"诗人

时间过得极快，仿佛流水一般，吕教授一直奋斗在金属材料领域的前沿，直到退休。我们去他家时，还能看到偌大书房里占据了半壁江山的金属材料相关书籍，有的甚至发黄发旧、已是存在了几十年。可不仅仅是退休前，吕教授的这份深入灵魂的追求，即使在退休后也未曾停息。随着他的退休，生活一下子变得简单。作为一位老者，本该安逸地度过晚年，可他却停不下来。在退休后，他拾起以前的兴趣——诗词，这才发现中国目前在传统优秀文化方面缺失。当下有一种风气，就是一味地模仿前人的诗词书法，不分对错。但这样是不该的，只学其表，未精其本，无非是本末倒置。所以说起传统文化，吕教授认为，不是单纯将形式复古化，更重要的是通过学习古代文化，吸收其传达的美好的道德品质。他说："一些人硬要模仿古典诗词的形式，写出的东西放在古代并不合格，又没有现实意义；一些人练习书法过分强调毛笔宣纸，而实际上并不适合他们，限制了他们的空间，练字，钢笔有什么不行的？而近些年出来的那些靠写'丑书'发家的所谓大书法家们，更是祸害中国传统文化，弄出的东西无法辨认，不伦不类，毫无美感。我主张，既然是继承，就要符合现在时代的内涵，要与时俱进，但也不能肆意妄为。"秉着这样一种信念，他深觉自己即便退休也不该无所事事。于是，吕教授在理工大学办了一个诗社，同时也身兼多个有关诗词协会的职位。10余年来，他写诗千余篇，大多是激励青年人和倡导社会主义核心价值观的作品，希望可以正确引导广大青年人。

殷切希望

"青年,青年,中国青年,龙的传人,祖国的明天,踏着世界屋脊,登上地球之巅,泱泱大国,扛在双肩,心向着党,特色责任,重如泰山,新时期的青年,雄举潮头,后浪赶前浪,满载着知识,背负着祖国的期望,谱写着理想,梳理着志向,身举中华,勇敢给力,贡献小康。"吕教授气宇轩昂朗诵着这篇他作给青年的寄语。

即使头发花白,却依然目光炯炯,里面蕴含着的那股子意气,是他这一生的自强不息、追求不止!

(文:谷珺映)

不惧艰难，挑战自我
——军工报国榜样陈义文

他叫陈义文，就读于北京理工大学材料学院，2016 级硕士研究生。自入学以来，在导师李云凯教授的指导下，一直致力于探索难熔高熵合金的设计与应用，成功设计出能够在耐高温装甲、航空隔热件（瓦片、涡轮外环）领域具有较高应用前景的新型难熔高熵合金成分；以第一作者发表 SCI 源论文 3 篇、EI 源论文 2 篇，并已成功申请 3 项发明专利；平时他经常参加学术交流活动，关注军工材料发展，代表课题组在中国材料大会、"The 4th International Conference on Materials and Engineering Technology" 做有关课题研究的报告；在 2018 年的评优中，他获得国家奖学金、一等学业奖学金、校级优秀研究生、新思维三等奖学金等荣誉。

军工情怀，为中国国防事业贡献力量

他生于吉林省长春市的一个农村家庭。在他的青春成长岁月里，每一年"9·18"的警钟都会使他想起中国近代那段屈辱的历史。"南京大屠杀、旅顺大屠杀、731 部队细菌实验，每次我看到这些最淳朴最善良的中国人接受着惨无人道压迫的史料时，总会义愤填膺，渴望自己能够为中国的国防做些什么。"从高中开始，在学习之余他就喜欢看各种军事杂志，尤其是对坦克情有独钟。大学的时候爆发了"钓鱼岛"领土主权事件，他更加坚定了要军工报国的想法与追求。在报考研究生时，他放弃了更好的深造机会，毅然决然地选择梦寐以求的"军工七子之一"的北京理工大学。

"我时常想起第一次聆听李云凯教授讲解坦克装甲板在受到榴弹轰击变

形过程与机制,当时的我虽然对一系列公式的推导似懂非懂,但对此充满了无限的兴趣。"导师的启蒙给他的科研学习生涯点燃了一颗火种,他希望通过自己的努力可以成为一个光荣的军工研究者。他深知一切的成果与刻苦的努力是分不开的。研一期间他需要上大量的专业文化课和公共课,很多同课题组学生都不进入实验室参与研究,但他主动找到老师,探讨研究生课题,查阅大量的专业课资料,积极展开实验研究工作。白天上完一整天的课程,晚上他就在实验室设计实验方案和开展实验,每天都工作到晚上十二点以后。开始的实验并不顺利,设想总是与实验结果不一致,每次分析原因都使他焦头烂额。就算是这样,他也是咬牙坚持、小心求证,终于获得了新的发现。在学院老师、师兄师姐的帮助下,他在研二上学期便成功发表了第一篇 SCI 源论文,并申请了一项发明专利。"虽然期刊的影响因子不是很高,但毕竟在公开刊物上发表自己的研究成果,对我后续的研究有很大的鼓励。"后续他又成功发表了 2 篇 SCI 源论文、2 篇 EI 源论文和 3 项发明专利。曾经军工报国理想的种子在他的心中生根发芽,在他的努力下逐渐结出硕果。

追求创新,做新时代军工研究人

习近平总书记说过:"创新是一个民族进步的灵魂,是一个国家兴旺发达的不竭动力,也是中华民族最深沉的民族禀赋。在激烈的国际竞争中,惟创新者进,惟创新者强,惟创新者胜。"在军工领域,正是一代代军工人不断地追求创新,使得我们国家的装备不断地升级换代,达到世界领先水平。在完成课题的研究之余,他总是喜欢关注装备材料研究状况的最新进展,经常与周围的师兄、师姐们讨论一些能够提升材料抗弹性的创新性的设想。这些想法绝大部分目前的研究状况还不能完全实现,但给他的研究指引了方向。在 2018 年冲击环境材料技术国家级重点实验室材料新思维奖学金项目申请中,他提出开发一种密度为 $2\sim3$ g/cm^3 的 Mg-Al-Si-Ti 高熵合金装甲材料,通过热处理工艺调控两种相组成的含量,实现高强度和高温耐软化性。这种想法源于他平时对坦克装甲车的学习积累:结构材料的轻量化在装甲车中作用十分明显,在相同的强度条件下,材料的密度每降低 1 g/cm^3,装甲车的能耗能够降低 16%，机动性提升 20%；如果能够应用新型合金，装甲车就可以携带更多的弹药，对敌人能够更长时间地打击。这种科研方面的想法，得到了学院老师的认可，获得"冲击环境材料技术国家级重点实验室材料新思维三等奖"。

在平时的实验中，他总尝试设计一些新的工具，更好更快地完成实验，并与其他同学交流，碰撞一些新的火花。正是他的这种科研方面的创新能力，得到了很多老师的肯定。在毕业后他准备去上海交通大学材料学院继续攻读博士学位，"在我博士生涯，我很长时间都会待在上海航天八院 800 所展开研究，可以更多地接触军工方面的研究成果，为此我感到很荣幸。"

志愿服务，积极实践

在课余时间，他积极参加志愿服务活动，曾在中国残疾人大型招聘会、"百千万人才计划"、中国兵工集团北理工校招等活动中担任志愿者，在服务同学、组织活动过程中有效地锻炼了他的沟通、协调、团队合作的能力。寒暑假期间，他先后在施耐德（北京）中低压电器有限公司质量部、北京经纬恒润科技有限公司数字化工程部和深圳国家高技术产业创新中心产业发展五部实习。在这些实习工作中，他学习到很多专业方面的技能，开阔了眼界，能够更好地开展军工方面的研究工作。在平时学习中，他也经常给师弟、师妹们一些学习方面的经验，帮助本科生修改毕业论文，为此他也获得了"优秀研究生""国家奖学金""北方工业奖学金""一等学业奖学金"等荣誉，这些荣誉是对他为人以及工作的认可与肯定。

不忘初心路,奋进新征程
——北京理工大学材料学院思政工作纪实

披荆斩棘,踏浪前行
——军工报国榜样李文智

志矢强民早飞腾,身投国防苦用功。
寸心一衷迎风雨,坚盾万里筑长城。

他叫李文智,就读于北京理工大学材料科学与工程学院,为2014级直博生。军工强,则国防兴;国防兴,则国家立。自鸦片战争后的100年,祖国的发展更加让他意识到,弱国无话语,只有建立更为完善的军工体系、形成强大的国防才能让祖国更为强盛、民族更为繁荣。在北京理工大学材料科学与工程学院获得学士学位后,他毅然留在材料学院,继续从事并开展高能量率打击防护的相关研究。博士期间共获得2次博士研究生国家奖学金,参与军工项目研究5项,申请国防发明专利5项、授权2项,以第一作者发表SCI等高水平论文11篇,圆满地完成了博士课题,已经签约中航工业直升机研究所,将在未来继续奉献国家。他秉承军工匠心,争做时代担当者,用行动追求这一简单而又朴素的理想,只为贡献自己的一份微薄之力。

砥砺奋进,夯实理论基础

2014年,李文智以优异的本科成绩保送到北京理工大学材料科学与工程学院直接攻读博士学位,师从材料学院毁伤与防护材料方向带头人王富耻教授。在科研学习过程中,他深受王富耻教授对待学术一丝不苟、对待工作踏实认真的态度以及"心系国家、献身国防"精神的影响,也被王富耻教授连续两次获得国家技术发明奖这一科研成果所震撼,这些精神和成就的背后是别人看不到的知识与技术的沉淀和努力与拼搏的升华。加之国内外军事环境的风云变幻，这些给在军工科研路上只是初出茅庐的他，埋下了坚定了投身国防军事研究、尽自己所能做好课题研究的种子。通过文献学习，他意识到了想要搞好科研，掌握扎实的基础知识是万分重要的，因为只有先学会走，才能学跑，任何目标的达成都不是一蹴而就的。

本科和研究生阶段的专业差异，加之课题入门带来的压力，并没有让他停下脚步，他始终相信天道酬勤、勤能补拙。朝 7 晚 12 的生活让他对专业和课题的理解不断深化，同时担任本科毕业班学生的科研小导师，学以致用、共同进步。全部专业课程 100% 的优良率以及 1 篇 SCI 二区文章的发表和 1 项国防专利的申请证明了他这一年来砥砺奋进的成果，同时他也获得了北京理工大学"优秀研究生""优秀团员"等称号。勤于钻研，追根溯源，遇到问题多想为什么，前期培养出来的一丝不苟、踏实认真的态度成为他科研路上的一大助力。没有什么是奋斗一下不能达成的，如果有，那么就多几下。

开阔眼界，扎实科研交流

纸上得来终觉浅，绝知此事要躬行。研究生期间，科研是最为主要的本职工作，而提升自己科研能力的主要途径就是勤于动脑、动手、动嘴，动脑去思考、动手去实践、动嘴去交流，这是他总结的科研方法。通过文献阅读与思考，基于他的研究课题，他突破了常用防护材料的思维限制，创新性地将"超高温"材料与"多效应协同"概念相结合，提出了自己的防护思路和材料设计方法，并将这一思路和方法与导师进行讨论，基于北京理工大学冲击环境国家重点实验室这一平台，开展了广泛研究，在一次次实验中总结经验教训、不断优化设计。同时，积极参与国内外相关的学术研讨交流活动，包括 The International Symposium on Laser Interaction with Matter（LIMIS）、China International Conference on High-Performance Ceramics（CICC）、Light Conference 等知名国际会议，用他人的想法进一步完善自己的理念和设计。

更重要的是，博士期间他主动参与了导师的多个项目课题的研究工作，尤其在国家装备发展部"十三五高能××防护涂层材料应用技术研究"项目中，作为主要技术骨干参与研究，主要从事涂层原材料设计合成与考核表征工作，形成了一套较为完善的涂层制备工艺方法，并承担了技术总结报告的部分撰写工作。在这一过程中，以学生第一作者身份申请并授权国防专利1项。该项目成果针对××型号无人机的成果考核中，是在多个单位提供的解决方案中唯一通过实际工况考核的。虽然只是在项目中参与了部分工作，但促使他的自豪感油然而生，更加坚定了他走军工科研之路，坚定了他作为北理工人"报国初心不忘，军工匠心不改"的信念。

筑梦国防，投身军工报国

在做好学习和项目科研的同时，李文智也牢记着自己作为博士研究生的最主要任务，就是完成自己的博士课题，而评判自己课题完成水平高低的一个最直接的标准就是高水平学术文章的发表。对于自己的博士课题，李文智有着极高的热情，因为这个课题本身很有意思，是前人没有研究过的，充满了挑战性，而他热衷于探索研究具有挑战性的事物，并享受一层层解开谜题面纱的过程。在博士第一年，他除了上课就是泡在实验室，不厌其烦地与导师交流、与仪器"切磋"，听数据"倾诉"。就这样，经过近一年的坚持与努力，初步设计并制备出了满足要求的材料体系。经过一系列补充测试后，在导师的指导下，他在陶瓷领域的顶级期刊《Journal of The European Ceramic Society》上发表了相关研究。

怀着对中华民族伟大复兴中国梦的向往，怀着对中华民族重新屹立于世界民族之林的向往，怀着"构筑强大国防"这一军工梦的向往，他在选择就业时毅然选择了军工单位，仍期望以一颗军工报国的拳拳赤子心，继续投身国防，为实现军工行业发展和科技创新作出贡献。

坚守信念，砥砺前行
——军工报国榜样穆啸楠

他叫穆啸楠，北京理工大学材料学院 2015 级博士生，专于毁伤与防护领域石墨烯增强钛基复合材料的研究。博士期间，他努力钻研，在《Carbon》《Materials and Design》等重要期刊发表了具有影响力的文章，并申请多项发明专利，研究成果处于国际领先水平。他是 2018 年国家奖学金、北京理工大学优博育苗基金获得者。荣誉的背后是宿舍和实验室两点一线的生活轨迹，是年年如一日实验室奋斗至深夜的身影。

信念：树立目标，追逐梦想

他出生于安徽省淮南市，在儿时便痴迷于坦克、飞机和舰船模型，梦想着有朝一日成为科学家。少年时期的他每天都会购买《参考消息》《环球时报》《世界军事》等报纸和期刊，尤其关注世界军事装备的发展动态，常欢欣于中国军事科技的进步，而忧心于与西方国家材料发展的差距。于是大学他选择了材料专业，刻苦学习并打下坚实基础。他开始对军用材料产生浓厚的兴趣，设计并制备了一种雷达吸波材料，在导师的帮助下，发表了本科阶段第一篇学术论文。"虽然只是一篇中文期刊，但成为他立志军工报国的萌芽和开始。"他一直铭记自己儿时梦想，不骄不躁，始终努力向前，并加入了中国共产党。2014 年，他以优异的成绩考入北京理工大学，硕博连读。风雨十载，不曾改变的是他对科研的热爱和军工事业的一片痴心。

坚守：直面困难，不忘初心

在科研的过程中，遇到困难是家常便饭。尽管他所研究的课题是该领域的瓶颈问题，但他敢于挑战。他去参加国际会议，国内外的同行在了解到他所研究的方向时，都连连摇头，认为是极具挑战性的。虽然这种材料在装甲防护领域有着极大的应用潜力，但是其制备的条件十分苛刻。采用粉末冶金的方法制备石墨烯增强钛基复合材料，并控制界面反应，就像冰激凌放入热油锅，还得使冰激凌不融化。他也很清楚自己面对的是何种困难。他将自己的工作时间定在从早上 8 点到凌晨 1 点，他阅读大量的文献资料，向国外知名学者请教，以期获得解决问题的蛛丝马迹；他经历过几百次实验的失败，以至于在开始两年内一无所获。最困难的时候，他的导师安慰他"实在不行就放弃吧，这个方向确实挺困难，换个方向可能会好做一点"，然而，这并不能成为他放弃的理由，他仍选择坚持做好每一个实验。所谓的成功就是在平凡中作出不平凡的坚持，这也是军工报国的前辈们在攻坚克难的事迹中所体现出的品质。量变引起质变，在选择、控制和排除大量工艺参数后的一次实验过程中，他终于发现了石墨烯增强钛基复合材料界面反应的本质，并解决了瓶颈问题。

随后，他将实验方法撰写成为 4 项国家发明专利，已获得授权 2 项。他进行了深入的理论分析，并在包括 1 区在内的多个顶级 SCI 期刊发表论文，受到了审稿人的一致肯定。在导师的帮助下，他达到并完成了装备发展部多个领域基金项目的研究工作，得到了专家们的认可，以优秀的成绩通过验收。这些成绩给了他更大的动力。他因为常常在办公室工作到深夜，腰部患上了腰椎间盘突出，他忍着病痛仍坚持每天早出晚归。他常感受到自己身上所肩负的责任和使命，而这种责任和使命一方面来自儿时和少年时期的梦想；另一方面，作为共产党员，面临困难时要去承担更多的责任，付出更大的牺牲，敢于直面更复杂的问题。

前行：牢记使命，面前未来

对大多数人而言，科研工作往往是枯燥而乏味的，但是他却能够凭着自己对材料科学的深切热爱，不知疲倦地奋斗在科研的第一线。每当制备出一种具有新结构的材料时，他都能兴奋得如同培养自己孩子一般，仿佛材料都是具有生命的；每当有新发现时，他总是第一时间跑到导师办公室，讨论实验方案和自己的想法。他经常参加国际会议，与国内外同行进行深入交流，在 ESHP 2016、ICCMME2017、ICCM-21 会议上进行英文口头汇报。他十分乐于解答课题组同门师兄弟在科研上遇到的困难和疑惑，并对同学在新材料的实验方案设计和材料表征过程中提供帮助。他常告诉自己的师弟师妹们，要怀着一颗充满好奇的心投入自己的科研中，不怕困难，刻苦钻研。课余时间，他积极参与学院和学校的学术沙龙以及大型活动，在服务同学和参与科普宣讲的过程中，他积极宣传"两弹一星"精神、载人航天精神和延安精神，讲解北理工在过去几十年内为祖国和人民在军工领域所作的杰出贡献，培养学生的国家荣誉感、学校荣誉感和军工使命感，他也多次获得了"优秀研究生"等荣誉称号。他也积极参加各种文艺活动，曾在学院内参与"一二•九"大合唱并获得了较好的名次；同时积极参与各种体育活动，如羽毛球、乒乓球和游泳等，为更好投入军工科研强身健体。

对于自己取得的科研成绩，他认为离不开学校的培养，导师、同学及家人的支持。博士的生活对他来说是无数个夜晚的埋头科研，他感慨地说："由于科研工作很忙，对亲人的陪伴很少，十分感谢我的父母、女友对我的理解与支持。"

面向未来，他说："作为国防科技重点实验室的博士，一个科研战士，我会牢记使命，不忘初心，军工报国。尽自己最大的努力，把创新贯穿于科研工作中，为国防事业贡献自己的力量。"

青春无悔，谱写华章
——军工报国榜样李静

她叫李静，是北京理工大学材料学院2017级的一名博士生。2012年，中国兵器五二五厂的实习之旅，让她对军工行业充满了好奇与敬畏，自此便与军工行业结下了不解之缘；2013年，她毅然决然地选择了含能材料作为自己的硕士研究方向，并顺利完成硕士研究课题"直接法制备黑索今的硝解机理研究"；2016年，在中国兵器八〇五厂利用所学知识为军工事业贡献自己的一份力量，在取得了一些突破性成果的同时也深刻地认识到知识的重要性；2017年成功考入北京理工大学继续攻读博士学位，师从金韶华教授，继续她的军工之旅。读博期间，她努力学习专业知识，并积极投身于军工行业，荣获过周发岐奖学金、北方工业奖学金以及火炸药未来人才成长奖励基金特等奖学金并代表获奖同学发言。此外，她针对中国兵器八〇五厂某单质炸药生产线存在的实际问题，以北理工第一负责人身份成功申请了北化集团青年科技创新专项项目，该项目研究成果已在八〇五厂实现工业化应用，由于经济效益突出，该项目荣获甘肃银光化学工业集团有限公司含能材料分公司"科学技术成果三等奖"。荣誉的背后，是她无数个日夜在实验室努力拼搏的身影。

学习：理论知识丰富，学术成果突出

在学习方面，她很清楚自主性学习的重要性。因此，她始终坚持"今日事，今日毕"的原则，积极投入各门基础课和专业课的学习中，给自己明确学习目标并端正学习态度，学习成绩优异，获得了丰富的理论知识。

博士期间，她主要从事富氮含能材料 CBNT 的结晶过程及应用技术研究工作。CBNT 作为新型的唑环类化合物，以其高氮含量、高生成焓、低感度及爆轰产物清洁等特点逐渐成为含能材料领域研究的热点，其有望在提高推进剂及装填弹药能量的同时降低感度，降低在生产、运输、储存及使用过程中的安全隐患，满足现代战争对武器"远程打击、高效毁伤"的要求。她将所学理论知识，应用到实验中，从 CBNT 的晶体结构出发，采用理论计算与实验研究相结合的方法研究 CBNT 的结晶过程及其应用技术，并对其基础性能进行研究，为 CBNT 的应用奠定基础。

读博期间，她荣获特等学业奖学金 2 次、一等学业奖学金 1 次、二等学业奖学金 1 次，还荣获 2018 年周发岐奖学金、2019 年北方工业奖学金、2019 年火炸药未来人才成长奖励基金特等奖学金、2020 年优秀博士学位论文育苗基金、2020 年研究生国家奖学金。她热衷于科研实验，发表学术论文 10 篇，其中 SCI 二区论文 4 篇、SCI 三区论文 4 篇、SCI 四区论文 1 篇及 EI 论文 1 篇；参加国内兵工学术会议 2 次，并发表会议论文 2 篇；参加材料学院研究生学术论坛并发表论文 1 篇；获得国防专利 1 项。她成绩优异，学术成果突出，也因此荣获了校优秀研究生称号。

实践：构筑梦想，军工报国

实践是检验真理的唯一标准，实践才能出真知，否则只能是纸上谈兵。由于军工行业的特殊性，她需要经常走出校园，与企业合作来检验她的成果及想法。读博期间，她长期（累计两年）在中国兵器八〇五厂开展科研工作，在此期间，她常常与企业员工一起探讨工作，从他们身上学到了军工人对军工事业的执着与奉献。在这里，既丰富了理论知识，又增加了实践经验，这段宝贵的经历也必将成为她未来成长路上的重大财富。

在八〇五厂实践期间，她针对某单质炸药生产线上的实际问题，以北理工第一负责人身份申请了北化集团青年科技创新专项项目。该项目为期两年，其主体工作在 2018 年已经完成，项目成果已经在工厂生产线试行并开始创造效益。自 2018 年 6 月科技成果推广以来，截至 2019 年 6 月底，销售 200 千克外贸产品，创效 12 万元；回收合格产品 27.5 吨，创造价值 1347.5

万元；此外，该工艺有效地节省了溶剂，溶剂节省产生经济效益287.97万元。该项目累计创造经济收益1637.97万元，由于经济效益突出，荣获甘肃银光化学工业集团有限公司含能材料分公司"科学技术成果三等奖"。

活动：强身健体，青春向上

作为一名军工人，在构筑梦想、军工报国的路上，拥有强健的体魄、不断给自己充电尤为重要。因此，学习之余，她积极参加校园活动。她结合专业的特殊性，在课题组专题开展了实验室安全教育培训，参与组织筹备了含能材料与模拟计算交叉研讨会。作为一名党员，她认真学习实践科学发展观，时刻牢记要保持自身的先进性，积极参加班级党支部组织的各种活动。她积极向上，热爱生活，常常负责课题组日常团建活动的组织工作。如，协助导师组织课题组学生开展户外拓展，增强同学之间的凝聚力和协作力；再如，组织课题组开展羽毛球、乒乓球活动，带领大家学习之余锻炼好身体，娱乐身心，放松心情，等等。

作为军工行业的新生力量，她时刻会有作为军工一分子的自豪感、使命感和责任感。人们常说，一粒种子，只有深深地植根于沃土，才能生机无限；而一名学生，只有置身拼搏学习的氛围，才能蓬勃向上。所以，她时刻提醒自己"不忘初心、牢记使命"，以坚持不懈的精神，砥砺奋进、逐梦前行，为祖国国防事业的发展贡献自己的力量。

未来，她希望能够利用所学，参与到兵器行业和国防事业的发展中去，将自己的青春奉献给祖国的国防事业。

最后，她想说："作为当代大学生，珍惜韶华、敏于求知，方能练就过硬本领；大胆创新、积极探索，方能谱写人生篇章。"

筑梦绿色，勇攀高峰
——科研创新榜样黄永鑫

青年教师黄永鑫在北京理工大学学习工作 11 个春秋，"延安根，军工魂"的红色基因早已镌刻入血液，科技报国是他作为教师的理想信念与不渝追求。从本科期间的懵懵懂懂，到研究生期间的业精于勤，再到博士期间的锐意创新，他在人生道路上的不断求索造就了他坚忍不拔的品格，身边老师和同学的帮助造就了他乐观豁达的心态，母校的培养造就了他追求卓越的意识，党组织的教育造就了他科技报国的决心。在博士期间，他两次获得国家奖学金，获得两项省部级创新创业赛事奖项，并获得北京理工大学最高荣誉奖学金徐特立奖学金。在工作期间，他始终将科技创新作为工作的第一要务，深耕大规模储能用钠离子电池的研究工作，寻求低成本、高比能、长寿命、快充放、环境友好型钠离子电池正负极材料。在近五年内以第一作者发表 SCI 学术论文 15 篇，影响因子大于 10 的文章 10 篇，被引用 400 余次，在科研工作方面作出一定的贡献。同时他积极响应党的号召，做对改善人民生活水平有意义的科研工作，努力将实验室前沿成果推向实用化，在钠离子电池成品化方向作出了一定的成绩，在近五年内获批软件著作权 5 项，授权发明专利 1 项，参加或指导学生参加各类创新创业赛事并取得优异成绩。他相信一切的创新实践随着技术的逐渐成熟都有走向商业化应用的前景。所有的成果都是对他付出的一种肯定，他表示面对未来的科研道路，依旧会不断拼搏，为母校和社会奉献出青年科技工作者的一份力量。

不忘初心路,奋进新征程
——北京理工大学材料学院思政工作纪实

勤奋好学,孜孜不倦

在刚上研究生的时候,因为经历过考研生活,所以对各门课程的学习都抱有极高的热情和学习动力。但是随着科研工作压力的逐渐增加和学习气氛的逐渐减退,黄永鑫也曾经有段时间在学习方面有所懈怠。但是在一次党支部的生活会上,大家一起学习了"习近平总书记在十八大前后关于加强学习的重要论述",他深刻体会到无论是作为一名共产党员还是一名科研工作者,都必须时刻保持学习的动力,把学习当作一种责任,他重新找回了学习的动力与使命感。他在阅读大量国内外文献的基础上,同步进行系统性的汇总和整理,使自身的科研素质得到极大的提升,全面地学习和掌握了其研究领域的背景知识和最新的科研进展;在具备扎实理论基础的同时,他努力积极地锻炼优秀的实践动手能力,出色地完成相关的实验研究工作。学习的目的是更好地创新,他时常告诫自己不能过分迷信书本上的内容,保持对新鲜事物的好奇心和对现有理论的质疑精神。在他的研究中也对现有理论知识提出过自己的见解,修正错误的理论认知。

博士期间他对时间分秒必争,早上起床的第一项工作,其实并不是从实验室开始,而是打开手机查看行业的最新研究进展。他觉得研究人员在世界各地,总有人在你睡觉的时候依然努力,行业的发展总是日新月异,需要时刻跟紧发展前沿才能吸收到最新的"养分"和及时调整优化自身的实验方案。而每当深夜他离开实验室,带着一天的收获在回宿舍的路上慢慢"回味"。

严格要求,一丝不苟

在日常的科研工作中,黄永鑫是一个有计划的人,每天到实验室开始工作,第一件事是将一天的实验项目进行妥当安排,同时分配好实验团队每位成员一天的工作任务。他坚信人有了目标才能更好地完成工作,甚至完成超出预期目标的工作,早上耽误一小段时间安排好一整天的工作,可以节省掉工作过程中不必要的时间消耗。日计划、月计划、季度计划，他通过或长或短的计划，使得科研生活清晰有条理。因为计划的存在，他对于自己的实验进度有着很高的要求，经常忙起来会忘记吃饭，当学生们提醒他时，他才会想起来没有吃饭，去"觅食"休息一会儿，早出晚归已成为他的生活常态。

在实验操作中，他对自己的操作总是精益求精，一丝不苟。在每次实验之前，他都会精心安排好每一个实验步骤，操作规范，尽量避免失误和实验失败；在每一项实验步骤中，他都做好实验意外出现的处理方案，当实验中遇到困难时，通过积极思考，动员一切的力量来克服这些困难，并实现自身能力的进一步增长。因此在这些年中他锻炼出扎实的实践动手能力和实验创造力。

在一次实验中，他发现制备的产物难以分离，分离出的样品质量参差不齐，于是他跑遍学校中各个实验室，询问各个实验室不同离心机的工作状态，一次接着一次在不同仪器和不同条件下分离样品，最终在生物实验室的超高速离心机上完成了样品的高质量分离。在实验室有公共事务时，他总是第一个站出来，不怕苦不怕累，实践党员先行的准则。诸如这样的小事还有很多，就是在这样一件件小事中，他向着科技报国的理想迈进。

团结协作，共攀高峰

想要做好科研，尤其是将研究成果推向市场应用，单打独斗是远远不够的，团结协作的发展模式可以为科技创新带来"1+1>2"的效果。因此在博士四年级的时候，黄永鑫组织实验室的师弟们一起参加广东省大学生新材料创新大赛。在准备项目的过程中，他也首次接触新能源技术的成果转化和商业路演活动。在比赛中，需要将实验室中制备的先进材料进行商业化，克服产品产率、产品质量、成本控制和资源高效利用等技术难题，并且在这个过程中如何扮演好一个领导者或协调者的角色也是至关重要的。通过大家集思广益，充分调动每个同学献言献策，他带领师弟们将从未开发的新体系电池一点点设计出来，并最终制作成可以放电的软包电池。

参加双创赛事也离不开北京理工大学材料学院良好的创新创业氛围。学院始终秉持为国家培养有用人才的理念，不以学习成绩和论文数量作为唯一评价标准，鼓励学生通过参加双创活动做有用的科研，为国家科技事业发展做贡献。在临近比赛的前一天，刘艳副院长还在为项目团队做耐心地指导，给黄永鑫留下了深刻的印象。这种无微不至的帮助也为团队取得比赛的好成绩建立了信心。

最终，在2018年12月的第八届大学生材料创新大赛上，他带领材料学院海"钠"百川代表队参与比赛，从全国15个省33所高校173支队伍中杀出重围，取得了无机非金属赛区分决赛一等奖、总决赛二等奖的优异成绩。在答辩环节，评委对技术成果提出肯定时，黄永鑫谦虚地说道："目前还有很长的成果转化道路要走，未来我们会更加努力，将一篇篇文章转化成一件件造福社会的产品。"他们在比赛中不放弃每一个证明自己与展示自己的机会，科技创新成果在路演活动中受到多家公司的关注，成果被东方财富网等多家主流媒体竞相报道。

绿色能源，科技报国

黄永鑫为自己设立的目标是把优秀的科技论文书写在祖国的大地上，把创新性的科技成果应用在祖国的大地上，把青年科技人才培养在祖国的大地上，因此在毕业之后他坚定地选择继续留校工作，踏踏实实做科研，勤勤恳恳育人才。他与每一位学生做到了亦师亦友，努力做学生科研道路上的领航人、人生道路上的好伙伴。他也将自己参加双创赛事的经验传授给学生，让学生可以热爱科研、了解科研、运用科研，并将科研成果推向创业市场。2020年，黄永鑫所指导的学生团队获得了北京市创新创业大赛金奖。

当今能源存储与转化技术受到各国的重视，美国的"battery500计划"和欧盟的"battery2030+"计划都致力于开发超越现有体系能量密度的高比能电池。因此黄永鑫也找到了新的科技报国方向，努力做好一块中国电池，为祖国的腾飞贡献自己的一份力量。

心怀感恩，砥砺前行

——徐特立奖学金获得者王希晰

王希晰，2011年至2015年在北京理工大学材料学院完成了自己的本科学业学习，2015年保送至北京理工大学材料科学与工程系攻读博士学位，师从曹茂盛教授。2020年徐特立奖学金获得者。

科研成就

在科研活动方面，王希晰硕果累累。她以第一/并列第一作者身份在《Adv Mater》（2篇，IF=27.398）、《Adv Funct Mater》（1篇，IF=16.836）、《Small》（1篇，IF=12.130）、《Chem Eng J》（2篇，IF=10.652）等国际顶级期刊发表论文12篇，总影响因子127.995。合作发表在《Adv Mater》《Adv Funct Mater》等期刊论文17篇。申请中国发明专利1项。2018—2019年两次获得了面向全球作者的重要奖项：英国皇家物理学会（IOP）高被引作者奖以及纳米科学高影响论文奖。她也是导师曹茂盛教授连续四次入选英国皇家化学会"Top 1%高被引中国作者"的重要贡献者之一。

2014年，王希晰参与"世纪杯"竞赛，获得一等奖。2016年，组队参与第九届全国大学生创新创业大赛并获得优秀论文奖，还入围第一届全国大学生创新方法应用大赛决赛。同年，申报并主持北理工研究生科技创新计划项目（重点资助），已成功结题。2018年，组队参与第十一届全国大学生创新创业大赛并入围决赛。2019年，申报并主持高水平博士学位论文育苗基金项目。

经验分享

翻开王希晰的自我介绍,最让人瞩目的莫过于她发表了多篇高质量的学术论文,以及这些论文在全球电磁功能材料领域的高影响力。学术论文能有3 000多次的总被引频次,学术成果被包括诺贝尔奖得主Kostya S. Novoselov教授等数十名国内外顶级科学家领衔的创新团队跟踪、引用、高度肯定,并非偶然,这与她十年来的勤恳奋斗和坚持不无关系。她说:"我从小的梦想就是成为一名科学家。我希望这一生能为科研事业奋斗,为祖国贡献一份微薄之力。"

明确的目标、坚定的信念和坚持不懈的努力是她能够获得这些成果的基石。

从大二开始,王希晰就已经进入实验室,在导师曹茂盛教授的指导下,开始从事低维电磁功能材料与器件及其电磁特性方面的研究。这十年来,她从未说过苦,即使是在科研的低谷期,她也从未想过放弃。她花费更多的时间去学习、去思考、去实践。"我不是天才,因此我要比别人努力得更早一些,比别人更努力一些。"扎实的材料、化学及物理等多学科理论为她打开更加广阔的科研视野,广泛的阅读让她能够了解领域的前沿科学与技术,不断的思考与实践最终让她形成具有特色的创新体系。

"我们需要时刻保持初心,不随波逐流,坚持自主创新才能走出自己的科研之路。"

心怀感恩,砥砺前行

"我印象最深的曹老师在我进入实验室伊始,就告诫我的话——创新才是科研的灵魂。我最要感谢的是我的导师曹茂盛教授,我如今的成绩是离不开曹老师的谆谆教导,是他为我树立正确的研究观,也是曹老师在我科研生涯中,教导我知识,指引我正确的研究方向,不断启发我的思想,激励我的创新能力,并鼓励我努力攻克一个又一个难题。"

"我能够获得这些成绩还有一个重要的原因是我站在了巨人的肩膀上，正是有了课题组师生 30 多年的不断创新筑起的高台，才能让我看得更高、看得更远。"

"我的成绩也离不开北京理工大学和材料学院的培养和支持。材料学院非常注重学生学术素养的培养。学院老师们投入大量的精力教导学生学习专业知识，带领我们了解领域前沿，充分激励我们的兴趣，帮助我们提升专业技能，鼓励我们进行开拓创新。正是材料学院的各种支持政策，为我提供了良好的科研环境和氛围，以及丰富的科研资源，为我取得这些优秀的科研成果提供了坚实的基础。"

这十年来，并非一帆风顺。但是，她相信每一次的坚持、每一份的努力终有一天会有回报。未来的科研道路上，即使再遇到挫折，她也将心怀信念，砥砺前行。

宁静致远，方得始终
——徐特立奖学金获得者叶玉胜

叶玉胜，北京理工大学材料学院环境工程专业2013级的一名博士研究生，在北京理工大学学习生活了接近9年。从本科到博士，他十年磨一剑，稳扎稳打，积累了深厚的专业知识。他的主要研究方向为高比能锂硫电池关键材料及关键技术。已经发表学术论文10篇，其中8篇被SCI收录，7篇为材料领域Top期刊，国际学术会议2篇，总发表论文总累计影响因子超过93。目前已经申请专利7项，获得专利授权1项。在发表的文章中，单篇影响因子最高达到19.791，影响因子大于10的文章5篇。博士期间共以第一作者或者共同作者发表SCI论文27篇，总引用次数超过560次。2017年，获得北京理工大学"徐特立奖学金"。

没有什么起点的输赢

2008年，第一志愿是"国际经济与贸易"，高中时理科中化学成绩最不好，笑称"以后一定不要学化学"的叶玉胜来到北京理工大学，开始这个与化学息息相关专业的学习。与大家印象中科科近满分的"学神"形象不同，他曾因为C语言上机操作的系统故障不幸挂了科，他笑称"完整了本科生活"，也因此没有获得保研资格。最后他选择考研方式，留在北理工继续自己的科研之路。

出于对研究方向的热爱，用他自己的话说"这是真正对人类有意义的事情""做起来觉得挺有意思"，他不断努力钻研，获得如今诸多成绩。所以，没有什么起点的输赢，重要的是每一个努力的当下。人生处处是起点。

所谓的"幸运"都是积累

大三加入大学生创新项目,被叶玉胜称为是"改变人生轨迹"的事情。那时起他开始接触锂硫二次电池这个方向,开始接触科研,这是他第一次领略到材料之美,也是他从事科研道路的重要起始点。经过两年时间的不断实验,其项目最终以优秀的成绩完成结题。这一做,就是八年。因为提前进入实验室,并且在大创项目中取得了不错的结题成绩,在进入研究生后,他"幸运"地成为吴锋教授的学生,并有幸同时得到吴锋教授和陈人杰教授的亲自指导。

两位教授为他创造了良好的实验条件,并进行相关专业知识的系统学习和科学研究技能的培训,并带他参加全国电池能源材料的相关学术会议,聆听材料领域的学术前沿。这些知识与知识之间的相互碰撞,点燃了他对科学研究的激情。厚积薄发,他以北京理工大学为唯一单位在国际顶级期刊《Nano Letters》上发表了学术论文,这是他独立完成的第一项高水平研究工作。该篇论文发表之后获得国内外学者的高度关注,并被同领域最杰出的研究工作课题组,如 Cui Yi、Linda Nazar 和 Arumugam Manthiram 等课题组多次引用。他的研究成果被应用于大规模生产试验,把目前锂硫软包大电池的循环寿命水平从 30 周延长到 247 周,对未来实现锂硫电池的商业化具有重大意义。然而他并没有放松科研的脚步,紧接着他又以北京理工大学为第一单位在国际顶级期刊《Advanced Energy Materials》上发表学术论文,在当期访问下载量排名第五,并以高创新性工作被 X-MOL 平台邀请撰写相关的研究新闻进行报道。不仅如此,他以共同第一作者身份在国际顶级期刊《Advanced Functional Materials》上发表学术论文,该研究成果被 BBC news、yahoo 新闻等 40 多家国内外新闻媒体报道。该论文在当期访问下载量排名第一,并当选为当期的背景封面。就在 2016 年年底,他的第四篇文章被 Weily 出版社的老牌期刊《Small》小修接收,并有其他 3 篇独立完成的论文正在投稿中。

科学研究被他当成一种乐趣,博士期间他申请了中国发明专利 5 项,授权中国专利1项,申请美国专利1项,发表国际会议论文1篇,以合作作者身份发表SCI高水平学术论文13篇。2014年,他申请获得了北京理工大学研究生科技专项——基于MOFs的全固态高比能锂硫电池研究,并顺利完成结题工作。同时,他还担任学院研究生会的部长,并获得北京理工大学优秀研究生干部、北京理工大学优秀研究生标兵等荣誉称号。他积极参加同领域的学术交流会议,进行多次学术交流汇报,并多次获得优秀会议论文。

2017年3月18日,叶玉胜从北京理工大学毕业,并且作为毕业生代表在毕业典礼上发言。他说"接到通知的时候,我正在公交车上,感觉很荣幸又很意外",而这份意料之外的"幸运",源自他是2017年"徐特立奖"答辩的博士第一名。

叶玉胜特别认同张军校长在2017年度表彰大会上所说的"在同样时间的研究生生涯中,他们和别人不一样的可能仅仅只是一个小小的习惯,或许就是晚上睡觉前多看了两篇文献"。

他也曾在徐特立奖的颁奖现场说过:"科研的过程不是一蹴而就的,而是日积月累的过程,所以要积少成多,要宁静致远。"

"怀感恩之心,行利他之事",他谈及自己成长的过程,其中也在不断接受着其他优秀同学、老师的帮助和影响,采访过程中多次表达了对他们的感谢。他说做这些事情也是一种回馈,而我们看到更多的是纯粹,是他所奉行"宁静致远"的外延。

目标决定高度

《论语》有云:"法乎其上,得乎其中;法乎其中,得乎其下。"目标决定高度。导师对于叶玉胜的定位是做高精尖的工作,发高水平的文章,他也一直以这样的标准要求自己,做实验时反复推敲、精益求精,"尽力做到最好"是他从导师身上学习到的受用终身的优秀品质。

产学研的结合一直是叶玉胜非常注重的方向。为了让他的研究成果走出实验室,他先后拜访了多位教授专家,悉心向他们学习产学研结合方面的相关知识,他把研究成果在工厂中进行规模化试验生产,并取得了成功。其发明设计的北京理工大学特种隔膜装备运行良好,达到日产10平方米聚多巴胺修原位生长修饰隔膜的水平。同时，他自主设计完成的正极材料完成了小试阶段实验，电池的比能量高达 460Wh/kg，显著提高了同等大小锂硫电池的比能量。他还协助导师完成国家重点基础研究"973"计划相关项目，北京市科委重大科技项目，北京市、中央在京高校重大成果转化项目等相关课题。

徐特立奖答辩时，列举发表论文的 PPT 要翻几页才能翻完的叶玉胜说，其实他也经历过很困难的时期。文章被拒四五次，一年左右的时间都在不断地经历投文章、被拒、改文章、再投。已经博二，身边的很多同学都有了文章，达到了毕业标准，但自己却还一篇没有发出去。这时一份影响因子 20 左右的期刊回复，他们影响因子 8 左右的子刊可以接收，询问其是否愿意。其实这样的期刊水平，在当时已经是很不错的了。但经过和导师仔细商量和思考，他认为他对于自己的定位和所做工作的评估都不止于此，于是婉拒了期刊社。重新投稿，最终这篇文章在影响因子 12 左右的期刊顺利发表。

如导师所说"我们要以高水平的文章为主，要宁缺毋滥，做科研的话没有必要为了毕业去做一些这样的工作"，叶玉胜一直按照着这样的想法要求自己。如今以优异的成绩博士毕业，他婉拒个别企业机构的橄榄枝，放弃了甚至是高于普通博士毕业生两倍的薪资待遇，选择继续出国深造。

愿做"利他"之事

叶玉胜讲了这样一件有趣的事情。研究生时期，有一天他在 5 号楼 9 层大厅打乒乓球，恰好本科生来上实验课，有学弟学妹好奇询问其他人这是谁，得知是叶玉胜后突然大家都很激动地来围观。他感觉很奇怪，为什么大家都会认识他，后来得知因为他本科期间考试做完题目后，就尽可能地记住一些题目，考试结束后回到宿舍默写下来，然后提供给学弟学妹们参考。所以"××期末试卷（叶玉胜回忆版）"几年后依然在本科生中流传。

其实，叶玉胜这样的"利他"之事做了很多。本科期间，他担任班级中的学习委员，考试之前，他会细致总结课程重点，复印、分发给全班同学；和其他班干部联系优秀学长和班级同学座谈交流；多次参加高中宣讲，希望

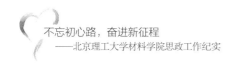

可以和学弟学妹分享经验感受；参加研究生会，作为部长参与举办了学术沙龙、毕业生篮球赛等活动；热心参与老乡会，组织了许多活动……

结　语

高山仰止，川流不息。叶玉胜积极向国内外的专家学者学习请教，并能结合时代的需求，找到适合自己的研究方向和方法。他将依旧会执着地奔走在梦想的路上，抬头是他清晰的方向，低头是他坚定的步伐。怀着对科研的热爱，叶玉胜选择了继续深造，他计划毕业后接着赴美国做博士后工作研究，相信凭借着他不懈追求的热情和顽强拼搏的精神，一定会闯出一片更为广阔的天地。

以梦想铸造未来
——丁才华学长的故事

丁才华学长小时候生活在农村,没有高知识水平的父母,也很难触碰到优质的教育资源。从小到大,因为很多时候父母都不在身边无法帮助自己,所以很多问题常常需要靠自己的能力去解决,很多困难也必须自己一个人面对和克服。但也就是这样的经历,让他拥有了一种不服输的劲头和独立自主解决问题的性格。

丁才华学长是我们有着科研梦想的学子的宝贵楷模。他2015年本科毕业于中国矿业大学,同年保送至北京理工大学材料学院攻读硕士研究生,师从北京理工大学材料学院金海波教授。主要研究方向为过渡金属氧化物纳米材料的制备及其性能(催化性能、储锂性能)开发,研究领域为过渡金属氧化物纳米材料的制备及其性能开发。在《Journal of Power Sources》《Electrochimica Acta》《Physical Chemistry Chemical Physics》等期刊上发表科研论文7篇,其中JCR一区论文3篇,二区论文4篇,总影响因子超过30。荣获"北京市优秀毕业生""北京理工大学优秀毕业生"等荣誉称号,两次获得研究生国家奖学金,最终于2017年获得徐特立特等奖学金。

当我们问他是如何在这么短的时间里取得如此惊人的成就时,他跟我们说是精神的动力推动他不断向前。他曾告诉自己,既然选择读研究生,便不能把这大把的青春时光浪费掉,既然没有在本科毕业后就选择步入社会、成家立业、担起家庭的重任,便一定要在这三年里作出成绩。人要时时刻刻清楚自己的定位,要努力去看清楚未来奋斗的方向,明确目标所在;更要懂得"积跬步,行千里,得始终"的道理,踏踏实实,一步一个脚印,为自己的选择负责,为自己的誓言负责。

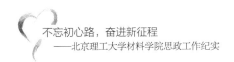

千万个梦想汇聚成中国梦想，当我们个人把祖国的发展融入自己的梦想中去，那么我们梦想的实现便可以为中国梦的实现添砖加瓦。他说他的梦想是成为一名出色的工程师，同时通过自己的努力奋斗为自己目前从事的液晶显示屏行业发展注入力量，为祖国实现工业强国的目标，为实现"中国制造2025"贡献自己的一份力量。从中我看到的是他的爱国情怀。

自古仁人志士心中都有着爱国情怀，他们心中永远把自己的国家放在第一位，《岳阳楼记》中范仲淹的"先天下之忧而忧，后天下之乐而乐"的大任担当，《礼记》里修身齐家治国平天下的人生理想，陆游在《示儿》中"王师北定中原日，家祭无忘告乃翁"的坚定执着，向我们展现的都是中华优秀传统文化中的爱国情怀，这份情怀融入我们的血肉，从古至今代代传承。

（文：王大蔚）

第二章 党旗飘扬在科技报国的阵地上

传承红色基因,发扬延安精神

时代的进步离不开科技的发展,一个国家的繁荣昌盛也与科技息息相关。从人类发展的历程来看,创新是引领发展的第一动力,技术革新会带来生产力的迅速发展。在科技飞速发展的今天,新一轮科技革命和产业变革正在重构全球创新版图,重塑全球经济结构。中华民族在今天能够屹立于世界民族之林,与科学技术的发展密切相关;中国能够从近代以来饱受帝国主义侵略的国家,发展为今天的科技大国与世界第二大经济体,得益于中国共产党对科技事业发展的领导和推动。

历史把实现中华民族伟大复兴的重任交给了中国共产党,中国共产党人深刻认识到科学技术对一个国家和民族的支撑作用,党的历代领导人也根据中国国情制定科技发展战略。北京理工大学是中国共产党创办的第一所理工科大学,诞生于中华民族生死存亡的关键时刻,其前身为延安自然科学院。80年前,党中央在革命圣地延安创办了延安自然科学院,由此开启了中国共产党领导下自然科学教育的先河。当时的中国正处在战火纷飞的年代,北京理工大学自建校之日起,就与党和国家同呼吸、共命运,一代代北理人始终以中华民族伟大复兴为己任,以科技报国为科研目标,为国家贡献自己的智慧和力量。经过80年的发展,北京理工大学形成了鲜明的国防特色,服务于国家重大战略需求,为国家实现工业信息现代化和国防现代化作出了巨大贡献。

材料科学是国民经济发展的重要支撑,是航天航空、信息、国防等高新技术进步的基础。北京理工大学材料科学与工程学科自设立之日起,就始终坚持与国家发展和民族复兴同向而行,坚持瞄准国防战略需求和科技前沿,为国家科技发展和国防建设作出了巨大贡献。

我们的科学研究始终面向国防需求。在庆祝中国人民解放军建军90周年阅兵之际，北京理工大学参与了 29 个方队和 8 个作战群的装备研制工作；在国庆 70 周年阅兵场上，北京理工大学参与了 26 个装备方队、10 个空中方队的研制，深度广度均为全国第一。北京理工大学材料学院自成立以来就承担起众多国家"973""863"等国防科工项目，学院在几十年发展过程中，形成了特色鲜明、优势突出的材料学科，在高应变率、燃烧、爆轰等极端条件下装备服役的特种材料方向形成了自己的特色，数十年间为国家的国防事业作出了巨大贡献。

我们的科学研究始终面向国际前沿，面向国家经济需求。北京理工大学在新中国科技史上创造了多个第一：第一枚二级固体高空探测火箭、第一辆轻型坦克、第一部低空测高雷达、第一台 20 千米远程照相机等，在精确打击、高效毁伤、机动突防、远程压制、军用信息系统与对抗等国防科技领域代表了国家最高水平。北京理工大学的材料科学学科在国际排名达到前 1‰，在含能材料、毁伤与防护材料、阻燃材料和特种涂层等研究领域均走在国内一流、国际前列。材料学院自成立以来，承担了国家多个五年计划中科研项目的研制，众多研究成果完成了技术成果转化，实现了在具体型号上的应用。

我们的科学研究传承红色基因，发扬延安精神：实事求是，自力更生，艰苦奋斗。才鸿年院士研制的薄装甲钢为我国的复合装甲材料与结构研究奠定了基础；方岱宁院士在先进材料与结构力学方面的研究在国际首颗增材制造卫星、国内首例轨道交通装备主承力异型复合材料悬浮架结构等高端装备结构中获得应用；吴锋院士围绕国家重大需求，探索不同二次电池体系间的技术融合，在电池反应理论、关键材料和工程化技术方面取得了创新突破，为国家新能源材料和新型二次电池的研发和产业化作出了重要贡献；王富耻教授研制的新型战斗部合金材料、高温高能防护涂层材料已应用于重点装备，填补了国家空白。

北京理工大学从延安走来，80 年来矢志不渝报国志，延安根、军工魂感染着一代又一代的北理工人。北理工材料人也始终以科技报国为己任，材以养德，料以治学，勇攀科技高峰，不断向科技的深度与广度进军！让党旗飘扬在科技报国的阵地上！

（文：王凯华）

浅谈科技创新与家国意识

邓小平同志提出"科学技术是第一生产力"。同样,马克思主义的基本原理也告诉我们,生产力中包括科学技术,人类社会的发展离不开科技的进步。人类与其他动物的区别就是会创造并使用工具,科技进步使得人类比其他物种更早地迈入了刀耕火种的生活方式;工业革命进一步发展了社会生产力,加速了人类文明的进步和发展;进入21世纪,科技的发展速度再一次将人类文明带入了一个新的高度。可以说科学技术的发展史就是人类文明的进化史。而创新则是人类充分发挥主观能动性的体现,创新是科技进步发展的不竭动力和源泉。

何为家国意识?它与科学技术这样具体的事物不同,它是抽象的,是公民对国家的认同、认知,是社会个体基于对自己祖国的历史、文化、国情等的认识和理解,而逐渐积淀而成的一种国家主人翁责任感、自豪感和归属感。那么科技创新是如何与家国意识联系起来的呢?只有国家科技发达、国家强盛,才能更好地唤醒社会个体对祖国的集体认同感;也只有在人人拥有家国意识的社会氛围下,才能更好地推动整个社会的科技进步。

党的十九大提出了新时代坚持和发展中国特色社会主义的基本方略,开启了全面建设社会主义现代化国家的新征程。站在新的历史起点上,在习近平新时代中国特色社会主义思想指引下,为汇聚建设世界科技强国、实现中华民族伟大复兴中国梦的磅礴力量,向全国广大科技工作者提出倡议:忠于国家、服务人民,把论文写在新时代中国大地上。大力弘扬心有大我、至诚报国的爱国精神,牢固树立强烈的民族自豪感和文化自信心,自觉做增强"四个意识"、坚定"四个自信"的忠诚践行者;把满足人民对美好生活的向往作为科技创新的落脚点,把惠民、利民、富民、改善民生作为科技创新的重要方向，把科技成果应用在实现国家现代化的伟大事业中，把个人理想和人生追求融入国家富强、民族振兴、人民幸福的伟大奋斗中。

在当今经济全球化、世界多极化的大趋势之下，国际社会的形势也越来越复杂，国与国之间关乎科学技术的竞争已经接近白热化阶段。最近几年甚嚣尘上的"中美贸易战"，美国政府没有任何征兆地对我国的出口商品提高了关税，造成国产商品在北美市场难以流通，与此同时也加大了多个领域核心技术的封锁，比如芯片产业。贸易战的本质其实就是科技战，很长一段时间内，我国都无法独立生产出国产芯片，归根到底还是光刻机的精度不足。经过近几年的飞速发展，我国芯片产业已经拥有了越来越独立的生产流水线，也逐渐研发了属于自己的芯片生产技术。不过悲观的是，即使不远的将来，我国在芯片行业最终打破了封锁，只要国际竞争关系还在，就依然会出现下一个"芯片产业"。要想从根本上摆脱受制于人的局面，本质还是国家综合科学技术能力的进一步突破。每个国家的科技发展都不是一蹴而就的，它是一个漫长的过程，会受到本国国情、国际条件等诸多因素的影响或限制。这其中起着中流砥柱作用的就是科学家，科技发展的本质离不开人的主观能动性，科技的发展需要无数的科学家前赴后继、穷尽一生的努力。只靠个体的信念很难支持他们做到这一点，所以我们需要将每个人对于科学、真理的追求凝聚成一股为了国家、为了民族而不懈奋斗的民族大义。这种将自我与家国结合起来的力量就是科学家们的家国意识。在不停歇的科学创新中融入更多以国家、民族的发展为目标的动力，与此同时，在这样家国情怀的科研氛围下更好地带动一批又一批有志青年，以报效祖国、复兴民族为驱动力，热爱科研、投身科研。这就是科技创新与家国意识相结合才能产生出的良性氛围与强大的凝聚力。

中国工程院院士、中国"芯片之父"邓中翰将闪亮的"中国芯"成功植入世界IT的银河。身为中国芯片的先行者，21年来，邓中翰带领团队坚持自主创新，实施"星光中国芯"工程，实现了15大核心技术突破，拥有3 000多项国内外专利，开发出拥有自主知识产权、国际领先水平的数字多媒体芯片，结束了中国无"芯"的历史。邓中翰在美国完成学业之后，创建了自己的电子公司，市值一度高达1.5亿美元，但他仍一心希望建设祖国自己的科技产业体系。中华人民共和国成立50周年庆典上，邓中翰受邀回国，在天安门广场观礼台观看了盛大的阅兵式和群众游行。中华人民共和国成立以来的各项成就、人民军队的精神面貌带给了他极大的触动，邓中翰感慨道："我从小就接受国家的培养，享受改革开放之后出国留学的机会，可是还没有真真正正地为国家作出过贡献。作为一个青年代表，能有这样的机会亲临现场，感受祖国的发展与壮大，我的内心受到了极大的震撼，我为我是一名中华儿女而感到自豪！"从那一刻开始，邓中翰坚定了带团队回国发展的决心，立下誓言："要为祖国打造芯片长城。"从结束中国无"芯"历史，到打造国家安全名片，"星光中国芯"工程20多年来取得的进展和成果，是我国集成电路产业核心技术研发及大规模产业化的重大突破，是我国电子信息产业通过自主创新从"中国制造"迈向"中国创造"的成功案例，充分体现出国家创新发展政策的有效性。邓中翰不仅拥有科研工作者艰苦奋斗的精神以及追求创新的情怀，而且始终将国家的利益放在个人利益之前，把自身的命运与祖国、民族的命运相结合，这便是我们所提倡的科研人员都应该具有的家国意识。

在材料领域，诸如此类的案例屡见不鲜。一个国家能否在国际社会的竞争中拥有发言权，很大程度上取决于该国的军事实力。我国目前在航空材料领域遇到的一大"卡脖子"难题就是航空发动机涡轮扇叶的材料研发。如果不能研发出足够高强度的材料，航空发动机的生产依旧无法独立自主，核心技术受制于人将大大阻碍该领域的发展。解决此类困境唯一有效的手段就是大力发展科学技术，将尖端领域的核心科技牢牢掌握在自己手中。谈到这里我不禁联想到本科阶段的科研工作经历，关于新型高性能吸波材料的制备。当我接手课题时并没有把这个科研项目与家国这种宏大的概念结合在一起，单纯地认为我做的课题只是小到不能再小的一个项目。可是在开题阶段我就被"创新点"给难倒了，一个残酷的现实摆在我的面前：广泛调研相关领域文献之后，我发觉几乎所有的材料体系都已经有团队率先做过了，好不容易总结下来的新思路也因为种种客观原因无法投入实践阶段。创新在科研领域实在是一个听者易、做者难的事情。在一个发展具有一定规模的学科领域，许多创新点子都是被前人验证过的方案。要想在一个方面突破哪怕一点点科研进展，也需要不懈的努力和创新的科研思维。而支持万千科研工作者兢兢业业不断推动国家整体科技创新进步的便是他们心中永远坚守的家国情怀。

我所做的课题,仅仅是一种新型的吸波材料,它的吸波性能或许并不能称得上优秀,生产成本也不是最低的,甚至它能给其他科研工作者提供的帮助仅仅是"这个制备方案无法投入实际生产"这样的反面教材。但每个领域的科学进步不就是由这样点点滴滴的创新想法与试错积累而成的吗?正所谓"不积跬步无以至千里,不积小流无以成江海"。歼20隐形战斗机的成功上天,也是由一代又一代具有家国意识,将国家和民族的利益放在第一位的科研工作者们,一次又一次的成败、创新聚集而成的智慧结晶。

但是,科学技术的进步又谈何容易,这需要整个行业,乃至整个国家的每一位公民,在自己的岗位上不断的努力和奋斗,也需要每一个领域的科学工作者不计较个人的得失,为了科研工作的推动而奋斗终身。只有在整个社会营造出这样一种科教兴国、科技强国、创新报国的家国意识,将科技的发展进步与家国观念紧密结合起来,才能从本质上为科技的发展、国家的富强和民族的复兴不断提供动力!

(文:许可)

心怀梦想，矢志不渝

材，可通穹宇，料，可定天下。利用自然界的材料制造工具使人类成为地球的主宰，合成和创造出各种新材料使人类文明可以脱离地球的束缚。材料是人类赖以生存和发展的物质基础，是发展现代工业的基石，是现代科技进步的核心。大国重器，科技振兴，离不开新材料的研究和开发，离不开代代材料人矢志不渝的卓越奉献。

"中国'卡脖子'的领域，一大半是材料问题"，"新材料的确是当今科学技术发展的物质基础和技术先导"，"我国目前许多关键工业领域的材料问题没有很好解决，影响了弯道超车"，材料的重要性无处不体现。

20 世纪六七十年代，国家发展三线计划，而我的祖父辈响应国家号召，到西南地区的大山深处支援三线建设，"献了青春献终身，献了终身献子孙"。我出生和成长在这样一个三线军工人家庭里，从小便怀揣远大理想，矢志科技报国。也正因为有这样的一股力一直推动着我向前走，填报高考志愿时毫不犹豫地选择了北京理工大学，下定决心将来要从事科学研究，本科读完还要继续读研究生，要在关键领域寻找新材料。由于对科研怀有浓厚的兴趣，对于攻克材料难题的这种强烈追求，也一直伴随着我。

经历十年寒窗，终于开出了芬芳。当收到北京理工大学入学通知书时，我把踏入大学校门、开始大学学习作为新的起点，继续努力。2017 年进入北京理工大学仿佛还是昨天，而明年的我即将本科毕业，保研至本校继续攻读硕士学位。一步一个脚印，践行着自己的理想信念。从大学一年级期末考试班级中下游，到获得第一个校级奖学金，到发表第一篇 SCI 论文，获得国家奖学金……品尝到努力之后成功的喜悦，更锻炼了我百折不挠的意志。

能够进入北京理工大学来实现自己的梦想，我觉得十分荣耀和欣慰。北

不忘初心路，奋进新征程
——北京理工大学材料学院思政工作纪实

京理工大学诞生于延安烽火中，成长于新中国建立期，奋进于改革开放时，虽历尽波折，但作为新中国第一所国防工业院校，培养了一代又一代献身军工的人才，从延安自然科学院老院长徐特立，到"中国枪王"朵英贤、"中国预警机之父"王小谟，北理工人始终不改报国初心，传承"延安根、军工魂"红色基因，谱写了与民族共命运、与时代相偕行的壮丽篇章。延安根脉、报国情怀，是铭刻在每一位北理工人身上的基因标识和成长密码，也是北京理工大学赋予我们的气质品格。

说起我的科研之路，也和军工有缘，那是大二时一次偶然的机会，进入课题组参与电磁吸波屏蔽领域的相关研究。那时的我只知道可以吸收电磁波的材料对我们国家的航空航天领域一定有着很大的意义。那时，每周从良乡到中关村的实验室之路，每周几十篇的文献阅读，每周都在寻找最合适实验方案的探讨和试验。那时，在老师和学长的指导下，进行着一次又一次的制备实验，重复着一次又一次的表征测试前的紧张，害怕合成的样品形貌不理想，担心制备出来的试样性能不如预期，到写文章时更是一次又一次的修改，这些不仅仅是一次选择，更意味着一份重托、一项使命、一腔热忱。回顾走过的路，十分庆幸我进入了北京理工大学求学，庆幸我在课余参加了课题宣讲会，庆幸我遇到了良师益友。第一次做课题就遇到了曹茂盛老师。曹老师是材料学院教授、博士生导师，承担过"973""863"等多项重要项目研究，曾获多项国家级、省部级奖项，主持完善了高温和烧蚀电介质材料的微成分微结构反演分析，揭示了"空—天"特种服役环境中典型电介质材料高温电性能演变规律，发展了新型热透波材料，原始性描述了非理想石墨结构纳米复合材料的高温电荷输运、高温介电弛豫及微波能量衰减，设计了面向高温电磁屏蔽和微波吸收技术目标的新概念电磁功能材料。除了带领研究生及博士生进行科研工作，曹老师还给材料学院大一学生讲授专业课材料科学概论，可以说，曹老师的材料科学概论课堂，是同学们认识"材料"的窗户，也是同学们与"材料"相互了解、沟通交流的桥梁。俗话说，名师出高徒，希望今后不会辜负老师的期望。

纵观天下，风云变幻，世界正经历着百年未有之大变局。落后就要挨打，要想改变这个弱肉强食的野蛮世界，就必须自身拥有强大的实力。当前，我们国家发展正处于战略机遇期，机遇即挑战。北京理工大学从创立之初就肩负着增强国家军事实力的重任,我们作为北理工人,要抓住机遇,迎接挑战,创新正当其时,圆梦适得其势。

  我有幸成为北京理工大学的学生,有幸生活在这样一个鱼跃鸟飞、波澜壮阔的时代。未来的日子里,我会继续努力,将北京理工大学赋予我们的科学之光植入科技报国的理想,在激情奋斗中绽放青春光芒,作出无愧于人民、无愧于青春的抉择,保持爱国奋斗、求真务实的精神,争做军工报国的可靠接班人,成长为担当民族复兴大任的时代新人!

(文:杨昕钰)

秋日一抹红色剪影

时值深秋，北京理工大学的树叶已经红了一半，掺着秋日独有的深深浅浅的橙黄，和着风，层层叠叠地簌簌荡起。不知不觉入学已经一个月了，我渐渐熟悉了学校的各项事务，也渐渐熟悉了讲台上、实验室里那些笔耕不辍的身影。

前些日子，我们有幸在国际交流中心见到了吴院士，老师亲切地给我们这些后辈答疑解惑，不吝赐教。每当谈及科技创新相关的看法时，特别强调我们今后的科研工作要以国家和人民需要为导向去展开。谈到这个话题的时候，老师也显得更为激动，神采飞扬，目光熠熠，和秋日高阳交相辉映。窗外，校庆日挂起的红色条幅仍在跳跃，"特立潮头，开创未来"仍然清晰可见，仿佛就真的随着那抹红色跃上了心间。

一时竟有些恍惚，好像看到了那条始于延安的路，蜿蜿蜒蜒，缠绕着红色的丝带，连着红色的血脉，绵延至今。

透过校史馆的橱窗，北京理工大学 80 年的发展始终和国家需求联系在一起。战火纷飞的岁月里，师生排除万难，从延安的窑洞一路北上，发展至今。这一路发展始终离不开党领导的深切关怀，在关键时刻总有前辈力挽狂澜，保护了这支来自延安的红色力量，让师生免于战火侵扰，专注科研。北京理工大学师生也不负所望，充分发挥敢为人先的精神，不辞辛苦，为国奉献，同时创造了众多国之重器。

建校伊始，国家就对于北京理工大学寄予厚望，即使在国家最艰难的时期，仍然大量补贴北京理工大学师生生活费学习费，让师生没有后顾之忧。党和国家对北京理工大学如此用心，学校在那段岁月中快速成长；之后国家重要领导人的亲临指导也充分体现了党中央对学校的亲切关怀。为使如此辉煌延续，我辈自当努力。

1978年是北京理工大学不平凡的一年，取得的科研成果全国瞩目，取得的国家奖项位列全国高校之首，也在人民心中留下国防之于北京理工大学的深刻印象。在这些成就的背后，有着无数奋斗在科研一线的师生，有着在爆破试验中牺牲的四位英魂，正是这群师生铸就了北京理工大学的气节和风度。

展开北京理工大学的历史长卷，在这80年里，风云诡谲，物换星移，但是北理学子始终保持科研报国的初心，和祖国母亲一同成长，为社会主义事业添砖加瓦。

从前一直总觉得科研十分艰深，觉得像吴院士这样在行业里举足轻重、制定标准的人很遥远。但是当我真正面对老师，心领教诲的时候，才真正意识何为国士无双。吴老师跟我们讲述了一些以前的故事，包括生活、科研种种，我们也慢慢明了前辈来时的路，国家、学校、个人紧密地联系在一起，在这条路上，出现频次最高的主题，是个人努力和国家需求，前辈们也正是将科研之志寄寓国家之帆，他们的科研之路才如此坚定深远。同时对于个人而言，价值实现和社会需求结合，通过努力最终互相成就所带来的满足感无可比拟，无数优秀前辈已经为我们树立榜样，不忘初心，才可著述等身，方得始终。

身为材料学院的一员，各位前辈的成果累累，在国计民生、国防科研中都作出过卓越贡献，学生钦佩之至并心向往之。现在课题组的研究领域是能源电池材料，随着近年来能源问题的日渐凸显，世界范围内能源材料都是研究的热点。之于我国，国家战略部署的"十三五""十四五"规划中，新材料、新能源的内容都占据了相当篇幅，这表明国家对于相关项目的重视程度，同时也说明在这些领域还存在着很多关键性的技术问题等着我们去攻关。我也意识到可能自己的工作会对行业的发展略尽绵薄之力，这段路有着千万志同之人同行，这样的想法让我觉得是幸福的。

科研之路漫漫而修远，孤独行走若没有心间明灯必不能致远，途中总有挫折，但是初心随行，不说是排除万难，却也至少有了逢山开路、遇水架桥的勇气，在实现个人价值和幸福的同时，多一些不为什么的坚持，或是多一

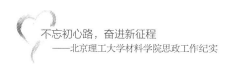

些非功利色彩的追求，可能会走得更远。

北京的秋天很有存在感，秋风乍起，便飞起一群黄叶，就在这个秋天里播种，明己志，初心律身，希望能够真正灌溉出坚实硕果。

（文：张祺悦）

生活在材院

自今年浙江高考"满分作文"事件以来，许多以某个学科为主题的二次创作纷纷出炉。但是，即便人们创作热情高涨，也没有材料科学的段子出来。鄙人斗胆借着二次创作之名，胡乱扯些不知所云的词句，或多或少掺杂一点自己的想法，以博诸君一乐。

现代物质科学学术界以菲利普·安德森的一句"在每一个层级上，我们都会遇到迷人的、非常基本的问题"为嚆矢。滥觞于物理主义和机械唯物主义的还原论正失去它们的借鉴意义。但面对看似无垠的大千世界，我想循马克思"普罗米修斯情结"而成为黑格尔"密涅瓦的猫头鹰"好过自由而过早的实践。

我们怀揣军工报国的志向被赋予对民族复兴的追求，不屑于为赋新词强说愁式文艺青年的梨花体，钟情于革命和红色的激昂。但当这种赤诚流于对当下的任务不假思索地行动，乃至走向彻底的实用和经验主义时，便值得警惕了。现代形而上学的爆炸、纷繁向来不能为质料的零碎张本。而纵然我们已有充实的奠基，仍不能自持已在平地高楼上抽去了自己的木橛。

"传统可能只有在它终结之时，即当人们甚至不再反抗它之时，才充分地展现它的强制力量。"汉娜·阿伦特之言可谓切中了肯綮。智识的自我性是不可祛除的，而智识主体的叱咤风云也无时无刻不在因风借力。自然暂且被我们把握为一个彻底祛魅而作为他者的客体，一定程度上是因为我们尚且缺乏能动性与思辨性去把握自在自为的意志，而现实的错位更远在认知的错位之上。

在孜孜矻矻以求宇宙真理的道路上，对知识的想象本就是在学校与工厂对接中塑型的动态过程。而我们的底料便是对不同理论体系、不同物质生产领域的思索和实践。密涅瓦的猫头鹰在日落西山、夜幕降临之时才开始飞翔。它的思辨观念是后起的，也是在反身的思索之中结晶的。倘若我们将过往的现代形而上学借韦伯之言化为"工具理性"后，又将不断膨胀的零碎的质料化为"工具理性"，那么在丢失外界预期的同时，未尝也不是丢了真理。

毫无疑问，从学校与工厂角度一觇的知识有偏狭过时的成分。但我们所应摒弃的不是对此的批判，而是其批判的廉价，其对批判投诚中的反实践倾向。在马克思的观念中，如果在达到人对其本质的复归和重新占有之前，略去了劳动的异化和劳动成果外化为私有财产的过程，那其"自我异化的扬弃"洵不能成立。何况当老年的普朗克试图坚守已被推翻的经典物理体系，在无可辩驳的实验结果面前残守阵地，将其毕生所搭建的范式体系降格为以往范式的保护带时，我们没资格斥之以保守。

实践上的落差终归只是劳动上的区分，在上层建筑中的分野也未必明晰。譬如当我们追寻心之所向时，在途中涉足权力的玉墀，这究竟是伴随着期望的泯灭还是期望的达成？在我们塑造知识的同时，知识也在浇铸我们。既不可否认现实的学校与工厂对我们社会的塑造，又承认自己对真理的想象有轻狂的失真，不妨让思辨走在实践之前。用不被禁锢的头脑去体味柏拉图洞喻中耀眼的阳光，并效马克思之言，作为世界历史性的个人去消灭现存的状况。

用密涅瓦的猫头鹰体现思辨的超越性，保持婷直却又不怠惰于实用主义的工具理性，这便是黑格尔为我们提供的对知识想象的范式。密涅瓦的猫头鹰——始终热爱真理——自在自为。

（文：枫荻）

第三章
我的入党初心

诗词三首

念初心

一片丹心不忘初,百年风雨未为疏。
自古人生谁无竟,我辈于今定有庐。
天地久知非草木,江山何处是樵渔。
从今更欲赴国计,此去使命应如故。

满江红

大好山河,谁整顿、金瓯无缺。
擎天手、井岗旗举,延安勋接。
不是尊王称帝愿,但为人民解放业。
洗恶腥、热血洒歌台,花如雪。

妖氛扫,清宵节。
明镜净,浮云灭。
照乾坤多少,士民欢悦。
举旗定向开盛治,百年未忘初心诀。
问前路、继往谋新篇,神州跃。

清平乐·追思人民英雄

追思英烈。慷慨青史业。
残旗漫卷疆场血。

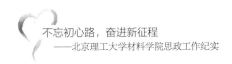

不忘初心路,奋进新征程
——北京理工大学材料学院思政工作纪实

看遍了,郊原月。

欣逢盛世中华,同心共筑康家。
锣鼓一声响彻,万民齐颂红霞。

(文:材欣)

诗两首

他

在战火和硝烟中,
他扬起了一面红旗。
　冲锋的号角
　　正在吹响,
　　　身后
是誓死捍卫的家园。

在饥饿与贫穷中,
他勾画了一个圆圈。
　改革的机器
　　正在启动,
　　　眼前
是无路可退的未来。

沉睡的雄狮渐渐苏醒,
　遍体的伤痕,
　　渐渐愈合。
　　　黑暗渐退,
　　　　红日初升。

人们沉醉在，
久违的温暖中。
光明啊！
是否触手可及？

角落的黑暗逐渐侵蚀。
贪婪的野心，
初显狰狞。
高楼之下，
隐匿腐朽。

他背光矗立，
黑暗隐匿在身后。
大吼一声！
别忘了，
你们是谁！
别忘了，
你们的初心！

满目苍夷中，
他画出一道红线。
科学的发展，
不可忽视。
脚下
是我们深爱的土地。
别让它，
变得千疮百孔。

中国梦啊，
化作一只飞鸟。

他的企盼,
洒向大地。
在丝绸之路上,
发出金色的光芒。

他也老啦,
但是
那又如何?
两鬓的白发
换来的是,
世界的中国!

七十年
还有许多年
还有
他。

红旗

你,
来自山川,
被初升的红日
染上鲜红。
那是,
无比绚烂的朝霞。
正如
新生的中国。

你,
来自渔村,

被工人的热情
染上鲜红。
那是,
不能抑制的奋进。
正如
改革的中国。

你,
来自村庄,
被农民的血汗
染上鲜红。
那是,
无法停止的步伐。
正如
脱贫的中国。

你,
来自武汉,
被医护工作者的奉献
染上鲜红。
那是,
来自黑夜的光明
给人们带去希望。

你从苦难中走来
留下一路辉煌,
我该怎样歌颂你
我的祖国。

(文:刘双)

那年华时

凌晨三点的长安街灯火通明
耳边是我和我的祖国清唱乐
我们静静地
却藏不住心中激荡

早晨九点
轰隆声从天空从陆地从远方
靠近
鲜艳的旗帜
鲜艳的符号
鲜艳的交响
我们整装待发

城墙上面是开创者
长安街上是奋进者
对视的瞬间
已然将心都交付给了这盛世

那年华时
我的心潮汹涌
自豪、难忘、自信、感慨万千
止不住的

是热泪
是热情
是放声高歌的肆意
是万千期待的回响

举国欢庆
如愿盛世

新年伊始
春运如常
行人匆匆停不下脚步
突然一场漩涡
搅散了人流
压力四面八方蔓延

封锁、围困、限制
里外两个世界
里面的人紧张、祈盼、静止
外面的人紧急、奋力、波动

一个叫党员的人
和一个叫医生的人
带着外面的人
冲在了漩涡中心

自设围栏
戴上口罩
逆流将他千疮百孔
他又换上新的围栏
反复

反复

漩涡变得强大
逆流卷走了许多个人
外面的人看着
流泪
却从不停歇

里面的人看到
不断有人从漩涡里进去从漩涡里出来
于是自发
支援

外面出现了许多人
社区工作者
志愿者
警察
交警
开运货车的司机
经营饭店的老板
工人
艺术家
……
在里面和外面连接了一条线
这条线
我叫它
中国力量

漩涡开始变弱了
但没有一个人放松警惕

不忘初心路，奋进新征程
——北京理工大学材料学院思政工作纪实

在中国共产党的领导下
恪守、支援、奉献、无私
已然变成常态化
我看到血与泪铸成的屏栏
将我保护在里面
我抚摸
我感受
我心疼
我庆幸
我也更加坚定
我应该成为保护别人的人

那年华时
已然是新的出发点
今年华时
历经洗礼
给憧憬附加一层脚踏实地
重建进行时
等待涅槃重生
我也在蜕变
向着信仰的方向

（文：马璟）

坚定初心跟党走

前　言

2017 年 10 月，习近平总书记在党的十九大报告中指出，"中国共产党人的初心和使命，就是为中国人民谋幸福，为中华民族谋复兴。这个初心和使命是激励中国共产党人不断前进的根本动力"，一语道出了共产党人初心和使命的含义。

2019 年 5 月，中共中央政治局召开会议，研究部署在全党自上而下分两批开展"不忘初心、牢记使命"主题教育活动，围绕"守初心、担使命，找差距、抓落实"的总要求，深入学习贯彻习近平新时代中国特色社会主义思想，擦亮初心，践行使命。

2020 年是全面建成小康社会、实现第一个百年目标的收官之年；2021 年即是我们党成立 100 周年，也是落实"十四五"规划、向第二个百年目标奋斗的开局之年；在此历史交汇之际和中华民族伟大复兴进程中的重要节点，坚定初心和使命，具有特殊的意义。

作为一名北理工的学生党员，2020 年是我入党的第四年，虽然入党已有一段时间，但是回忆起入党时的动机和心理，追溯我的入党初心，仍然记忆犹新。

启蒙教育——与党初相识

我的家乡位于江西省赣州市，是一片拥有光荣历史的红色热土——这里是全国有名的革命老区，艰苦卓绝的三年游击战争在这里打响；这里是中央苏区所在地，彪炳史册的中华苏维埃共和国在这里奠基，毛泽东、朱德、周恩来等老一辈无产阶级革命家均在这里战斗、生活过；这里还是万里长征的起点城市，从这里出发，中国共产党领导中国人民英勇革命，向全中国和全世界宣告，中国共产党及其领导的人民军队是一支不可战胜的力量！

"为有牺牲多壮志，敢教日月换新天。"革命的过程伴随着流血和牺牲，据官方统计，赣州为革命牺牲的烈士多达10.8万人，占江西省烈士总数的43%，占全国烈士总数的7%，仅兴国一县牺牲在长征路上的就有1.37万人！我有时在想，是什么东西可以让他们甚至愿意奉献自己的生命去追随？如果有一个共同的答案，那一定是党的领导和为实现共产主义的崇高理想！为了党，为了共产主义，家乡的英雄儿女不畏牺牲跟党走，艰苦奋斗勇革命，书写了一部可歌可泣的革命英雄主义史诗！

这就是我的家乡，我在这里出生，也在这里成长，这些苦难辉煌的历史和革命英雄的事迹对我来说是宝贵的精神财富，是一次次爱国主义和革命教育的洗礼，它们深深地触动着我的心灵，让我对党充满了向往和敬意，也在我当时幼小的心灵里，埋下了一颗爱党爱国的种子，让我更加珍惜当今和谐稳定的幸福生活。

入队入团——青春心向党

2003年，我进入小学开始了我的学习生涯。在这里，我加入了中国少年先锋队，成为一名光荣的少先队员。学校每周都会进行庄重严肃的升旗仪式，看着冉冉升起的五星红旗，再看看胸前飘扬的红领巾，这鲜艳的红色仿佛在向我诉说着革命先烈们浴血奋斗的岁月，心中总有一股浩气在回荡，总有一股暖流在涌动。

少先队是建设社会主义和共产主义的预备队，少先队员是共产主义事业的接班人。当时的我可能并不知道共产主义的含义，但我知道拥有共产主义理想的革命先烈都有一个共同的身份——共产党员。"没有共产党就没有新中国"，正是一代代共产党人不怕牺牲、前赴后继，团结带领全国各族人民的艰苦奋斗，才有了新中国面貌的焕然一新。

随着年龄的增长，我的知识和阅历也更加丰富，特别是通过中学思想政治和历史课程的学习，我对党的认识也更加深刻。2009年，进入中学的第一学期，我加入了中国共产主义青年团。"我志愿加入中国共产主义青年团……吃苦在前，享受在后，为共产主义事业而奋斗"，至今我仍然记得当时老师带领我们面向团旗庄严宣誓时，心情难以掩饰的激动！正如团歌所写，"我们是五月的花海，用青春拥抱时代；我们是初升的太阳，用生命点燃未来"，共青团员是一群洋溢着青春梦想的群体，是一群寄托着未来希望的群体，共青团是中国共产党领导的先进青年的群团组织，是党的助手和后备军。而那本墨绿色封面却有沉重分量的团员证，至今仍保留在我的身边，因为它见证了我从团员一步步向党组织靠拢的步伐，也见证了我入党初心一步步坚定的过程。

梦圆北理——党性再提高

2015年，通过高考我来到了北理工。开学不久，学校组织参观了老校史馆，学习了北理工校史。看着校史馆陈列的一幅幅老照片、一页页文件、一项项荣誉和一项项成果，我深受启发，很感振奋，内心也深受鼓舞。北理工执"抗战建国"理想而生，抗日烽火时期，在极其艰苦的条件下，自力更生，砥砺前行，多次迁校，服务党和国家重大需求，从马兰草造纸到研制用于手榴弹的灰生铁，从发现南泥湾到建成一批枪械修理厂和化工厂，从第一台电视发射接收装置、第一枚二级固体高空探测火箭到第一辆轻型坦克、第一部低空测高雷达……这一系列"第一"的背后都有北理工师生的身影，在感到骄傲和自豪的同时，也让我深深体会到了作为一名北理工人的使命和担当。

北理工是中国共产党创办的第一所理工科大学，与党具有千丝万缕的联系。"延安根，军工魂，北理情，中国梦"，北理工自延安诞生以来，就秉承红色基因和爱国底色，始终坚守为党育人、为国育才的初心使命，为党和国家培养和输送了大批人才。建校80年来，一代代的北理工人不忘初心跟党走，将延安精神不断发扬光大，为国家富强和民族复兴贡献力量，续写新时代强国梦想，取得了一系列开创性成果，在国防科技领域代表了国家水平。在这样一所红色教育丰富和历史底蕴浓厚的学校学习和生活，我的思想和政治觉悟也得到了显著的提升，对党的认识更加清晰，入党的愿望也更加强烈。

在入学的第一学期，我向党组织郑重提交了入党申请书。成为入党积极分子后，我积极参加党组织活动，接受党组织的培养，努力在学习、生活、工作中以党员的标准要求自己，希望能早日加入党组织。

入党宣誓——永远跟党走

2016年12月21日，是我永生难忘的日子。在党员发展大会上，我面向党旗，举起右拳，庄严宣誓："我志愿加入中国共产党，拥护党的纲领，遵守党的章程，履行党员义务，执行党的决定，严守党的纪律，保守党的秘密，对党忠诚，积极工作，为共产主义奋斗终身，随时准备为党和人民牺牲一切，永不叛党。"至此，我正式加入了中国共产党，成为一名光荣的共产党员。

正如入党誓词所说，入党是一个志愿的选择，选择加入中国共产党，就是下定了为崇高的共产主义理想而奋斗、为党和人民奉献一切的坚定决心。要做一名合格的共产党员，就要坚决拥护党的领导，自觉遵守党的各项规章制度和条例，履行党员义务和责任，永远听党话，永远跟党走，永远做党的人。一个党员就是一面旗帜。在战争年代，党员这个称号意味着抛头颅洒热血；在和平年代，党员意味着无私奉献和责任担当。

加入党是我无怨无悔的选择，跟党走是我永远遵守的承诺。回首入党至今的四年时光，我在党组织的培养下，各方面能力都得到了锻炼和提高，从一名预备党员逐渐成长为学生党支部书记。在党支部的大家庭里，我还认识了非常多优秀的老师和同学，学习他们身上的优秀品质对我日常的学习、生活和工作都产生了积极的影响。通过参加党支部各项活动，我对党的方针政策和指导思想也有了更多的体会和心得，对党的亲切感和认同感不断增强。尤其是党的十八大以来，以习近平同志为核心的党中央高瞻远瞩，运筹帷幄，不断开创党和国家事业发展新局面，从稳中求进实现经济社会持续健康发展到改善和保障民生使群众拥有更多的获得感和幸福感，从三大攻坚战取得重大进展到改革开放迈出重要步伐，从加强制度建设到参与全球治理……事实证明，中国共产党无愧是伟大、光荣、正确的党，始终代表中国先进生产力的发展要求，始终代表中国先进文化的前进方向，始终代表中国最广大人民的根本利益，始终是中国各项事业的坚强领导核心。这就是我们的党，一个始终保持先进性和纯洁性的党，值得我永远跟随。

结 语

不忘初心，方得始终。中国共产党初心不改，矢志不渝，高举中国特色社会主义伟大旗帜，以全心全意为人民服务为根本宗旨，团结带领全国各族人民砥砺前行、开拓创新，奋发有为推进党和国家各项事业，取得了举世瞩目的成就。党的十九大报告也指出："经过长期努力，中国特色社会主义进入了新时代，这是我国发展新的历史方位。"新时代开启新征程，既是机遇也是挑战，作为大学生党员，我们该如何在新时代与党和国家发展同频共振呢？我想出发点还是要回归初心！

走过万水千山，不忘来时之路。作为大学生党员，使命在肩，应豪情满怀。不忘历史才能开辟未来，善于继承才能勇于创新。革命先辈身上那种特别能吃苦、特别能担当、特别能战斗的精气神，就是我坚定向前的不竭动力。为者常成，行者常至。我们应时刻牢记为中国人民谋幸福、为中华民族谋复兴的初心和使命，更加紧密地团结在以习近平同志为核心的党中央周围，深入学习贯彻习近平新时代中国特色社会主义思想，增强"四个意识"、坚定"四个自信"，做到"两个维护"，在实现中华民族伟大复兴的进程中，把握发展机遇，坚定理想信念，站稳人民立场，练就过硬本领，投身强国伟业，以青春之我，奋斗之我，勇担复兴大任，争做时代新人！

（文：眭明斌）

初　心

我为什么想要加入中国共产党？

2006年9月，我6岁，也就是刚刚上小学一年级的年纪。我们这代人中，大部分人的小学时光基本就是在幼稚的打打闹闹中度过的，在家里用最快的速度写完作业只为看8点钟的动画。新闻联播？即使是父亲母亲在我面前看得津津有味，那也不会在我的首选里。那时候党离我这样的遥远，甚至连对少先队的了解也寥寥无几。在那时，我并不会憧憬着有朝一日能加入中国共产党，而总是会期待每周五下午的放学，因为那意味着我可以去朋友家玩上一晚。

大概是四年级的时候，我被选入了国旗队。每天的晨会我都能作为国旗手，在全校人的注视下，在距离国旗最近的地方仰望着国旗冉冉升起。也是四年级，我当上了少先队中队长。说是队长，其实我并不会比别人优越多少，反而因为要帮同学们做的事变多了而变得忙碌了起来。国旗手和中队长有什么可值得记住的？确实，对于成年人来说，这点芝麻大的事甚至不值得多说，更别说放入人生履历中，记录在自己人生的一页里。但对于一个只有10岁的孩子，他对中国共产党，甚至是共青团都没有一个很具体的概念，而少先队是他第一个接触到的政治组织，他读到的故事，了解到的历史，学到的规矩，都有少先队的名号。也许成年人看10岁孩子只有稚嫩，却不知他看着国旗与肩章，只觉无上荣光，满心骄傲。

直到初二，我才开始对共青团有了具象的印象。其实上了初一就听老师说了，但不过到底也只是比幼稚长了一岁，怎么会对它有太大印象呢？一年里的各类思想教育，才让我的观念从"少先队"跳跃到"共青团"里，同样地，那份对少先队的悸动也随之转向了共青团。

在从"少先队员"成长为"共青团员"的那几年里，我十分遗憾地告别了国旗队。初中时，我的长高速度就开始减慢了，原先六年级高人一头的我，到了初二身高已经变得平平无奇。达不到身高要求的我自然进不了国旗队，我不得不与这份熟悉的"工作"说再见。但这不妨碍我每次对国旗行注目礼时，满心敬仰，再回忆起站在国旗下仰望国旗升起的那些时刻的骄傲与荣光。

初三那年，或许是学习还不错，又或许是在当班干部时帮班里做了些事，我是较早拿到团员证的一批人。我还记得当我拿到这绿色的小本子时看了许久，感觉有些许东西在心中凝聚。或许是从那时我才开始明白，无论是少先队还是共青团，都不是比拼荣誉的地方，比的是你为自己成为更好的人做了多少，你为集体成为更好的集体又做了多少。从索取到奉献，从为了荣誉到服务他人，连接起从普通学生到共青团员的"这头"和"那头"。在这两头之间有多远的距离？懵懂的初中生很难想明白，也不曾预料到自己在不经意间就从"这头"滑向了"那头"。而推着我滑行的，或许就是为他人做了一些事情，为集体做了一些事情吧。

很多人是越活越谨慎的，年岁的增长虽带来了知识的积累，却也丢掉了孩子的那份胆大。上了高中，很多次班级里的竞选我都没法鼓起勇气，即使是最终当选也多是半推半就的结果。但是你如果问我是否是不想做点事吗，我的答案自然是否定的。不必像范仲淹那样"先天下之忧而忧，后天下之乐而乐"，我只是享受为大家做了一些事后的满足感，中意将大家的快乐作为我的快乐，这也勉强能算是一种朴素的"为人民服务"的心态吧。

高中懂的事自然是比初中要多。没人说，我也是懂得"团"之上还有个"党"。高二那年，我17岁；姐姐那年大三，刚好成为预备党员。那一年我和姐姐联系过一次，我曾问过她问什么要入党？是不是有啥好处？她说黄埔军校的对联很适合作为答案：升官发财请往他处，贪生怕死勿入斯门。高中生的我格局并没有很大，想得不会太多、太远，更无论生死那么沉重的事。我只明白我并非游逸四方、独善其身，超脱于尘世之外，而是乐意为大家服务，也期望自己做的事让集体里的人感到幸福。对我来说，这个理由就足够了。

我不像姐姐那样刚进入大学就递交了入党申请书。姐姐自小到大都是同龄人里被关注的焦点，学习和生活里从来都是优秀的代名词，她有如此坚定的入党信念，也是不稀奇。而我就像是她的对立面，我不像她那样聚焦着同龄人的目光，也活得不像她那么坚定。在提交入党申请时，我满怀憧憬，又犹犹豫豫，一次次鼓起勇气，又一次次逡巡不前。但我最终仍然递交了申请书，不是为了跟风效仿谁，而是为了无愧自我。

有人说过小孩才分对错，成年人只看利益。可若只看利益，选择"党员"这条路不就太不值当了。党章里的条文也好，我所听到的、读到的英雄事迹也好，都是从不将个人的利益摆在首位，只有背负着国家和人民前行。以身许国，这是一条怎样艰难的路？在将来我会付出多少，牺牲多少？这是一个无解的问题，反复问起只会徒增迷茫。我也并不想知道答案，因为10岁的少先队员、14岁的共青团员，我原来一直怀揣着这样的信念的种子，它随我一同成长。孩童时种下的名为"初心"的小树苗已经枝繁叶茂，如今有让它继续蓬勃的机会，我更不愿意错过。

所以，我为什么想要加入中国共产党？"党员"是一个代号，背后藏着的是一群宁愿牺牲自己幸福而谋求大众幸福的人。我希望自己成为这样的人，我期望着看到我的奉献能够换来人们的笑容，我的努力能够带来欢乐，这便是我的初心，一片冰心，付与家国。

（文：丁家俊）

春风化雨　丹心如故

最近气温有些下降，尤其是昨天放学后看到篮球场旁黄色的银杏叶落了一地，突然想起了之前看过一篇文章，文章里写到路上铺满了黄色的银杏叶。

在某些相似的场景里，记忆仿佛会回溯，过去与现实交错，总会给人带来不真实感。就比如说，我看到了路上的银杏叶，就想起来之前看过的一篇文章，比如天气变得寒冷，时间就会回溯到2020年的一二月份。

2019年12月末，考研初试结束，我买了从大连到保定的高铁票，家人从保定东站接我回家，我在车上一直兴高采烈地和家人聊天。我相信这也是很多家庭的一个缩影：大家都迫不及待地想要回家，想要团圆。可是2020年注定是不平凡的一年。

1月份的时候，我看到新闻：武汉出现不明肺炎，与华南海鲜市场有关。仿佛是多米诺第一个倒下去的牌，一系列的新闻随之而来——从肺炎没有人传人的迹象到证明能够人传人。全国各地都出现了新增病例。我们小区封闭起来，每天都有值班人员，进出小区必须要登记，小区居民戴着口罩，拿着身份证办出入登记卡。社区人员挨家挨户进行人口流动登记，询问了最近的活动轨迹。一些生活用品和蔬菜都是通过线上购买，超市人员送到小区门口，之后自己再去拿。我家的电视总是放着新闻，及时掌握疫情的消息，比如疫情期间能否拿快递等各种资讯。

经常在新闻里看到医务工作者们穿着厚重的防护服在抗疫前线不断战斗，朋友圈里看到一些同学的父母是医生，去武汉支援，尤其是看到社区人员到我家来进行登记，我也萌生了想为社区做些事情的想法。但是我没有一个很好的平台来实现，在这个非常时期，上一线做工作是一种"特权"，是共产党员优先的"特权"。所以我想成为一名党员，得到一些机会去做一些活动，提供自己小小的力量。

在这次疫情中，我看到了党高效的治理能力，与群众团结在一起的力量。我深切地体会到了党的治理效率，比如小区进行出入登记，社区人员到我家询问家庭人员流动情况等。自己入党的想法更加强烈了，所以在2020年9月我写下了入党申请书，参加了积极分子培训。

我还记得4月份的时候，我看到一个纪录片，是疫情下的武汉新年。这部纪录片是短视频平台上关于武汉新年期间112条视频集合而成，他们用不太专业的手法记录了自己的生活，正是因为这种日常的视频，才愈发显得真实。1月20日的视频中，有人对着空无一人的汉江路发出感慨，有人在确诊之后，面对自己的手机镜头，哽咽地说出真是对不起自己的亲戚朋友。在视频中，武汉人民也展现了自己的强大，积极配合政策。丹心寸意，皆为有情；奋不顾身，共筑家国。时间到了1月27日，全国近30个省份约6 000名医护人员驰援湖北，全国上下一心，共同抗击新冠肺炎。还有建立的火神山、雷神山医院，为救治危重症患者提供了充足的医疗资源。终于在国家和人民的努力下，疫情得到了有效的控制。

"中华民族是历经磨难、不屈不挠的伟大民族，中国人民是勤劳勇敢、自强不息的伟大人民。中国共产党是敢于斗争、敢于胜利的伟大政党。"2019年12月，也就是考研进入冲刺阶段的时候，我在学校走廊一次又一次地背着这段话，当时的我还不知道，几个月后我将以一种十分深刻的，带着强烈感情的方式，重新理解这些话语。

关于党和国家的高效治理的记忆汩汩而来。大二的时候，我参加了学院的大学生国家资助政策宣传活动。宣传活动是进入高中校园宣传国家对大学生的资助政策，比如高校建立了以国家奖助学金、国家助学贷款、学费补偿贷款代偿、勤工助学、校内奖助学金等形式的资助政策。我们小组最终决定去我的母校唐县第一中学进行宣讲。我们准备了国家资助政策宣传单，并且进入教室对国家资助政策进行介绍。在这个过程中，我也对党和国家对大学生的资助政策有了更加深刻的了解。比如设立了国家励志奖学金和国家助学金，学校内还有很多勤工助学岗位，这些政策都为普通学生的生活提供帮助。

家庭困难的学生还可以向户籍所在地提出贷款申请,进行生源地信用助学贷款。因为是在我的母校进行宣讲,所以我站在讲台上为高中的学弟学妹们讲解一些国家资助政策的时候,心中也是感慨万千。

我看着教室中穿着高中校服的学弟学妹们,看到书桌前堆积如山的资料和教室中的倒计时,他们为了自己理想的学校日日夜夜的努力,感受到了他们对于大学的憧憬。但是上大学的费用,对一些家庭来说是沉重的负担,党和国家为了让学生能够圆大学梦,出台了相应的政策。正是因为参与这种社会实践活动,我对党全心全意为人民服务的宗旨有了更加深刻的理解,我想加入党组织的愿望也变得更加强烈了起来。

从本科到研究生,我的故事也在不断地继续。

前几天班级组织了参观校史馆和党团共建交流活动,我也有了很多深刻的体会。北京理工大学是中国共产党创办的第一所理工科大学,毛泽东主席亲自为学校前身自然科学院题写校名,李富春、徐特立、李强等无产阶级革命家先后担任主要领导。作为北京理工大学的一名学生,作为一名工科学生,更要在科研方面沉下心来,解决技术上的问题。在党团共建交流会上,有科研经历丰富的学长来分享自己的经验,其中学长提到了自己在科研的道路上并不是一帆风顺,也经历过一遍又一遍修改文章。这一点让我有很多感触,作为一名研究生,在某个领域研究时肯定会遇到困难,这时候拥有迎难而上的勇气就尤为重要。我最近在制定自己的实验方案,我的方向是一个比较新的方向,师兄师姐也没有这方面的经验,只能自己来摸索。作为一个研一的学生,尤其是在自己不熟悉的领域探索,肯定会遇到很多困难。比如说,读文献的时候对一些材料表征手法还不熟悉,所以读完之后对这部分还是有些模糊;还有一些专业词汇之前都没有接触过,只能自己查找资料。当面对这些困难的时候,我不免冒出想要逃避的想法。比起如何解决问题,逃避问题并且给自己找理由就变得格外简单。我不断地强调自己之前没接触过这个领域,自己还只是研一的学生知识储备不足,其实这只是想要逃避的借口。党团共建交流会上许峰学长用自己的经历,向我展示了面对困难的另一种态度,那就是直面困难,努力解决问题。在党团共建活动中,老师讲授了学习贯彻十九届五中全会的专题微党课,党员和团员通过交流分享了自己的感想。我通过这样的交流机会也收获了很多，向党组织靠拢的愿望也更加强烈了起来。

从本科到研究生，我感受到了党全心全意为人民服务的宗旨和党和国家高效的治理能力，向党组织靠拢的愿望也越发强烈起来，这就是我的入党初心。

（文：马烨煊）

忆昔入党初心路

1999年，农历兔年，此时的中国正在翘首期盼崭新的千年的到来。虽然距离党的十一届三中全会宣布实施改革开放已经过去了二十一年，但中国要想完全融入世界市场还需要两个年头。就在这一年的9月12日，在淮河北岸一座以盐为名的古城的一个平凡而普通的家庭中，又新添了一个人口——一个刚刚出生的女娃娃，也就是我。

中国是一个非常重视家庭的社会，祖辈的言传身教往往是一个人受教育的起点，并且会对人的一生有深刻的影响。爷爷身为中国共产党党员，我耳濡目染，对党产生了好奇和兴趣。那时我还小，爷爷上了岁数，又没有工作可以消耗精力，大部分时间是全职在家照顾我，于是便会时不时地对我说起一些他们以前的故事。因为年幼，我总是听了就忘，所以他们讲的很多故事，其实大部分记不清楚了，但有一段故事，却让我印象很深刻，始终记着。

那是爷爷年轻时在新疆等许多地方做支教的故事。我小的时候便知道，家里许多大大小小木制的物件都是爷爷亲自做的。除此之外，爷爷还会许多技能，无论是弹奏乐器、吟诗作对，还是修补房顶、拆装机械，他好像都得心应手、样样精通。爷爷告诉我，在年轻的时候他是一个有较高文化水平的共产党员，因此他背负着传播知识的重任，在中华人民共和国成立后前往新疆等许多地方去做支援。就是在那十几年里，他不但给偏远地区的人们传授知识，也同样从他们那里学到了许多实用的生活技能。我还记得，提到共产党员的时候，他还絮絮叨叨了很多有关党的事情，但那时的我懵懂无知，不能理解也更不能记住他所说的很多话。只不过，在这样潜移默化的影响下，内心不禁产生了一些好奇——党是什么样的呢？为什么爷爷能够为了他付出甚至牺牲这么多呢？就这样，在很小的时候，我就不自觉对"党"这个很"神奇"的"东西"产生了好感，脑袋里也有了"党"的概念。

新世纪第五个年头的秋天，我进入了江苏省盐城市第一小学开始上学。在小学的六年时光中，在家和学校两个不同的地方，我多多少少接触到了一些与党有关的故事，而每一次接触，都加深了我对党的印象。在学校里，老师常常会给我们讲革命先烈的故事，我也通过这种听故事的方式，了解到了很多很多了不起的人，像雷锋、刘胡兰、董存瑞，他们的故事或是温暖人心，或是荡气回肠，或是悲愤难忍，都令人震撼不已，深深刻在了我的脑海中。其实，在当初，我并不知道他们都是共产党员，我只是感觉他们无论男女，都同样的勇敢，同样的敢于牺牲，同样的充满干劲，让人不由自主被他们身上的光芒所吸引，不自觉便想要向他们看齐，像他们一样作出一番贡献。现在回头想想，这或许是中国共产党那种大无畏的精神第一次在我幼小的心灵留下深刻的印象。令我十分高兴的是，在2005年10月13日，我戴上了鲜艳的红领巾，加入了少年先锋队，在一年级时就成了一名光荣的少先队员。

而在生活中，无论是父母还是其他长辈对我都没有过高的要求，而是极力为我营造一个金色的童年。当然，与此同时，他们并没有放松对我的思想教育。他们让我懂得：人活在世上，便要与其他的人产生关系、与不同的人交往，而若要建立与他人的关系，帮助别人永远是最佳的办法。于是，我便开始留心身边，去尽自己最大的力量，在力所能及的范围内帮助他人。渐渐地，我便发现这样的帮助不仅仅让对方感到快乐，我自己也感到非常开心。此外，曾经的一次经历，让我记忆尤为深刻。

我母亲的家在乡下，我们一起回外婆家的那短短的几天内，我了解到了许多从前不知道的东西。无论是由麦到米的制成，还是烧火灶中要在什么时间填充怎样的木柴更好，抑或是在铲麦晒麦时要如何铺匀才能更好地使其中的水分挥发殆尽，这一切都是新奇而充满乐趣的。也是从这时，我才发现，村里的人与城市中的人，生活有着很大的不同。农村里灯光稀少，因而早早便要入睡，我那时和外公外婆一起睡，却太过顽皮很难早早睡着，缠着他们聊天。这一聊天，才知道原来外公也是共产党员。他告诉我，在他小的时候，成绩也是一等一的好，每天都要挑着盛米的担子，走上二三十公里的山路。他还和我聊起了三年自然灾害时的生活，聊起共产党建立新中国后的种种举措，那是一段又一段身在现代生活安宁平静的我所无法想象的事情。我不禁生发出一种想法：党，是那么的重要！拯救人民于水火之中的党，多么令人敬佩！

2011年9月开始，我就读于江苏省盐城市初级中学。初中是我对党产生比较深入了解的一个很重要的阶段。在历史课上，我从书本中了解到了党的发展历程，忍不住惊叹于这诞生在一艘小舟上的小小组织，竟然蕴含着如此大的力量——在国之大厦摇摇欲坠时勇担重任，在生死攸关时万里长征，在日军侵华时义勇而出，在民不聊生时力挽狂澜……就这样一步步成为振兴中国的主导力量，一手将中国由一个列强包围的弱国治理为国富民安、一片祥和的泱泱大国。我看着窗明几净的教室、整洁崭新的课本和容光焕发的人们——这一切，都是在中国共产党的带领下创造出的。

我依旧记得曾经在历史课上看过的一部爱国主义电影，当中有一个情节是周恩来总理镇定自若地在一群面目严肃的外国人面前宣讲"和平共处五项原则"，口若悬河，滔滔不绝；在邪恶的帝国主义的走狗蓄意破坏会议时，舌战群儒，将对方辩得哑口无言。在那时那刻，虽然只是黑白的电影，略显枯燥的内容，但我的内心还是生发出一种油然的骄傲与自豪：那是引领中国前行的共产党人的智慧啊！

在初中的某一天，我的父亲一时兴起，把我喊到一个老旧的柜子前，打开并拿出了一叠很小的纸票。他告诉我，这是粮票，那是油票，这是车票，那是邮票……随着他的诉说，追溯到几十年前的故事就这么清晰地展现在我的面前。他从过去讲到现在，我这才了解到短短几十年，真的是发生了翻天覆地的变化。从前，一个院子的人围着一台十一英寸的黑白电视机看仅有的几个节目；如今，家家户户都有了电视电脑。从前，在外地想要打一个电话都要经过层层转接，由通信员转交给想要联系的人；如今，手机早已变成不可替代的存在；从前，买米买面都是定量的，即使有钱都不可能买到过量的食物；现在，人们都在寻求更加美味奇特的佳肴……从前与现在，仿佛两个世界，仿佛相隔千年。可事实却是，仅仅几十年，中国人在中国共产党的带领下，生活发生了翻天覆地的变化。

在初中时，我曾经和父亲母亲一起到本市的儿童福利院去做义工，认识了许多很可爱的小孩子。他们虽然在很小的年纪就和别人有所差异，但在护工叔叔阿姨们细心的呵护下依然在健康成长。在做义工陪孩子们玩耍的过程中，我发现并不像我之前所想的那样，他们会去在意自己与别人不一样的地方，而是和普通人一样地生活、玩耍。譬如有孩子天生少指，拿东西很不方便，但是因为没有人告诉他，他与旁人的差异，所以他也会很自然地去拿东西，不会畏首畏尾。还有一些年龄已经到了记事阶段的大孩子，虽然已经知道自己身上发生的一些事情，却依然很活泼热情，没有孤僻抑郁。有时候看着这些孩子就会感到很神奇，惊叹于他们的天真与纯洁，无瑕与幸福；又会感到，在我们国家，即使是天生有缺陷的孩子，也能获得平静安宁的生活。这一切都要归功于党对国家的建设，让中国成为一片净土。

初中三年，虽然远远没有小学六年的时间来的久，但因为心智发育得更加成熟，也对事情有了更多的了解，我对党的认识反而比在小学时迈出了一大步。因此当我在2012年11月30日加入共产主义青年团时，我的内心不可谓不激动。经历过上述种种事情后，党在我心中已经不单单是一个"厉害""喜欢"的"东西"，我真正知道了党的历史、党的组织、党的贡献和党的精神，我也真正开始关注起和党有关的事情。

2014年9月，我进入了江苏省盐城中学，成为一名高中生。高中的课程更加深入，我也成长到了一个可以深刻理解很多世界上的事情的阶段。在高中的政治课和历史课上，可以说我受益匪浅。记忆中模糊的党的发展路线，在一个又一个小事件的填充下，变得更加清晰明了，对于许多在初中就学会的名词，也有了更加具体明白的掌握。比起初中更加不同的是，高中的我除了更加了解一些事件的发展变化，更多的是对党的领导人作出的决策的目的和意义的明晰掌握，也更加明白党的具体方针、党的主导思想是什么。结合平时看到的一些党和国家实时调整的方针政策，我也对党的理论、思想、道路等有了更具体的理解。尤其是在和西方国家的种种政策对比后，我更是觉得虽然西方国家打着"自由"的旗号，但实际上并没有那么自由，而且社会也不够安定平稳，发展一波三折。可我们国家的方针政策虽说没有那种所谓的"自由"，却已经是在规则之内给予了最大宽限，实质上十分亲民，而且也很完善稳定。可以说，生活在中国，是我的幸运。

高中的时候，我常常在新闻联播上了解国家发生的大事，也就是通过这个途径，我才不仅仅限制于书本上的内容，而是更加贴近现实地感悟到在中国共产党的领导下中国的发展与方向。我惊喜地发现，在前几年还很严重的许多问题，这几年在各位领导人的不懈努力下，逐渐销声匿迹，不再成为民生上的大问题。一个又一个会议的召开，一份又一份提案的提出，一轮又一轮讨论的完成……人民群众的想法一点点如愿实现，中国的各种体系也越来越完善，人民生活也越来越富足。因为时不时地了解新闻了解时事，高中的我，不再像初中那样通过书本知识了解过去的党的历史、党的路线，而是亦步亦趋地跟随着党如今的想法，见证着中国在中国共产党的带领下，越发地向着社会主义和谐社会、我们理想中的"中国特色社会主义社会"进发。

高中由于课业的缘故，我并没有很多机会去亲身实践和经历什么，取而代之的是理论知识的快速丰富。而随着知识的积累和见识的增长，我也慢慢发现，我对党的认识也发生了新的转变。从前的我，只是一味地敬佩、感叹于党的强大，党对国家和人民付出的努力；但如今的我，却看到了在"党"这个极概括的词背后，千千万万中共党员所作出的贡献。我也渐渐明白，党并不是什么永恒的发动机，而是因为有千千万万党员愿意为人民服务，为国家付出，才有了现在的党，才有了如今的中国。在感激党的时候，也必须感激每一个看似平凡却坚定信念执着付出的共产党员！

我在盐城度过了难忘的十八年，我跟盐城的关系大概够得上古人说的"生于斯，长于斯，歌哭于斯"了。很久以来，盐城的繁华早已逐渐让位于其他城市，但这一命运却使它得以保留自身古色古香的魅力。在抗日战争的烽火中，盐城人民和新四军水乳交融、并肩作战，反抗着日本侵略者。"苟利国家生死以，岂因祸福避趋之"，盐城的水土养育了我爱党报国之心，我为生长在这座英雄的城市而自豪。

2017年9月，通过了高考的严酷考验的我，幸运地来到了北京理工大学材料学院，成为09021706班的一员，成为一名令人艳羡的北理工人。我很庆幸，我来到的是北理工，这所带有浓厚的党的气息的学校，才让我有了更多的机会真正接触党，甚至有机会加入党，成为为党和国家事业作出贡献的一分子。

当然，我必须承认，在一开始，我这个加入党的念头是有些幼稚的——完全是凭着对中国共产党的好感和敬佩，自发地想要接近党组织。但随着学校、学院和党支部组织的各种有关党的学习逐渐深入后，在优秀的党员同志为我们深入剖析了党的领导、回顾了党的历程后，我才意识到自己想法的浅薄。不是只要喜欢就能承担起一份党员的职责，更重要的，是有一份承担党员义务、愿意事事为人民、愿意为党和国家付出一切的觉悟，有着一切从人民出发、为人民服务、甚至在紧要关头为党牺牲自己的觉悟，才能成为一名有所担当的共产党员！而不仅仅是被一种喜爱的情绪所带动。除此之外，作为一名党员，要学习的事情还有很多很多。单单抱着一颗服务的心，却没有服务的能力和实干也是不行的，那只是一纸空谈。因此，在北理工，我如饥似渴地积极参与各项活动，努力掌握各种实用的社会技能，奋力提高自己的综合素质……而在一些社会实践中，我真实接触到了底层的人民，深深受到了震撼。这份震撼，鼓动着我要为人民做些实事，也更加肯定了我想要入党的信念——不是说只有入党才能为人民做实事，但借助于党的平台一定能做到更大更好更造福于人民的实事！于是，在2017年9月24日，我递交了入党申请书，正式向党组织发出申请，希望可以成为党的一分子，成为一名肩担重任的光荣的中国共产党党员。随后，从入党积极分子，到成为发展对象，并且最终被党组织接收成为预备党员，并在2019年11月转正，我的入党之路走得稳健而坚定。

　　回顾过去的这段岁月，我虽然没有在很早的时候就产生对党的正确认识，但在身边人的潜移默化、在学校中的耳濡目染下，我树立了正确的世界观、价值观和人生观，我对党产生了一丝丝渴望；而来到北理工正式学习了与党相关的事情后，我渐渐明白，意识到自己的责任与担当是一个准备入党的人应有的思想准备。在我追求入党的过程中，我在党组织的带领和优秀的党员同志的引导下，通过一系列的理论知识学习和实践活动，对党的认识有了很大的提高，自己的党性修养也有了长足的进步。通过对党的宗旨、纲领、理论、经验、路线、方针、政策的理论学习和实践运用，我更加坚定了自己的政治理想和信念，更加坚定要努力提高自己的各项技能，通过自己的所学所得，奉献自我，为国家建设添砖加瓦；更加坚定要潜心学习和修炼，关注时事热点，关注基层建设，联系和发动群众，带动人民群众一起积极建设社会主义；更加坚定要开阔视野，从世界的角度看中国，将党和国家的发展时时牵挂心头，在实现小我的目标同时，以更大的热情为党和国家的发展目标贡献自己微薄的力量。

　　无论我们走得多远，都不能忘记走过的路；无论我们走到多么光辉的未来，都不能忘记为什么出发。我要时刻以一个党员的标准严格要求自我，用心发挥党员的先锋模范作用；认真学习党的理论知识，并在实践中积极运用，深刻反思；在学习、工作、生活中积极进取，带头投身社会主义的建设之中；时常展开批评与自我批评，直面自我的不足并勇于改正；时刻拥护党的纲领，遵守党的章程，爱党敬党，将党的目标置于个人目标之上；密切联系群众，拓展广泛的群众基础；带头实践社会主义核心价值观和社会主义荣辱观，提倡共产主义道德，弘扬中华民族传统美德。不忘初心，继续前进吧，不管在前行的道路上有多少困难，多少坎坷，待我回首往事，欣赏世间风景时，必然是轻舟已过万重山。

（文：谷珺昳）

不忘初心路,奋进新征程
——北京理工大学材料学院思政工作纪实

不问前路坎坷　只愿初心不违

"我志愿加入中国共产党,拥护党的纲领,遵守党的章程,履行党员义务,执行党的决定,严守党的纪律,保守党的秘密,对党忠诚,积极工作,为共产主义奋斗终身,随时准备为党和人民牺牲一切,永不叛党。"从前看着电视上的预备党员们眼噙泪花,高举右臂,紧握拳头,庄严地宣誓这一誓词的时候,我的内心总是久久不能平静,那一刻我强烈地感受到了一个人对一个党一生的信仰。那么是什么能够让他们愿意奉献毕生的精力甚至是为此牺牲?

记得上小学的时候,语文课本上曾有一篇文章叫《金色的鱼钩》,讲的是红军长征的时候一个红军战士"老班长"为了节省食物给另外三个战士,最后自己活活被饿死的故事。老班长在最后奄奄一息之际,都不舍得喝下战士们为他煮的一碗鱼汤。每每读到这类文章的时候,我都会被千千万万个像老班长这样的共产党人为了中国共产主义事业牺牲小我、顾全大局的精神所震撼,也正是因为有他们的存在,中国共产主义事业取得了伟大胜利。

在我小的时候,常常听着爷爷奶奶讲述他们那个动荡的年代。在那个年代里,他们可能会因为频繁的战争而东躲西藏来保全自己的性命;在那个年代里,他们可能会常常因为吃不饱穿不暖而嚼树根来维持自己的生命。混乱、贫穷、饥饿、死亡让他们陷入无尽的黑暗,但是中国共产党就如黎明前的那缕曙光照进了像他们这样饱受磨难的广大中国人民的心中,让他们看到了光明的前途,让他们重燃希望的火光。从中国共产党成立之日起,党带领中国人民实现了抗日战争的胜利,抵御了外族的入侵,也赢得了解放战争的胜利,实现了祖国的统一,中华民族从此站起来了。同时,社会主义三大改造的基本完成标志着中国迈入社会主义初级阶段,而改革开放又让中国实现从站起来到富起来的飞跃。爷爷每每和我们回顾新中国这一路的发展历程，总是慷慨激昂地叙说着中国共产党如何带领他们一步步站起来、富起来到今天的强起来。也因为这样，他加入了中国共产党，始终坚持为党服务，为人民服务。他在任村干部期间，恪守岗位，兢兢业业，始终将人民的安全和利益放在第一位，做了很多有益于村里百姓的事情，这段为人民服务的时光是他一生难以忘怀的美好岁月。直到现在，我还看到爷爷珍藏的那本已经泛黄的《中国共产党章程》完好无损地保存在柜子里。

爷爷的故事虽然并不是什么激荡人心的英雄故事，也只是几十年历史长河中发生在中华大地上翻天覆地变化的一瞥，但他亲历的变化是几十年来十几亿中国人共同见证的伟大变化。这种变化刻骨铭心，让那个时代的风貌和精神具有了磅礴的力量，并且如春风化雨般温暖人心。厚重的历史大门在我面前敞开，首先映入的是在党的领导下民族复兴的路越走越宽，我们民族的历史、国家的历史、人民的历史共同印证了中国共产党的伟大。这就是爷爷对年幼时的我的教育，他的教育在我心里埋下了以后想要加入中国共产党的种子，我想要报效祖国，为人民多做贡献的初心也从这时开始生根发芽。

上初中的时候，我就积极报名加入中国共产主义青年团，并且很荣幸成为一位共青团团员。进入大学之后，在大一上学期我就递交了入党申请书，并时刻以一名优秀党员的标准严格要求着自己。在学习上，我努力学习专业知识和各种文化知识，积极参与科研活动，勤勤恳恳，踏踏实实，在学习的道路上不断前进，努力成为有一名有文化涵养的共产党人。在生活中，有着积极向上的生活态度，始终保有对生活的热情，遇到挫折迎难而上，绝不轻言放弃，发扬共产党人百折不挠的精神。在思想上，时刻加强自己的政治思想理论学习，不断提高政治理论水平、思想修养，积极参加各种党课学习，时刻以党员的标准要求自己。

在我的心里：中国共产党是火，点燃中国熄灭的灯；中国共产党是灯，照亮我们前行的路；中国共产党是路，引领我们走到黎明。饥寒的年代里，党给予我们温饱；温饱的年代里，党带领我们创建文明；离乱的年代里，党带给我们安定；安定的年代里，党引领我们走向繁荣；党是国家的罗盘，给中华民族引领方向，建设具有中国特色的社会主义制度；党也是人民的船舶，载着中华儿女不断前进，成就令中华儿女为之骄傲的新中国。"始终有两种力量，在我们一生中激荡。一种推着我们向外走，一种拉着我们向内收。一种力量去远方，一种力量回原乡。"这种激荡一生的力量就是我们的初心和使命，我们的初心和使命不仅仅事关中国梦、民族梦，也关系到世界梦。

当前，我们党正带领全国人民为实现中华民族伟大复兴中国梦而努力奋斗，中华民族从富起来走向强起来。中国梦反映了近代以来一代又一代中国人的美好夙愿，进一步揭示了中华民族的历史命运和当代中国的发展走向，指明了全党全国各族人民共同的奋斗目标。实现中国梦必须走中国道路，中国特色社会主义道路是党和人民90多年探索、奋斗、创造、积累的根本成就，是改革开放40多年来实践的根本总结，凝结着实现中华民族伟大复兴的光荣梦想。我坚信：经受历史和实践检验、有着光明前景的中国特色社会主义，必将无往而不胜。对于我们这样的青年人，需要拥有永不懈怠的精神状态和一往无前的奋斗姿态，走在前列，干到实处。新时代已然来临，中国梦不在远方，不在彼岸，它就在我们的初心和使命中。

中国梦是民族的梦，也是每个中国人的梦，只有实现了每个人的梦才能实现民族的梦、中国梦。我坚信：在中国共产党的领导下，全国各族人民心往一处想，劲往一处使，用智慧和力量汇聚起不可战胜的磅礴力量，必将实现国家富强，民族振兴，人民幸福的中国梦。读了十几年书，将来还要继续在科研战线上长期奋斗，在我的面前还有许多的"娄山关"和"腊子口"要过。作为一名材料学子，我希望自己能够在未来的道路上为党、为国家、为人民贡献出自己的一份力量，不辜负党多年来对我的培养，也希望自己的梦能够为中国梦添砖加瓦。不问前路坎坷，只愿初心不违。

（文：王旭）

初心不忘　薪火相传

"我从大山走来，肩头扛着大山的色彩。"从学校的中心教学楼前走过，耳边传来了这样的歌声，在教学楼前的中心花园里退休老师们一起跟着歌声跳起广场舞。我心里不禁思绪万千，这不就是中国共产党的历史，老一辈党员的经历吗？从井冈山、赤水河，翻越川西高原、穿越川北草地，到达陕北，再到抗击日寇的第一线，最终实现了全国的解放，中国共产党一路上砥砺前进；老一辈共产党人披荆斩棘，从一座又一座山峦、从一条又一条江河走过，近百年的历史让共产党人的肩头扛上了大山的色彩，也让共产主义的颜色在中国人民心中愈发鲜艳。

共产主义一直在求索

我是一名"90后"，由于从小受到身边人的感染，共产主义思想在我小时候的脑海里就有了影影绰绰的印象。其中对我影响最深刻的就是我的姥爷，他经历过抗日战争、解放战争，22岁就成为县委宣传部的骨干，负责起全县的宣传工作。经历过"文革"后，继续在宣传系统工作，大半辈子都在宣传党的路线、方针、政策，其中当然也包括党的指导思想。

从小他就给我讲了很多我们家乡的故事。在抗日战争时期，一次反扫荡行动结束后，驻地日军怀疑我们村里有八路军，进村搜捕，而八路军在老百姓的掩护下早已转移。搜捕八路军而不得的日军气急败坏，抓走了18名无辜老百姓。有的年过花甲，有的是小青年，这些人都是不知道任何信息的老百姓，但是穷凶极恶的日军还是把这18个人全部拉走杀害了。不久后，很多村里青年挺身而出，自愿报名参加抗日决死队，决心报仇雪恨。

他还给我讲过，1937年115师政治部在聂荣臻元帅的率领下进驻我们县的下堡镇，在驻扎期间他们到各个村里访问贫苦百姓，宣传抗日救国的民族大义，还召开抗日救国的大会。当时仅有短短一个月的时间，就有500多名青年参军参与到抗日救国运动中。在之后一年的时间里，在我们县组建了第一届中共孝义县（今为孝义市）委，建立了农救会、青救会等组织机构，只有13万人口的县就有一万人参加了革命队伍。

在这一个又一个的历史故事中，我听到了一个又一个普通百姓加入共产党的队伍中。他们起初或许为了报仇雪恨，或许为了民族大义，或许为了追寻先进思想，但他们也无不心怀着共产主义信仰，走上了为了实现共产主义共同富裕的奋斗之路。这些故事中的人，当年的生活怎样艰难，可以在史料中了解；而他们如何能在艰难中仍然咬牙坚持、不断奋斗？我想他们心中的共产主义信仰是少不了的。对他们来说，共产主义的世界，那是一个不再随意被日本人抓起来的世界，那是一个安全、平和、吃得饱饭的世界，那是一个没有剥削压迫的世界，那个世界是比其他虚无缥缈的转世美好更加值得向往的。

共产主义信仰在脚下

跨越过大半个世纪，我们走到了2020年，此时的中国在中国共产党的领导下刚刚成功战胜了新冠病毒疫情，在世界各国中一枝独秀，成为人民对疫情处理满意度最高的国家。然而，我们仍然能听到一些声音：共产主义真的存在吗？共产主义真的能实现吗？之前对于这些人的质问，我也不知道如何反驳，可是当我打开历史，走入生活，发现答案就在历史和生活之中。

那些抗日救国的共产党人，那些参与新中国建立的奋斗者们，那些为了祖国繁荣富强的建设者们，那些为实现中华民族伟大复兴中国梦的追梦者们，他、她，还有他们，这就是答案。

或许他们是我们身边的老师，或许他们是校园中碰到的和蔼老人，或许他们是山中埋骨的烈士，他们的生活不仅为了自己，也为了社会主义事业。他们心中的那星星之火，也是他们能坚持奋斗和勤奋的动力。这份共产主义信仰的光明，是写在了笔记本上的工整笔记，是迈在了实验场地的踏实脚步，也是干在了工作中的点点滴滴。共产主义信仰就离我们这么近，就是日常在公园中的擦肩而过，就是道路上的眼神交汇，就是翻开课本的行行句句。他们做的工作，就是为了实现共产主义的理想作出的努力；他们一步一步地向前迈进，不是没有贡献的无用之功，是真真正正和共产主义目标相互连接。

或许在历史中我们都是沧海一粟，只见翻滚的浪花，不见我们的形象，但这一点一点的星火就真的没有作用吗？这一股股小涓流真的湮没在滚滚洪流中了吗？当然不是，共产主义的道路其实就在脚下。本职工作和共产主义信仰不仅不相互抵触，反而是相互紧密相接，把自己手中之事做好，脚下之路走好，这便是在平原之中洒下又一粒星星之火。

做一名共产主义事业的建设者

虽然我现在还不是一名党员，但我知道就是我身边的这些党员影响了我，让我想要成为他们其中一员。最早是我的姥爷，大半辈子辛苦奋斗在党的宣传战线，他这个人乐观善良，沉迷工作，把为人民服务的事业作为他一生的追求。他不仅爱工作，而且还对自己的工作有很多要求。当时虽然我还小，但是从他身上我看到了那种精神，那种为了工作辛勤奋斗的精神，那种乐观向上、不畏困难的精神。后来是我的导师，几十年保持着每周工作七天的高强度工作，并且乐此不疲。网络上还在抱怨"996"的时候，他还在坚持"9107"的工作状态。这份对科学研究的热爱，这份攀登科技高峰的执着，我不知道如何描述，但是心里却不禁敬佩，这是一种怎样的奋斗精神。再后来是我的同学，我周围的几位党员同学，平时交流中经常感受到他们的乐观平和，同时他们在工作学习上又那么刻苦努力。他们的生活是平凡的，却也是生动的。共产主义信仰绝不只是"嘴上主义"，不会是用言语勾勒出的想象中的画卷，而是脚踏实地，一步一步向着人民对美好生活的向往创造出的生动实践。

共产主义的践行是在工作中勤奋奋斗，是在生活中乐观向上，只有在实处的努力才是真正的共产主义信仰。将平凡的生活里的工作做好做细，把平凡的工作做得不平凡,日积月累的实践就是为共产主义大厦添砖加瓦。希望当有一天共产主义的大厦建成时,我可以自豪地说:"我是共产主义事业的建设者!"

(文:张锡铭)

铁锤镰刀照我心

我的第一堂爱党教育课是在五岁的时候。在某次晚餐后，外公回忆起了他的童年。他说起日本鬼子，说起国民党拉壮丁，说起村里见过的洋人，最后，外公郑重地说："要感激共产党啊，国民党不把人当人看，兵过如匪过；共产党半夜进了村，谁都不知道，第二天起来，才发现他们都打地铺睡在泥水地里，哪个部队能有这样的军纪？"

那时我尚且对历史一无所知，唯独对泥水地的故事印象深刻，心中想着：睡在下过雨的泥地里，那得多难受啊？

后来，我上了历史课，阅读了许多课外资料，终于逐渐理解这个短暂故事里的惊心动魄。那支睡在泥水里的部队叫作解放军，他们是党的部队，为解放中国人民而战。

我的第一堂英雄教育课发生在小学一年级。老师指着教室前挂着的国旗问我们："国旗为什么是红色的？"接着，她自己回答："是烈士的鲜血染红了它。"她又问："红领巾为什么是红色的？"她给出答案："因为红领巾是从国旗上裁下的一角。"

我将这个比喻信以为真，心中发怵，学校里那么多的教室都挂着国旗，那么多的高年级少先队员都戴着红领巾，那得需要多少烈士的鲜血呀？

后来，我知道了抗日战争，知道了解放战争，知道了人民英雄纪念碑，方才明白，何谓烈士，何谓英雄，何谓血染的五星红旗。飘扬的国旗是纺织厂里染成的色，英雄们流过的血却永远地留在了国旗上。

我的第一次捐款是在2008年，那一年发生了许多事，比如北京奥运会，比如南方特大冰雪灾害，比如汶川大地震。2008年5月，全中国都将目光对准了同一个地点：汶川。一切都是沉痛的，新闻是，升旗仪式是，课间的全校三分钟默哀亦是。我夜晚睡不着，想起白日看到的新闻，躲在被窝里偷偷哭了一场。第二天取出攒了大半年的零花钱，都交给了老师。

那一年的我并没有意识到，使我难抑悲伤的，并非同情或怜悯或恐惧，那是整个民族共同的伤痛。我在懵懂无知的年纪里，第一次体会到全民族的同呼吸，共命运。后来，当回顾汶川大地震的救灾过程，在伤痛之外，还有着一种向上的力量，有众志成城，有举国同心，有国内国外无数同胞的捐款捐物，更有奋战在救灾前线的人民解放军与基层党员的身影。当奥运会开幕式上，在地震中失去双腿的舞蹈家起舞时，或许正应了那句老话：多难兴邦，多难兴国。

第一次产生入党的念头，是在初中。我从图书馆借了一本埃德加·斯诺的《红星耀中国》，趁着闲暇时间看完，摘抄下了半本的笔记。异国记者的行文透着诙谐，他描述中的共产党员不仅仅是课本上的名字，他们会唱歌，会开玩笑，他们满怀着对未来的希冀与乐观。

记者埃德加·斯诺曾在对中国饥荒的记载中写道，他来到中国，本是为了追求一场非凡的冒险，但当他真正踏足这片土地，冒险这个词是如此之轻。满目疮痍的旧中国如同他笔下在黄土高原绵延的罂粟花田，饥饿与鸦片泛滥成灾，而位于这片贫瘠的土地深处的延安，宛如黑暗中的明灯。在漫长的艰苦的征途上，有成千上万的人倒下了，可是另外又有成千上万的人——农民、学徒、奴隶、国民党逃兵、工人、一切赤贫如洗的人们——参加进来充实了行列。

我不由得想，共产党员究竟是怎样一个群体，要成为一个合格的共产党员，该有怎样的觉悟？他们也是平凡的人，平凡地生活，努力地劳动与战斗。但信仰让他们不凡了起来，心存对明日的无限期望，毫不犹豫地冲上前去，不畏牺牲。

那之后的许多年里，从少先队员再到共青团员，我始终思考着这个问题。彭德怀元帅的一句话解开了我的疑惑，他在回忆为什么加入红军时说道："以前我只是对社会不满，看不到有什么进行根本改革的希望。在读了《共产党宣言》以后，我不再悲观，开始怀着社会是可以改造的新信念而工作。"

那些于我而言，似乎都已是遥远的往事，但最久远的，也不过是发生在本世纪之内的故事。

初中的思政课上,我第一次学到"两个一百年"奋斗目标。到建党一百年,全面建成小康社会;到建国一百年时,建成富强民主文明和谐美丽的社会主义现代化强国。我们将这些句子背得滚瓜烂熟,就跟《静夜思》一样刻在脑海里,永远也忘不了。当我背下这句子时,离第一个一百年尚有八年,听起来并不漫长,但是这可是中国,过去的二十年里创造了无数奇迹的国度,谁又知道这八年里会发生什么呢?

这八年里的确发生了许多事,中华大地上时刻发生着我在八年前难以想象的变化。2017年,在党的十九大上,终于正式宣布中国特色社会主义进入新阶段,我国社会主要矛盾转化为人民日益增长的美好生活需要和不平衡不充分的发展之间的矛盾。从绿皮火车到高铁,从诺基亚到智能手机,从经济为先到均衡发展,高楼一天天看着建成,地铁一条条看着修好,高铁线路铺陈开去,一带一路如火如荼,扶贫工作稳步开展,环境保护成效可见。

我也终于成年,递交了我的入党申请书。

如今,第一个一百年已经是抬眼就能望见的前景。2019年,我们北理2018级的学生与辅导员们集体参与了建国七十周年阅兵仪式,骄傲自豪地走过天安门广场。七十年都已经过去,第二个一百年似乎也不再遥远。

然而,仍有三十年。

但凡有所知晓,有所了解,都应当清楚,无论哪个一百年,都饱浸着汗水,饱含着血泪,未来也绝非一帆风顺,仍然是一条满布荆棘的坎坷之旅。如今,中国的发展进入攻坚克难的关键时期,对内经历着产业结构升级,对外面临以美国为首的西方国家的围追堵截。

尽管如此,我们有充分的理由去相信,无论面对怎样的艰难险阻,中国人有能力也有斗志去克服,去跨越,去赶超。

2020年是历史转折的一年,在全面建成小康社会的关键之年,突如其来的疫情令每一个国民都措手不及。但随之而来的,是党中央高效有素的指挥,是全国人民积极响应的团结,是捐赠物资纷至沓来的善意,是共产党员身先士卒的觉悟。在这些实打实的措施面前,外国媒体的阴阳怪气,特朗普政府的无端指责,反倒显出了西方国家的"无能狂怒"。正如《纽约时报》所评论的,新冠疫情本该是中国的切尔诺贝利,却成了西方的滑铁卢。

凡是不能打败中国的,只能使中国变得更强。"伟业从来期壮士,长亭饮罢赋神州。"一路走来,一代又一代"筑梦人"前赴后继,披荆斩棘,在振兴中华的漫漫长路上树立起一座又一座丰碑。接下来的三十年中,当是正值青壮年的我辈奋斗之时。我愿用青春与汗水,为祖国的建设添砖加瓦,为实现共产主义的远大理想而奋斗终身!

(文:罗可扬)

初心向党，与党相随

题 记

习近平总书记强调，不忘初心，方得始终。中国共产党人的初心和使命，就是为中国人民谋幸福，为中华民族谋复兴。这个初心和使命是激励中国共产党人不断前进的根本动力。

党员、党员干部必须始终牢记全心全意为人民服务的根本宗旨，不忘初心，方可在面对深刻变化的世界形势、在面对国内外各种风险和考验、在面对新时代中国特色社会主义的新要求时，自觉为实现中华民族伟大复兴的中国梦而不懈奋斗。

前 言

时光荏苒，岁月飞逝，某些记忆早已随风而逝，但有些记忆却早已深深镌刻在心灵深处，历久弥新。

自2015年11月21日那日起，时至今日，我始终记得那天的自己，激动、紧张、兴奋、自豪……那复杂却又简单的心情只因为一件事：加入中国共产党。那天的自己，怀着严谨而慎重的心情，面对鲜红的党旗庄严宣誓："我志愿加入中国共产党，拥护党的纲领，遵守党的章程，履行党员义务，执行党的决定，严守党的纪律，对党忠诚，积极工作，为共产主义奋斗终身，随时准备为党和人民牺牲一切，永不叛党。宣誓人：董雅茹。"

回忆往昔，想想最初的自己，想想自己为何要加入中国共产党，想想自己如何开始了解并加入中国共产党，再想想自己在加入中国共产党

后又是怎样践行党员身份的,我将其归纳为八个字——初心向党,与党相随。

初心向党

作为一个农村的孩子,我能够深深感受到我党对广大人民群众的关怀与帮助。在很小的时候,我总是会时不时地听到父母以及周围的人谈论起国家对于农村的各种优惠政策,如家电下乡等。当时的自己尚处于少年时期的懵懂,并没有很深的了解,只是在想这些政策真好,对我们生活品质的提高帮助颇深。而在稍稍长大后,我真正了解到这些政策对农民、对农村的意义。2004年年底通过的惠农政策,为广大农民带来了福音,它从一定程度上实现了农村的改革,也缩小了农村与城镇之间的巨大差距。惠农政策对农业、农民和农村给予的政策倾斜和优惠深深体现了党对于农民的关怀,也让包括我在内的广大的农民家庭受益匪浅。而这也是我想要加入中国共产党的原因之一。

其次,对军队、军人的向往对我加入中国共产党也有一定的影响。生活中,我身边没有军人背景的亲人,但是我对于军队、军人总是有一种憧憬与向往。我是一个电影、电视迷,尤其喜欢那些讲述军队、特种兵故事的电影和电视剧,《冲出亚马逊》中王晖、胡小龙作为中国军人的代表在超乎生理极限的极限训练和极其艰苦的生活条件面前,时刻抱定"祖国的利益高于一切""我代表的是中华人民共和国"的信念,用肉体和钢铁般的意志坚持下来,维护了国家的尊严。此外,在抗洪抢险、四川汶川地震救灾中涌现出的一大波军人、武警战士,在国家、人民的利益面前敢于牺牲,勇于奉献的精神一直令我无比敬佩。在我看来,电影、电视剧中的一系列诸如王晖、胡小龙、许三多等军人形象,正是现实生活中军人的真实写照,而军人,便是始终坚持着"国家利益、人民利益高于一切""甘于奉献、勇于牺牲"的信念与信仰。而这些特质也是共产党员的基本特质,也是在党章中党员义务中明确指出的。

此外,高中三年求学,我接受来自社会爱心人士的赞助完成了高中学业,这些爱心人士,从未曾见过面,但是他们的社会责任感与奉献精神值得我一生学习，也更坚定了我想要服务、回馈社会的决心。

鉴于此，在大学初始，我就积极提交了入党申请书，并有幸于2015年11月21日成为同学中第一批加入中国共产党的人。时隔五年，我始终记得那一刻的自己，是自豪，是骄傲，更对未来的自己充满着期许与期待——我一定要成为为人民服务的合格共产党员！

与党相随

2014年9月份以来，我步入了北京理工大学，自此之后的七个年头我便与这所由我党创办的第一所理工科院校结缘，也伴随着党走过了这段岁月……本科阶段初始，我便递交了入党申请书，并在原基础教育学院共产主义学习实践会（简称"共学会"）和原理材学部共学会开启了我学生组织的生活；随后，也顺利在大二年级，凭借着出色的表现被接收入党，成为我学院第一批入党的六人之一。2016年，按期转正后，我当选为所在支部的党支部书记，直至当下。

作为一名共产党员，我始终严格要求自己，在日常生活中能够认真学习党的相关理论知识，认真学习贯彻习近平新时代中国特色社会主义思想，做到每周学习党史党章等基本知识，每周阅读一篇习近平总书记系列重要讲话，进行自我理论知识体系的完善与学习。此外，作为学生党员，我能够坚持以社会主义核心价值观中"爱国、敬业、诚信、友善"要求自己，也积极向身边的同志宣扬正能量；我积极参与许多志愿活动，如照顾流浪猫狗、长走大会、校庆等志愿服务活动，在志愿服务活动中真正做到不怕苦、不怕累，做事敢为人先。作为一名党员，吃苦在前，享受在后，甘于奉献，乐于助人，这将会是我为人处世的奋斗目标。

而作为一名党支书，它给我带来的是责任、是奋斗，更是要求。在任职过程中，我先后发展了近40位同志加入我党，而在党员发展过程中，我阅读并帮助修改了多份入党志愿书，见证了40位党员同志的入党初心，这更让我深刻认识到我党是一个伟大、光荣、正确的党。

2020年新冠肺炎疫情面前，中国共产党集中各方面力量，带领全党、全军、全国各族人民积极应对危局，在抗击新冠病毒疫情的伟大斗争中取得

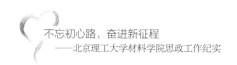

了重要成果,其中无数奋战在抗疫一线的共产党员用他们的责任与担当诠释了他们的入党初心,深深感染着每一个中华儿女。而疫情阻击战所取得的显著成效也充分展现了中国精神、中国力量、中国担当,更用实践和实际证明我党经得起历史与时代的考验。

结　语

党的十九大是在全面建成小康社会决胜阶段、中国特色社会主义进入新时代的关键时期召开的一次十分重要的大会,而值此之际开展的"不忘初心、牢记使命"主题教育则是学习贯彻党的十九大精神的重要举措,激励我们共产党人不断前进的动力。只有不忘初心,才能够在诱惑与风险面前坚守人民为中心的根本立场,才能够在实现中国梦的伟大征程中保持航向,并最终实现伟大胜利!

正如习近平总书记2020年五四时对青年提出的寄语所言,坚定理想信念,站稳人民立场,练就过硬本领,投身强国伟业。每一位青年大学生党员,都应始终严格要求自己,不忘入党初心,增强"四个意识",坚定"四个自信",做到"两个维护",用实际行动践行入党初心,用实际成果向党和祖国交出党和人民满意的答卷!而我也将在党员身份的践行过程中始终坚持初心向党,与党相随!

(文:董雅茹)

丹心从来系家国

小时候，读到舍身炸碉堡的董存瑞、挺身堵枪眼的黄继光、视死如归的李大钊等故事时，只觉得他们拥有常人所没有的坚毅和勇敢，长大后，才知道他们有一个共同的身份，叫作共产党员。也许，成为一名共产党员的愿望在我小时候就悄悄埋下了种子。

我很敬佩这些前辈，同时也希望自己可以不断向他们靠拢，即使现在不需要我们为国家作出如此大的牺牲，我还是希望可以尽自己所能作出一份贡献，所以我递交了入党申请书。

我是在党的保护下平安长大的。记得小时候，六一儿童节表演节目唱"北京的金山上光芒照四方，毛主席就像那金色的太阳"，当时只觉得旋律好听，却说不出其中的深意。于是稚嫩的孩子想象着北京，想象着毛主席，想象着中国共产党，想象着党近一百年来的风风雨雨。现在还能清楚地记得四年级在国旗下为汶川地震默哀，在党和学校的号召下捐款。那时唱响的歌表达了藏族人民对党、对毛主席、对天安门的憧憬与热爱；那时捐款是党带领全国人民团结一心、众志成城与灾区人民一道渡过难关。

后来，历史课上老师讲述了中国共产党成立的艰辛、革命战争的残酷、中国共产党的顽强与坚韧。老师的讲述让我再唱起"没有共产党就没有新中国"时有了许多新的理解——1921年中国共产党成立后，经历了北伐战争、土地革命战争、抗日战争和全国解放战争四个阶段，经过长期武装斗争，终于在1949年取得了革命胜利，建立了中华人民共和国。中国共产党领导全国各族人民为争取民族独立、人民解放而斗争，28年的新民主主义革命特别是22年艰苦卓绝的武装斗争验证了一条真理：没有共产党，就不可能建立新中国。

中国共产党是中国工人阶级的先锋队，是中国人民和中华民族的先锋队。无数优秀的共产党员为了保护国家和人民的利益，在面对危险和困难时挺身而出，英勇斗争，不怕牺牲。在一场场没有硝烟的严峻斗争中，中国共产党从没有被艰难险阻所吓倒，而是展现出敢于压倒一切困难而不被任何困难所压倒的大无畏气魄，用"明知山有虎、偏向虎山行"的逆行壮举，以"咬定青山不放松""不破楼兰终不还"的韧劲拼劲，书写下可歌可泣、撼天动地的斗争英雄史诗。

在抗击新冠肺炎疫情期间，多少个行业的人都在默默贡献着自己的力量。童世君的妻子在得知他要奔赴武汉一线抗击疫情的决定时，毫不犹豫采取支持的态度，承担起照顾两个孩子和老人的任务，因为她明白丈夫不仅是一名医生，更是一名共产党员，应该冲在第一线。也正是因为成千上万的共产党员勇敢冲在我们前面，主动承担起抗疫的责任，我国才能以最快的速度控制住这场突如其来却又来势汹汹的疫情。

疫情防控期间，隔离在家不添乱是我能作出的最大贡献，这种全民草木皆兵但自己心有余而力不足的感觉，让我迫不及待地想尽快毕业尽快工作，成为一个能真正把知识输出为生产力的人，我也真诚地想成为一名共产党员。每次看到那些无私又勇敢的党员为抗疫奋斗的令人泪目的新闻，我幻想过无数次假如那个人是我，我会作出什么选择，也得出了无数个相同的答案，我一定毫不犹豫奔赴"战场"。

疫情真正爆发的时间应该比父母和不经常上网的人知道的要更早两天，那几天我处在一个恐惧却又无计可施的状态，网络上人人自危，网民纷纷分享出与父母和身边"行家"交谈劝诫无果反而被责怪小题大做的经历，荒诞到让我突然理解了喜剧的内核是悲剧的真实含义。当然我也不例外，我妈反而来劝我让我不要过于紧张，以至于几天后全国正式封城封路全民严格进行自我隔离的时候，我还在想，这种政策、这种思想什么时候才能普及我们一个小县城、小乡村、一个个接收消息不是很灵通的中老年家庭。事实却是连我们村都以最快的速度拉上了隔离带，第二天开车回老家想嘱咐一下奶奶顺便送点防疫物资时，路上已经要一个一个隔离点地测温、查身份、查途径地等，每个人、每辆车凭村里发的通行证通行，规模之大之严肃认真让我对国家由衷地敬佩。透过这场波澜壮阔的抗疫斗争，我真切地看到，炽热而深沉的家国情怀，回荡在中华文明历史的深处，激荡在每个中华儿女的心里。

在中国共产党的领导下，我国的抗疫之行以最快的速度开始，以最大的宣传力度普及每一个人，这个我以为难度很大的任务，在党的领导和及时恰当的措施下、在全国人民上下一心的配合和共同的努力下，完成得令所有人心服口服。后来，我经历了第一个没有互相拜年的春节，看到了即使是主干道也无车无人的场景。我妈每天早上做的第一件事就是打开支付宝看最新的疫情报告，我奶还打电话嘱咐我不要出去乱跑，说现在疫情很严重外面很危险，我一边心想我都二十多岁了早就过了出去乱跑的年纪了，一边欣慰国家能将疫情的来源、传播、预防措施宣传到一个只有偶尔看看电视的老年人都说来头头是道的程度，这让我怎能不敬佩我党的执行力？

我为什么要入党？对于每一位已经和想要入党的人，都是无可回避的灵魂叩问。对老一辈革命先烈来说，入党是面对山河破碎、亡国亡家的处境作出的对国家和人民的救赎，如今，对于处于温室的花朵，为什么入党似乎成了一个更加现实却又十分迷茫的问题，随大流还是爱慕已久？或许是从小外公在耳边不断讲述的他对中国共产党的热爱，和他因为种种原因错失了入党机会的遗憾，或许是从小听到大的英雄故事的主人公无一不是伟大无私共产党员，或许是每次国家阅兵或者重大活动时内心的自豪与憧憬，或许是凉山火灾冲锋在前的消防员战士带给我的震撼，又或许是最近疫情期间有太多人作出太伟大的贡献……

目前，我只是万千渴望加入中国共产党的积极分子之一，距离成为一名正式的共产党员还有很大距离，但是，我相信，也有决心跨过这段距离，早日梦想成真。我们党在波澜壮阔的革命、建设、改革进程中，始终高擎民族精神火炬，团结带领人民不懈奋斗，淬炼锻造了红船精神、井冈山精神、长征精神、延安精神、西柏坡精神……这条奔腾不息的精神大河，源源不断注入中华民族的精神海洋。我在这些精神的滋养下茁壮成长。我从小到大都被灌输面对困难不抛弃不放弃的思想，在高三成人礼时，我参加了学校的远足活动，徒步近50公里，成功完成。面对入党，我同样不会轻言放弃，无规矩不成方圆，我会以蓬勃朝气、昂扬锐气严守党的纪律，严格规范自己的言行，提升自身修养，关注党的动态，时刻保持党员的先进性，认真学习工作，精益求精，团结协作，以诚待人。

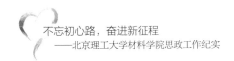

不忘初心路，奋进新征程
——北京理工大学材料学院思政工作纪实

  中国共产党人的初心和使命，就是为中国人民谋幸福，为中华民族谋复兴，这个初心和使命激励着共产党员不断前进。递交入党申请书的那一刻我已做好随时为党和人民牺牲一切的准备，我志愿加入中国共产党，对党忠诚，积极工作，我的入党初心也是为国家和人民奉献出我自己的力量。我正在不断提升自己的精神境界和文化水平，希望可以不断向优秀的党组织和共产党员靠拢，坚定理想信念、志存高远、脚踏实地，努力成为一名合格的、优秀的、光荣的中国共产党党员。

（文：刘家冉）

向着太阳歌唱
——青春心向党　初心永不忘

2020年10月10日,我在党旗下举起了自己的右手,庄严地进行了入党宣誓。从此,10月10日成为我的第二个生日。作为一名入党仅一个多月的预备党员,我的经历还不足以让我的体会达到很高的层次,但回忆起我的入党初心,寻溯我在追求入党过程中的历历行程,那时的画面仍然清晰。

童心向党——再话初心播种时

我于1999年5月出生在一个普通干部家庭,父母都是共产党员,我在党的光辉下茁壮成长。父亲认真细致的工作态度以及母亲循循善诱、兢兢业业的教书育人精神深深地影响着我。

从小父母对我说,吃水不忘挖井人。在他们的讲述中,中华民族在新中国成立之前所经历的磨难浮现在我的眼前——金戈鼍鼓、狼烟千里、战乱不息、饿殍遍地,在三座大山的压迫下,老百姓的日子很苦、很穷,别说上学,连温饱都成为问题。在自强不息的民族救亡运动中,是什么指引了方向呢?是那些被奉为金科玉律的教科书,还是那些对中国人民颐指气使的教师爷呢?都不是!是闪耀着金光的镰刀斧头指引了斗争的方向,撑起了民族的脊梁;是毛主席领导人民通过武装斗争,赶走了日本侵略者,打垮了国民党反动派,推翻了三座大山,建立了社会主义的新中国。

从小父母教我唱,唱支山歌给党听。如今的美好生活来之不易,今天的幸福是在党的领导下创造的。从群山环抱的僻静村落,到车水马龙的繁华都市；从昏暗潮湿的乡野旧居，到窗明几净的师范院校。党和国家的好政策改变了父母的人生，成就了他们的一番事业，也带给了我无忧无虑的童年生活。在那支唱给党的山歌中，我的心里只有感恩。

在父母的讲述中，我的心中渐渐埋下了一颗追求入党的种子，并且生根发芽。从这时开始，我对中国共产党有了朦胧的憧憬。但是那时的我，还没有真正认识到中国共产党是什么，只大概知道中国共产党是时刻想着为人民服务的党，觉得加入中国共产党一定是一件十分光荣的事。

入队入团——重忆初心来时路

小学是我接受教育的起点，在新世纪的第五个年头，知识殿堂的大门向我敞开。飘扬的红领巾——这是我初入小学时所见到的与往常不同的景象。这抹鲜艳、醒目的红色飘扬在胸前，宛如国旗的一角与少年们炽热跳动的心相连。在后来老师的讲述中我逐渐明白，我们这些正在茁壮成长的少年儿童正是通过这一方小小的红领巾同祖国和人民联系起来。

于是，年幼的我对鲜红的红领巾有了一股崇敬感，对成为一名少先队员充满了憧憬。我深知，要成为一名少先队员必须要做到德智体美劳全面发展，必须要对党和国家有真诚、深切的热爱。在小学二年级，我终于通过努力成为一名少年先锋队队员。入队时的高声宣誓是党的养育下懵懂少年热情的喷薄，在操场上的呐喊回应着这方烈士鲜血染红的红领巾的诉说。每当红领巾迎风飘扬，我的耳畔回响的是一百多年来前赴后继的革命前辈的呼唤，我的眼前映现的是镰刀斧头的金光。我和千千万万少先队员一样，有一个共同的名字——共产主义接班人。

难忘的小学六年匆匆过去，我进入了四川省眉山市洪雅县实验中学。褪去小学的稚嫩，我对自己的学习和生活提出了更高的要求。我告诉自己要戒骄戒躁、继续努力，成为一个对社会和国家有用的人。很快，班主任告诉我们，学校即将开展发展团员的工作。听闻这个消息我十分激动，并将自己迫切想入团的想法告知父母。他们告诉我共青团员是中国共产党的助手和后备军，并支持我的选择。我暗自下定决心，一定要认真学习、砥砺德行、不断进取、锤炼能力，在提升知识水平上下苦功夫，在提高自我修养上下大力气，一定要将自己的理想信念一以贯之，一定要坚定不移地以高标准严格要求自己，争取早日加入中国共青团。

在团组织的关心帮助和我自己的努力下，2011年12月，我光荣地加入了中国共产主义青年团。"我们是五月的花海，用青春拥抱时代；我们是初升的太阳，用生命点燃未来。"当我在团旗下举起右手庄严宣誓时，我下定决心：决不能辜负团组织、老师和同学们对我的期望，不能做与共青团员身份不符的事，在各方面都要起模范带头作用，努力成为新时代的社会主义建设者和接班人，为我国的社会主义现代化建设贡献自己的力量。

2014年9月，我以优异的成绩保送至四川省眉山市洪雅县高级中学就读。由于新的环境新的学习氛围新的同学，我在高一的几次月考中成绩不断下滑，自信心也受到了打击。在老师的鼓励下，我渐渐重新找到了自我的方向。经常开展的团组织活动让我学习到了很多党的知识，我深深地认识到只有中国共产党才能使中国走向富强、走向复兴。我也渴望着，有一天我能成为一名共产党员为共产主义事业而奋斗终身。

令我骄傲的是，洪雅县高级中学是长篇小说《红岩》的作者之一罗广斌的母校。我在学习了校史之后了解到罗广斌先生在重庆渣滓洞、白公馆集中营时所受的迫害以及众多革命先辈不屈不挠的抗争精神，我的心灵深受震撼。细读其所著《红岩》，我了解到英勇斗敌的许云峰、坚贞不屈的江姐、出身豪门却投身革命的刘思扬，这些志士是多么让人激动、崇敬和悲愤啊！在书中，我看到了无数个大义凛然的共产党员前赴后继，用生命和鲜血捍卫党的尊严和机密，配合武装斗争，沉重地打击了敌人的反动气焰。谁不愿意晒着温暖的阳光，在柔和的春风中畅游呢？谁不愿意在豁亮的屋子里，捧着洁净的书卷阅读呢？而那些当时和我年岁相仿的革命战士却在自己最美好的年华里选择了一条壮烈牺牲的道路。正是这些先辈的努力，才有了我们现在的美好生活。当我骑着自行车，迎着朝阳去往学校的时候，当我安安静静地坐在书桌前，开始一天的学习的时候，当我做完了一天的功课，在银色的月光下畅想美好的未来的时候，怎么能够忘记先辈们的壮烈牺牲，怎么能够忘记他们为了我们的美好生活而奋不顾身呢？当时的我就立下志向，一定不辜负先辈们的努力，不让流过的血汗白费，努力学习，坚定加入中国共产党的信念，为祖国有更好的未来而不懈奋进。

圆梦北理——初心使命记心上

2017年9月，我以一名成年人的身份正式成为北京理工大学的学生。北京理工大学的前身——延安自然科学院，从延安走来，在苦难中成长，吮吸着党的关怀。延河水是母校的根脉，每一个北理学子血液里都有延河情在奔涌。在这里，我能够学习到军工的前沿技术创新，能够切实感受到国家军工发展的动态，能够有机会将自己的知识运用到相关领域。尤其是我所在的材料学院，在诸多方面硕果累累，我能感觉到我在这所学校的发展和国家的发展紧密联系，这使我为学院、学校以及我自己都感到骄傲，也决心要在北京理工大学学习的四年里让自己的能力得到提升、思想得到升华。

2017年10月，党的十九大胜利召开，宣告我国社会主义事业进入了新时代。在这次大会上，习近平新时代中国特色社会主义思想被写入了党章，作为我党的指导思想和行动指南。身在北京的我有着更加直接的感触。习近平总书记指出，"广大青年要坚定理想信念，志存高远，脚踏实地，勇做时代的弄潮儿，在实现中国梦的生动实践中放飞青春梦想，在为人民利益的不懈奋斗中书写人生华章！"作为当代大学生，我认识到自己身上所担负的不仅是自己的未来，还有国家的未来。百舸争流千帆竞，乘风破浪正远航。我们属于被时代选中的一代，见证着国家的不断发展，也将会见到国家的强盛。少年强则国强，为了国家的繁荣昌盛，我应该严格要求自己，以"天行健，君子以自强而不息"的自强和开放精神，扬帆奋进、乘风破浪。

拼搏奋斗是时代的主旋律，追求上进是青春的背景色。在大学前两个年头的学习里，我的思想和政治觉悟也得到了显著的提升，对党的认识更加清晰，入党的愿望也更加强烈。我也更加深刻地认识到，加入共产党不是为了给简历增光，更不是为了从中获利，而是把责任记在心里，把重担挑在肩上，在这个组织中，我能真正找到很多像我一样的有志青年，不断为社会、为国家挥洒青春。

申请入党——不忘初心阔步行

回想稚嫩孩童或者懵懂少年时，党组织的形象在我心里崇高而遥远。加入党组织是我十几年来的愿望，也是十几年来的不懈追求。这份十几年来始终坚守的初心凝结着我的努力，汇聚着我的情感。2019年2月，当我写下"入党申请书"五个大字时，笔重千钧。

当时，我在学习上取得了优异的成绩，综合排名稳居专业第一；在班级里担任学习委员，并且担任志愿者组织的副会长，是老师和同学们信任的"勤务员"。但我知道我在政治和思想高度上仍有着很大的不足。于是，在递交了入党申请之后，我对自己立下目标，为了成为一名光荣的共产党员，我必须严守党章和党内法规，认真学习党的理论和路线、方针、政策，增强"四个意识"，坚定"四个自信"，做到"两个维护"。在院党课学习期间，我珍惜宝贵的学习时间学习了党章。通过对党章的学习，结合国家重大事件和对党的重大决策的学习、领会，我更加深刻地认识到党章的含义以及对共产党员的职责要求，更加透彻领会到中国共产党是中华民族的先锋队。于是我严格按照组织规定，加强理论学习，提高党性修养，定期向党组织提交自己的思想汇报；积极响应中央号召，主动参加各项实践活动；认真贯彻习近平总书记对大学生的要求，勤学修德，明辨笃行，不断积累科学文化知识，扎实提高学术能力，自觉担负起党和人民赋予的历史重任。

2019年10月1日，中华人民共和国迎来她的七十华诞。在盛大的阅兵式上，七十门礼炮轰鸣，如春雷般震天动地；鲜艳的五星红旗在振奋人心的《义勇军进行曲》中徐徐上升，像一团闪亮耀眼的火焰在湛蓝的天幕下熊熊燃烧。一个个武器方队让我切实感受到了祖国的强大，一个个群众方队让我感受到了人民生活的幸福美满。当观看到由北京理工大学4000余名师生组成的"与时俱进"方队从天安门城楼前走过时，我看到了北京理工大学师生的朝气，感受到了作为北京理工大学的一名学生的荣耀。我多么想成为他们中的一员，簇拥着领袖的画像走过十里长街，以青春昂扬的姿态告诉全世界人民，中国的青年是中国的未来。在那一刻，我的心脏与祖国发展建设的脉搏"同频共振"。在这场庄严的、壮丽无比的、洋溢着辉煌的庆典中，我深埋心底十几年的初心与梦想像不断增长的巨浪发出怒吼——绝不能贪图现在的舒适生活，应该站在祖国发展的最前线，承担起国家未来发展的重担，为实现中华民族的伟大复兴作出自己应有的贡献。

2019年10月，我参加了学校党校组织的"不忘初心、牢记使命"主题教育活动暨2019年下半年学生发展对象培训班。受中央民族大学刘树宏老师启发，我更加深入地思考了我的共产主义信仰和人生理想。多年来，在众多优秀共产党员的影响下，在中国共产党理论的熏陶下，我意识到，作为当代的年轻人，想要为中国作出更大的贡献，就应该积极向党组织靠拢，成为一名光荣的共产党员。我之所以要加入中国共产党，是因为只有党，才能够教育我们坚持共产主义道路，坚持一切从人民群众出发，掌握先进的社会、科技、文化本领；是因为只有党，才能引导我们走向正确的发展道路，创造更快、更好、更先进的文明；是因为我要全身心地投入共产主义的事业中，为中国的胜利腾飞，为中华民族的强大出一份微薄而坚强的力量。

2020年1月，一场突如其来的新型冠状病毒引发的肺炎疫情席卷全球。惟其艰难，才更显勇毅；惟其笃行，才弥足珍贵。在这场前所未有的抗疫阻击战中，九千多万党员干部守望相助，迎难而上，主动请战到这场战役的主力军中。新闻中全国各地共产党员同志身先士卒抗击疫情的行为感动了我。我作为积极向党组织靠拢的当代大学生，是社会建设的重要一员，未来也将是社会的创造者。在未来国家需要我们的时候，我也能够像这次疫情中涌出的英雄们一样，站到国家建设的最前线，为把我国建设成为富强、民主、文明、和谐、美丽的社会主义强国奉献一份自己的力量。

回望我三年多丰富多彩的大学生活，我的入党动机在老师的教导下，在与同学们的交流中逐渐端正。我坚信一个优秀的党员应该在各方面都严格要求自己，争做最好。同时，我认为作为北京理工大学的学生，我未来能为国家作出的最大贡献就是做出优秀的科研成果，解决我国相关技术瓶颈难题。因此，整个大学学习时光，我始终把学习摆在突出位置，过去的六个学期获得过一次国家奖学金、五次一等奖学金、一次二等奖学金、两次优秀学生，并且在各类学科竞赛如挑战杯中获得了一些奖项。我牢记戒骄戒躁的训诫，始终保持着一贯的学习的态度，为之后的人生获取更多的知识储备。除了认真学习，我也积极参与到学生工作和社会实践中。我自入校以来便一直在志愿者组织展现大学生志愿者的爱心和奉献精神，因为我认为大学生在完成自己的学业的同时，应该利用闲余时间，为社会做一些力所能及的事。也正是如此，我能够更好地理解为人民服务的含义。

永远跟党走——回首不忘初心路

金秋十月，丹桂飘香，2020年10月10日，我迎来了我人生中的重要时刻。在党员发展大会上，我举起右拳，面对党旗庄严宣誓："我志愿加入中国共产党，拥护党的纲领，遵守党的章程，履行党员义务，执行党的决定，严守党的纪律，保守党的秘密，对党忠诚，积极工作，为共产主义奋斗终身，随时准备为党和人民牺牲一切，永不叛党。"短短八十个字，十二句话，却意义非凡——这其中凝结了多少优秀的中华儿女在振兴中华的奋斗中的不懈追求，汇聚着多少前赴后继的革命志士在追求解放的斗争中的志向。

宣誓之后，我就和他们一样，是无产阶级先锋队的一员，是中华民族的先锋队的一员，在"共产党员"这个光荣的名字下，属于共产党员的责任也压在了我肩上。正如入党誓词所言，选择加入中国共产党就必须要为共产主义奋斗终身，就必须要坚决拥护党的领导，遵守党的各项规定，履行党员的义务。在可以预见的未来，党对我的要求必然是要时刻奉献、勇于斗争、敢于牺牲，这也是我的初心，我一直以来所不懈追求的。

加入党组织才短短一个多月，我在党组织的培养下，各方面能力已经得到了新的锻炼和提高。在党支部的大家庭里，我通过参加党支部各项活动，对党的方针政策和指导思想也有了更多的体会和心得，对党的亲切感和认同感不断增强。我深切体会到，中国共产党的历史就是不畏艰险、不怕牺牲、前赴后继、一往无前，为中华民族谋复兴，为中国人民谋幸福的历史。中国共产党是为民族解放和人民幸福，前赴后继、英勇奋斗的党；是坚持真理，修正错误，战胜一切困难，不断发展壮大的党；是伟大、光荣、正确的党，是中国革命和建设事业的坚强领导核心。在党的带领下，中国日新月异、飞速发展。特别是自党的十八大以来，在以习近平同志为核心的党中央的领导下，开辟了中国特色社会主义的新局面。

不忘初心路，奋进新征程
——北京理工大学材料学院思政工作纪实

回顾过去的二十一年，我从小学加入少先队，初中加入共青团，大学提交入党申请，到大四时加入中国共产党，党对我的影响已经贯彻了现有人生的大半，党的教育和培养，成为我世界观、人生观、价值观最核心的组成部分。在不断进步，向党组织靠拢的过程中，我也正确认识了自己的缺点，目前我的理论知识储备还需要加强，我应该继续在学习上认真刻苦，用知识武装自己，增加自己的能力。除此之外，我对时事热点的敏锐程度还不够高，作为一名当代大学生，我不仅应该专攻于学业，还应该关心社会，对一些社会热点新闻有所关注，并且展开自身的思考和反思。

我还一定不会辜负党组织对我的培养，持之以恒地改进自我，踏实学识，用实际行动接受党组织的考验和群众的监督。做到心中时刻装着党章，行动上处处遵守党纪，坚定理想信念，不忘初心使命，时时处处自重、自省、自警、自励，及时掸去思想灰尘，除掉心灵雾霾，祛除作风陋习，校正行为偏差，提高自身的党性修养，做到思想上纯洁、政治上坚定，心中有定力、行为有规范，事事高标准、时时严要求，处处发挥先锋模范作用。

结束语

习近平总书记曾经指出，"一切向前走，都不能忘记走过的路；走得再远、走到再光辉的未来，也不能忘记走过的过去，不能忘记为什么出发。"我将继续发扬十几年来的优良传统，站在新的起点上，不忘初心，牢记使命，始终坚持以习近平新时代中国特色社会主义思想为指导，更加紧密地团结在以习近平同志为核心的党中央周围，增强"四个意识"，坚定"四个自信"，做到"两个维护"，认真学习、努力工作、扎实苦干、锐意进取、与时俱进、永不懈怠。

我将始终怀揣敬畏之心，不负党旗召唤，坚定信仰，不断践行一名共产党员最初的誓言，用奋斗的青春让党旗更加夺目鲜艳，以自己的实际行动投身到全心全意为人民服务的伟大事业中去，投身到实现中华民族伟大复兴的伟大梦想中去，投身到夺取全面建成社会主义现代化强国胜利的伟大斗争中去。

（文：金枭雨）

追忆入党之路

"你长大之后想做什么呀？"一个温柔的声音问道。"我想入党！"不假思索，一个稚嫩的声音回答。"为什么呢？""嗯……因为他们都是好人。"小时候，总能听到那耳熟能详的歌曲："我们是共产主义接班人，继承革命先辈的光荣传统……"当时的我并不能理解其中的含义，但当我在升旗仪式上，看到迎风高高飘扬的五星红旗，心中总有着一抹激动和心安。我知道要向雷锋叔叔学习，要乐于助人、善良；要把捡到的钱交给警察叔叔，我仍然清楚地记得，把那张红色的钞票递到叔叔手里时，我的心中也添了一分红色。我还记得加入少先队时，为了不在仪式上出丑，我在家用毛巾学着系了一遍又一遍。然而入党对我来说是一件那么遥远的事，就像我没意识到自己年龄的迅速增长。

"站出来，让祖国挑选！"转眼间，我步入高中，高考之前我站在主席台上，慷慨激昂地说着学校的理念，心中充满着对未来的渴望。高中三年，为了向党靠拢，我加入了国旗班，一次又一次的训练只为迈出铿锵有力的步伐，别人休息的时候我们训练，刮风下雨也无法阻挡。我们的操场不大，但当我走向升旗台时，这段路程显得格外遥远。这是我每周最坚定的时候，视线随着国旗上扬，像初升的太阳，伴着不可磨灭的希望。然而事情不总是如我所想，同学们似乎对升旗仪式无动于衷，只想着快点结束。当时的我，见识到了不和谐的音调，只想赶快成长，早日入党，想改变社会的现状。天真而又冲动的我，并没有考虑到实现的途径，也还没有意识到入党是一件严肃的事情。我想象中的景象，是所有的党员同仇敌忾，一起对抗人民的敌人，每个人都恪尽职守，成为社会安定的一颗颗螺丝钉。入党对我来说是一件那么模糊的事，就像我没考虑过自己如何实现理想。

"你为什么想入党？"初入大学的我向他人问道。"因为将来好找工作。"我得到了截然不同的答案。随着信息时代的到来，大量信息涌入我的脑海中，正负皆有。长久以来的想法第一次被自己质疑，我的内心也出现了动摇："我不想与这类人同流合污，可是有些人已经入了党""但我不会因为这个原因入党，我可以去改变他""这想法本身并无错误，每个人都应以保证个人与家庭的生活""但党员自当牺牲自我"……我不断与自己对话，肯定、否定、再肯定……这是我第一次意识到自己的觉悟仍有很大不足。我认为应该先在思想上入党，再在组织上入党。于是我作出了一个重要的决定——我没有选择在本科入党，因为这时我对党的认识还不够深刻。我选择去校外看看，想了解得更多，再来决定自己是否有觉悟入党。我参加了扶贫项目，贫困地区的留守儿童十分朴素，和他们的交谈对我感触很深。在我们一起去食堂吃饭的时候，他们对我说："这几天食堂给吃得真好。"但在我眼中，馒头、咸菜、酱豆腐、鸡蛋，配上一袋牛奶，十分简单。他们告诉我平时只有稀饭和馒头，从他们的话语里我听不出其中有任何抱怨。我想把我的那份让给他们，但是他们希望和我一起分享，那样笑着，活泼，眼中闪烁着光。但当我回到城里，我仍能听到抱怨，如何的不作为，如何的形式主义。最终我没能认识到思想的进步与历史的推进一样，是螺旋上升的，想法仍然过于理想化，所以直到最后我都没有选择入党。此时入党对我来说是一件那么迷茫的事，就像我没决定自己去向何方。

"中国共产党是中国工人阶级的先锋队……"在我备战考研的过程中，深入接触了马克思列宁主义、毛泽东思想、邓小平理论、"三个代表"重要思想、科学发展观、习近平新时代中国特色社会主义思想，这些理论就像我的指路明灯，照亮了前进的方向，心中的困惑也一点点明朗起来。我的思想逐步成熟，入党不再是一腔热血的事情。我会兼顾好大家和小家，只有小家安定，才有多余的能力建设大家；同时，只有大家安定，才能保住小家。我会正视现实的不足和自我的不足，但也会努力提高自己的觉悟，坚持贯彻自己的信念。在这方面的学习中，我不断提高自己的认知层次，辩证思考的方法让我对知识有更深刻的理解，待人处事也有更沉稳的选择，也给我第二次考研提供了莫大的帮助，最终成功考上了北京理工大学。虽然还是错过了参加七十周年国庆阅兵表演的机会，但在电视中看到鲜艳的五星红旗飘扬于广场之上，一排排军人精神抖擞，接受检阅，之后的方阵群众游行，更是有我们北理工学子的身影，我就想与他们一同前进，在广场上感受党的光辉与温暖。北理工的八十周年校庆晚会，更是以"光荣与梦想"为主题，身处这所学校，我更想和广大师生站在一起，开拓创新，一同诉说北理工的光荣与梦想，一同在党的领导下为国家奉献自身，把论文写在祖国大地上。明年又逢中国共产党建党一百周年，一百年风雨兼程，一世纪沧桑巨变。这次我不愿再错过，我坚定决心要站在党的伟大旗帜下，为祖国的建设事业添砖加瓦。经过谨慎且长久的思考，我终于决定递交自己的入党申请书，这次我不再迷茫，将正视困难，不畏艰难。入党对我来说是一件从未如此坚定的事，怀揣永不磨灭的希望，像那冉冉升起的太阳。

谨以《深海》中我认为最有力量、令人激昂的歌词结束此文："我的信仰是无底深海，澎湃着心中火焰，燃烧无尽的力量，那是忠诚永在。"

（文：王子锋）

选择与沉思

初心是什么？为什么党的十九大以来要坚持开展"不忘初心、牢记使命"主题教育活动？因为初心就是支撑你吸引你加入中国共产党的朴素愿望，可以说很大程度上是我们的入党动机，它会在我们不断深化学习理论知识，加深对党各方面了解的过程中变得愈发坚定。

我出生在河南省新乡市的一个普通家庭，家中的长辈虽然都不是党员，但是他们都对中国共产党有着高度的认同感。生于1942年的奶奶可以说是伴随着祖国一路成长，经历了祖国的发展变化，见证了综合国力的不断增强。奶奶经常感慨国家的社会保障体系日益完善，政策对基层普通民众，尤其是困难群众和老人的倾斜非常高。家中长辈的评价让我对中国共产党有了一个初步的认识——它是一个真心为人民服务、为国家发展的政党。

由于家庭的经济状况并不是特别好，所以我的整个学生时代，从小学开始就一直享受着国家对贫困学生的资助和关怀。小学初中时的"两免一补"政策，高中时期的国家助学金，大学时的国家助学金、国家励志奖学金，再到研究生时期的国家助学金，这些政策关怀解决了我上学的后顾之忧，也让我深刻感受到，我的身后、我的未来有一个坚持为人民服务的政党所支撑。这种幸福感和安全感让我萌生了向党靠拢的想法，更在我学识和思想认识不断提高的过程中，坚定了我加入这样一个组织并同它共同奋斗的入党初心。因此我在小学、初中时候就积极地加入中国少年先锋队和中国共产主义青年团，期待着能与党组织更加接近。读高中时，我的姐姐在大学加入了中国共产党，并在毕业时成为一名基层教师。从我的姐姐身上，我感受到了共产党人的为人民服务不是一句口号，而是由每一位党员在自身力所能及的范围内，坚定地做好一件件小事最终实现的。那个时候我暗暗下定决心，一定要争取大学时期加入这样的组织。

循着这样的信念，我报考志愿时选择了一所首都北京的高校——北京交通大学，大学时代让我有机会更加接近党组织。2015年12月，我郑重地向党组织递交了入党申请书，通过网考后于2016年光荣地成为入党积极分子。作为积极分子我时刻以一名党员的标准严格要求自己，认真参加党课学习，主动向党组织汇报思想，积极参加社会实践活动。我不断加强马克思主义理论修养，积极学习先进理论，以科学理论武装自己并把理论贯彻到实际行动中去，指导自己的实践，不断端正自己的入党动机。

我加入中国共产党的愿望由来已久。这种愿望不是一时冲动，而是发自内心深处的一种执着与崇高的信念。在我成长的过程中，党每时每刻给我以关怀和温暖，共产党员的优良传统和作风每时每刻教育、影响着我，使我明辨是非、善恶、美丑，认清方向。从焦裕禄到孔繁森、任长霞、杨善洲，这些共产党员的杰出代表，以及我身边的共产党员中的无名英雄们，包括周围已经成为共产党员的同学们，他们高尚的情操和思想行为深深地陶冶着我，使我认识到共产党员确实是广大人民群众的贴心人，是人民的公仆。这些，更坚定了我不断靠近党组织并为最终加入中国共产党而努力的信念。因此，我的内心深处有一个目标：我要成为一名共产党员！我要像他们那样，全心全意地为人民服务。在我看来，全心全意为人民服务并不是非要做出什么惊天动地的大事，而是立足于我们的日常学习和工作生活中，一点一滴地作出我们的贡献。

2017年11月18日，是我人生至关重要的一个日子，在这天我终于被党组织接纳，成为一名预备党员，并于一年后按期转正。我认为端正入党动机和牢记初心不是仅仅停留在入党之前，成为党员后，更要不忘初心，牢记使命。成为党员后，理论学习更加深入和多元化，听党课学原著做实践，对党的认识理解不断深入。因此我仍然经常回顾审视自己的入党动机和初心，在内心深处问一问自己，今天的自己是不是在向着初心目标而努力。党内的许多活动其实都是很好的教育机会，除了党课以及主题教育活动，我认为接受预备党员大会和转正大会是对党员和积极分子一次更好的端正入党动机、

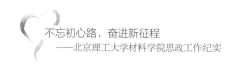

坚定初心的机会。严肃规范的流程，新接收预备党员宣读自己的入党志愿书，分享自己对党的认识和入党动机的转变过程；转正党员的转正申请，对自己的又一次审视和剖析。这些活动都可以对我们有很强的震撼和影响，让我们回想起自己的初心，并不断更加坚定。

（文：张洪允）

到人民中挥洒青春

自我儿时开始,每次做一件事情,总会有人问我:"你为啥要这样做呢?"我也一直在思考,我为什么选择加入中国共产党,加入中国共产党对我意味着什么,我加入中国共产党的初心究竟是什么?

入党初心对每个人来说都是不同的。在那个烽火连天军阀割据的年代,四万万人民受尽凌辱,中华民族在侵略者铁蹄之下苟延残喘。以毛主席、周总理为代表的老一辈革命同志,他们的初心是推翻帝国主义、封建主义、官僚资本主义这三座大山的宏伟目标,是不畏强权、敢于抛头颅洒热血的豪情壮志。在那个一穷二白百废待兴的年代,每一个人都为经济建设付出不懈努力,中国在工业化、现代化的征途上筚路蓝缕。以王进喜、焦裕禄为代表的共产党人,他们的初心是建设社会主义现代化,推动社会经济的发展,为的是人人吃面包喝牛奶,同自然灾害、工程难题做斗争。在这个经济社会高速发展的年代,人人都在享受改革以及经济发展的福利,脱贫攻坚深入推进。新时代的共产党员的初心,是让中国社会发展更加健康,是让那些远离城市、在遥远乡村的依旧处于贫困状态下的人,一劳永逸地脱离贫困。正如那牺牲在扶贫道路上的770多个一线扶贫干部所做的,走在人民最需要的地方,为了五十六个民族团结一心,为了14亿人民共享社会繁荣带来的幸福,为了我们脚下960多万平方公里土地开满希望之花,而付出自己的青春甚至自己的生命。

守初心,科技报国为人民

共和国科学技术飞速发展背后离不开各行各业的科学技术人才的不懈努力。今年是北京理工大学建校80周年,其前身延安自然科学院主要筹建者之一陈康白先生12岁成为老校长徐特立先生的学生，接受了许多新思想的熏陶，在心里埋下了科技报国的种子。之后奔赴德国哥廷根大学学习时，也不忘儿时科技报国的梦想，"七七事变"爆发，陈康白先生放弃德国优越的生活，毅然回国。在徐特立先生影响下，他独自奔赴革命圣地延安，筹办延安自然科学院，提高边区盐产量，实现边区兵工厂手榴弹、枪支弹药的自研。陈康白先生用自己的实际行动，践行着自己科技报国的梦想。

在学校刻苦努力学习、专心科研，心怀科技报国的初心与热情，才能一直满怀科研的激情。要像陈康白先生一样不计个人得失，在国家需要的技术领域有所建树，为国家科技发展贡献自己的力量，真正实现自己的科技报国为人民的初心。

在当代面对以美国为首的西方国家技术封锁下，我国在各项"卡脖子"技术上所产生的突破，打破了西方国家在国际竞争中所依赖的技术垄断。我们取得这些傲人的成果，离不开那些不忘科技报国初心的从事科技工作的共产党员的殚精竭虑，他们不分日夜，废寝忘食地苦心钻研，终于在一些小小的地方突破，积土成山，聚沙成塔。科技报国为人民的初心体现的是科技工作者的爱国情怀和时代担当。

守初心，去人民需要的地方

就在今年贵州省最后的贫困县脱贫摘帽，党和政府实现了对广大"老少边穷"地区贫困人民的承诺。国家扶贫工作的贯彻执行离不开那些无私奉献的扶贫干部。几年来，有300多万干部奔赴扶贫第一线，这些人里面大部分是青年共产党员，他们接受过高等教育，他们本可以选择"朝九晚五"的生活，在办公室里从事着轻松而体面的工作。但是他们一直没有忘记自己入党时的初心，响应国家号召，去人民最需要的地方，他们没有忘记自己入党时发出的庄严的誓言，"随时为党和人民牺牲一切"，因此他们走进了中国最困难的贫困村里，他们是扶贫队伍的尖兵——驻村干部。

西南深山，泥泞的盘山小路上，能看到扶贫干部为了村民的农产品运出去而往来奔波；西北戈壁，盐碱的农田里，能看到扶贫干部向村民传授养殖种植技术，让农民因地制宜地增加收入。真实世界里没有那么多一夜暴富的故事，中国贫困地区的脱贫多是平凡无奇的故事，昭平、盐池、尉犁、云龙以及榕江等这些脱贫的典型地区，是几百万扶贫干部不忘初心，走在第一线找到适宜的脱贫道路，是他们脚踏实地，一步一个脚印所取得的成果。

守初心，为百姓安居乐业

新冠病毒如同大自然给全球人民出的一道难题，在年初恶魔般降临，多亏我们党和国家坚持以人民为中心，立即实行了高效而迅速的防疫措施，免于人民生命健康遭受损失。我们许多党员同志不忘初心，于寒风中矗立，化为人民的卫兵。是那些坚毅的共产党人无私的付出，冲在抗疫的第一线，才换来现在人们的安居乐业。我们可以在春天漫步于森林公园，感受着鸟语花香；我们可以在夏天欣赏昆明湖的"接天莲叶无穷碧，映日荷花别样红"；我们可以在晚秋登上香山，感受那满山红叶；我们可以在冬天游览故宫，欣赏那穿越时间与空间故宫雪景。无数党员同志不忘自己守护百姓安居乐业，做人民财产安全的卫兵的初心，抗震救灾、抗洪抢险、抗击新冠，他们一直冲在第一线。

入党初心对每个人来说，可能是不尽相同的，科技报国、服务基层抑或是扶贫带领农民奔小康，都离不开我们对党中央以及人民的一片赤胆忠心，为人民服务，为了这片我们生于斯、长于斯的壮丽山河，为了中华民族的伟大复兴。这就是我们所有九千多万共产党人共同的入党初心。

（文：贾兆虎）

不忘初心路,奋进新征程
——北京理工大学材料学院思政工作纪实

历史的选择,我们的方向

一百八十一年前,西方列强的坚船利炮,撞开了旧中国的大门。从此,在这片美丽的华夏大地上,财富任人掠夺,文化任人摧残,人民任人宰割。

回顾中国的近代史,在长达百年的屈辱岁月里,山河破碎,国将不国。从鸦片战争打破国门到八国联军肆意践踏,从日本帝国主义烧杀抢掠到国民党反动派再起争端,近代的中国,多的是屈辱,多的是磨难,多的是沧桑。无数中华儿女、仁人志士前赴后继,寝食难安,他们为的是寻找一条富国强军之路,为的是几亿人民不再颠沛流离,不再在列强的铁蹄下茫然地承受着欺凌,为的是实现中华民族的伟大复兴。

煌煌中华,英雄何在?何以为国,何以为家?谁能挽救民族危亡,解万民于倒悬?在漫漫的长夜里,人们等待着希望,等待着曙光。

终于,1921年7月,在碧波荡漾的嘉兴南湖上传来一个振奋人心的消息——中国共产党诞生了!对于饱经磨难的旧中国来说,这好比一道电光划破夜空,中国历史从此翻开了崭新的一页!星星之火可以燎原,中国共产党的诞生,在黑沉沉的中国大地上燃起了熊熊烈火。火光照亮前路,带领人们打倒土豪军阀,扫荡日寇列强,焚毁一切腐朽。中国人的执着古而有之,道之所在,虽千万人吾往矣。华夏子孙没有被困难打倒,中华儿女也不会因前方的黑暗就止步不前。枪杆子出政权,从农村到城市,从弱小到强大,无数革命先烈用他们的意志和鲜血换来了新中国的诞生!

沧海桑田,神州剧变,建党一百年来,中国人民迎来了从站起来到富起来再到强起来的伟大飞跃。如今,中国已经是世界第二大经济实体,一座座新城拔地而起,教育科技成果遍地生花,医疗保障、脱贫攻坚、文艺创作全面发展。一百年的风风雨雨,一百年的一往无前,换来了今天我们春回大地、国泰民安、繁荣昌盛的美好景象。

中国人始终坚信，没有共产党就没有新中国。一百年来，党带领人民劈波斩浪，勇往直前。革命先驱们经历了无数生死考验，就像普通的飞鸟经受烈火的涅槃，最终浴火重生。"五岭逶迤腾细浪，乌蒙磅礴走泥丸"，也许"光荣""伟大"这些字眼已经无法形容革命先烈的英魂和一代代共产党人坚如磐石的意志了。从李大钊先生发出第一声共产主义的呐喊，到刘胡兰"生的伟大，死的光荣"，为共产主义事业不惜献出自己的生命，从带领人民推翻三座大山，建立社会主义人民共和国的毛泽东，到稳住了改革和发展的大局，捍卫了中国特色社会主义伟大事业的新一代领导核心习近平，还有很多不为大众所熟知的优秀共产党员，是他们的无私奉献和不懈奋斗，才迎来了社会主义事业蓬勃发展的今天。

走进新世纪，面对复杂变幻的世界格局，我们党秉持着初心，为中国人民谋幸福，为中华民族谋复兴。香港澳门已然回归，一雪百年耻辱；一带一路，共同繁荣、共同发展；经济总量全球第二，发展速度令全球憾然；西气东输，南水北调，没有条件创造条件；北斗卫星，自造航母，折服世界的大国风范。数不清的成果，包含了前人无尽的心血与坚守。实践证明，不论历经如何的风云变幻，只要全国十几亿人上下一心，将马克思主义同中国实际相结合起来，紧跟时代潮流，解放思想、实事求是、与时俱进、开拓创新，我们党定能历久弥新、青春永驻，我们的国家定能蒸蒸日上，我们中华民族定能实现伟大复兴！

奋斗就是共产党员的本色，那些人民英雄的艰辛奋斗印证着我们的初心，那些人民英雄所开辟的道路凝结着奋斗的足迹。回顾党的历史，一大批优秀先进模范感染着我，从书本到影视，英雄模范的先进事迹深入人心。即使在身边，也不乏师长先辈们的谆谆教导，他们以他们的实际行动赢得了人民群众的尊敬。

2020年是特殊的一年，突如其来的疫情让全国上下人心惶惶。这是一场来势汹汹的大战，这是一场惊心动魄的大考。在抗击新冠肺炎疫情的战斗中，有一群"逆行者"格外引人瞩目，他们迎难而上，奋战在抗击疫情的最前线；他们越是艰险越向前，在战役一线主动向党组织亮出赤诚之心；他们在与病魔的较量中淬炼了初心、磨砺了意志、经受住了考验；他们在火线坚定地举起右拳向党旗宣誓，光荣地成为中国共产党的新成员。2020年2月份，光是北京地区疫情防控一线的工作人员中，新递交入党申请书的3762人，已确定为入党积极分子或发展对象的10416人；北京市首批火线发展党员37人，其中13人为北京市派往湖北医疗队的工作人员。世界上从来没有从天而降的英雄，只有挺身而出的凡人；没有人生而英勇，只是他们选择了无畏。火线淬初心，战役显忠诚！党员同志们积极起着模范带头作用，冲在抗疫第一线。本该是与家人团聚的日子，但在疫情面前，我们的医院和医疗卫生单位却组织党员突击队，设立党员先锋岗，组织广大医护人员冲锋在前，战斗在前，"召之即来，来之能战，战之能胜"。"苟利国家生死以，岂因祸福避趋之"，无数党员模范争当最美逆行者，他们逆风而行，却又向阳而生。

迷茫中，我也曾寻找生命的真谛。随着阅历的增加，生活告诉我人生的价值在于奉献而不是索取。雷锋同志说："我要把有限的生命，投入到无限的为人民服务之中去。"是啊！远至革命先烈，近至抗疫战士，无一不向人们展示什么是责任，什么是担当。共产党人就是把责任扛在肩上，把担当记在心里。他们给了我们感动，给了我们思考，给了我们方向！一簇星火也许光芒微弱，但千千万万簇星火汇聚在一起，就能点亮黑夜，驱走寒冬，迎来阳春万丈光辉。我们身边一定都有很多这样的人，他们殚精竭虑，呕心沥血，以一名共产党员的博大胸襟和高尚情操，坚守在自己或许很平凡的岗位上。以上种种，让我有种迫切的渴望去学习他们，加入他们，我也想用自己的发光发热温暖到其他人，时刻不忘身上的重担，将为人民服务的宗旨铭记于心，讲奉献，有作为，敢担当。奉献让党旗更加鲜艳！

历史的车轮滚滚向前，无情地碾碎一切腐朽的旧制度。现在接力棒传到我们这一代人手中，我们有幸生活在这样一个和平的年代，所以更应该不畏艰险，众志成城，在世界大发展的潮流中，在中华民族伟大复兴的进程中昂首向前，锐意进取，用自己的灵魂，为这一方土地涂上显目的色泽！我们的伟大领袖毛主席曾经说过："世界是你们的，也是我们的，但是归根结底是你们的。你们好像早晨八九点钟的太阳，希望寄托在你们身上。"

不忘初心，方得始终。须知成绩是干出来的，实力是拼出来的，荣誉是苦出来的。值此"两个一百年"奋斗目标的历史交汇期，也是中华民族实现伟大复兴的关键时期，作为新时代的年轻人，我们必须共同努力，在党的正确指引下，开拓进取谋发展，与时俱进创辉煌，为家乡的富裕文明，为祖国的繁荣昌盛，演绎出更灿烂的精彩！

我们风华当正茂，我们复兴勇担当！

（文：刘鑫秀）

不忘初心路,奋进新征程
——北京理工大学材料学院思政工作纪实

从红领巾飘扬到红旗下宣誓

我于1999年10月出生在一个普通教师家庭。我的父亲母亲都是优秀的人民教师,坚守在乡村教学的一线岗位上,认真工作,恪尽职守,在我们当地的学生、家长群体中具有一定声望。作为"知识改变命运"的第一批受益者,他们从大山里凭借自己的努力一路走出来,并将这种艰苦奋斗的品质传承与我。我的母亲更是一名优秀的共产党员,认真负责、细致谨慎的工作作风从小就深深地感染着我。2004年9月,我进入辽宁省锦州市凌海市新庄子镇向阳小学,这是一所规模很小的乡村小学,但是在那里我度过了充实、有意义的童年生活,我认真学习,热爱劳动,积极探索,善于发现。在小学一年级时,我就光荣地加入了中国少年先锋队。那时候,妈妈告诉我,加入了少先队,就成为小标兵、小榜样,要努力成为更好的孩子,才能跟得上优秀先烈的脚步,继承他们的精神,长大能够作出贡献。2006年9月,为了获得更好的教育资源,开阔我的视野,我转入了辽宁省锦州市凌海市实验学校。这所在城市里的学校教会了我更多的科学文化知识,我倍加努力,珍惜这来之不易的机会,每年都会被评为学校的三好学生,在各学科竞赛中名列前茅,还在2009年六年级时被授予市级"小雷锋"称号。这时候,我已经意识到自己身上的责任,我一定得尽我所能多多帮助别人,比优秀再优秀一些,才能担得起"小雷锋"的称号,不辜负少先队对我的培养与认可。

2010年9月,我进入辽宁省锦州市凌海市第二初级中学读初中。随着知识的积累和年龄的增长,我逐渐懂得了,青年人要成长进步必须靠近团组织,主动接受团组织的教育和培养。我清楚地记得那天是外公的生日,老师在班会上宣布团组织即将在我们班级发展团员,我兴奋地举手报名。晚上,回到家里，我们一家人为外公庆祝生日，我一边为他夹他最爱吃的干豆腐，一边手舞足蹈地讲述我要入团了的事情。外公也开心地表扬了我，还语重心长地向我讲述共青团员的责任与担当，告诫我要做一个对国家有用的人，争取加入党组织，像妈妈一样。通过团组织的帮助和自己的努力，2010年12月，我作为年级第一批提交入团申请书的同学，光荣地加入中国共产主义青年团。共青团是中国先进青年的群众组织，是中国共产党的得力助手和后备军。当我在团旗下举起右手庄严地宣誓时，不禁泪目，我下定决心：一定好好学习，全面发展，在各方面都要起模范带头作用，成为一个有价值的人，为祖国的发展作出自己的贡献。事实证明，我确实达到了自己的目标，不仅成绩名列前茅，还积极帮助困难同学补习，做同学们的好伙伴、老师的好助手。在课余时间，我还积极参与团委组织的板报设计工作、广播站宣传工作等，时刻以优秀团员的身份严格要求自己。

2013年9月，我考入辽宁省锦州市凌海市第一高级中学就读。进入高中阶段后，学业似乎成了最要紧的事情。但是，我非常感谢我的高中班主任，他兼任校党办主任，经常利用晚自习的时间与我们探讨时事热点，这对于我们理科生来说是非常有趣的减压方式。老师还为我们订购了杂志《辽宁青年》，时至今日，这依然是我最喜欢的一本杂志，它是辽宁共青团出版的专注青年声音的读本，我总能在上面得到新的启发，进行多维思考，为我搭建了学习马克思主义哲学的基石。老师说，要实时保持对国家的了解，这样在有需要的时候才能挺身而出，为国出一份力。高中期间，我印象最深的国政大事是从2014年开始，"反腐倡廉"的正气席卷了中华大地，一项项反腐反贪的政策纷纷出台，从严治党的号角全面吹响。老师问了我们一个问题：既然党员的一项标准是为人民服务，那为什么还有些党员会贪污受贿，欺压百姓呢？经过讨论，我们认为是因为他们丢失了信仰，没有了信仰的支撑，他们便会忘了自己原来的使命，做出一些错误的事情。这时候，我知道了马克思主义、毛泽东思想、邓小平理论、科学发展观等一系列名词，看着班级里已经成年的同学纷纷递交入党申请书，我对伟大的党第一次有了具象的认知。入党，成为我心里一颗蠢蠢待发的种子。

2016年8月我考入北京理工大学材料学院，完成了人生的第一次重要转折。在大一时，由于年龄较小，我无法完成向党组织进一步靠拢的想法。

我坚定地加入了学院青年团校，希望能够进一步加强巩固理论知识，健全人生观、价值观、世界观，全方位锻炼自己的素质，做团的好干部，为后续的申请入党打下良好基础。终于，我在大二学年2018年3月郑重向学校党组织递交了入党申请书。回想自己的入党动机，一方面是我对党组织这个大家庭的向往与憧憬，期待着能够获得更好的学习资源与环境；另一方面，从小接受的思想政治教育告诉我，成为一名中共党员是一种认可，更是优秀的标志。其实这样的想法并不十分成熟，甚至夹杂着一丝随波逐流的心态。幸运的是，我积极参加了入党积极分子培训班、团校干部培训、专题思政课等一系列的思想政治教育活动。真正让我坚定在社会主义道路上奋斗一生的，是我所见到的一位位优秀共产党人前辈，从"坚守北理工火炸药人的初心，眼里有星辰大海，胸中有丘壑万千"的谭惠民老教授，到"锻造国防'千里眼'，不受任何外界困难所阻挠的"毛二可老院士；从"我从事这个行业是因为党和人民的需要"的探月工程总设计师吴伟仁院士到"我代表中国，我必须强硬也有底气强硬"的香格里拉对话会中国领队何雷中将。我非常感激学校能够给我这些机会同如此杰出的前辈面对面交流，在交流之中他们流露出的对党的真情实感着实令我动容。在经历了风风雨雨、无数挫折后，这些前辈仍然拥有坚定的信念和中国共产党站在一起，这说明一定有某种东西在吸引着他们，即使经历再多困苦也要向着它前进。而这种东西，就是我要探寻的入党的动机与初心。

经过一次次心灵的洗礼，一位位优秀前辈的谆谆教诲，我对自己的入党动机有了新的理解与认识，不再像之前那样"年轻气盛"，满腔热血地仅仅因为党好，更多的是一种从心里自发产生的对党、对国家、对共产主义事业的认同与追求。在对入党动机深化、充实的同时，借助党课以及平时阅读的一些书籍，我对党的历史以及党在建设过程中所依靠的理论基础也有了进一步的理解与认识。共产主义到底是什么呢？为什么它能支撑几乎整个民族，夺取最后的胜利？我们所说的共产主义社会，指的是马克思、恩格斯所提出的"一个没有阶级制度、没有剥削、没有压迫，实现人类自我解放的社会"，在这样的社会中人们"各尽所能，各取所需"，不再有"生产资料私有制，甚至不会有国家，政府以及家庭"。共产主义是社会主义阶段经历公有制的发展，壮大甚至取代私有制，最终形成"自由世界"的最高阶段。在马克思看来，充斥着剥削与压迫的资本主义必定会灭亡，人们必将迎来自己当家作主的共产主义。而这一点，是一条经得起时间考验的不变真理，是每个共产党人的最高理想与最终目标。为了实现这一目标，我们还有很长的路要走，但只要我们众志成城，坚定信念与信仰，就一定会有实现的那一天。

在历史发展中，马列主义也在不断地完善与发展。而作为社会主义国家的中国，只有将马列主义与自己的国情相结合，才能真正走出属于自己的中国特色社会主义道路，实现中国特色社会主义事业的最终胜利。在习近平新时代中国特色社会主义思想中，最引人注目的是新时代主要矛盾的改变。因为历史原因，中华人民共和国成立之初各项发展水平均处于十分落后的状态，因此在过去几十年的发展中，中国一直坚持发展生产力，并将主要矛盾定为"人民日益增长的物质文化需要同落后的社会生产力之间的矛盾"，这是符合中国当时的国情的。但经过几十年的努力，尤其是改革开放后的这段"黄金时期"，中国的生产力水平已今非昔比。再加上中外交流的增多，人民对于生活的需求已经不再仅仅满足于简单的物质文化需要，而是呈现出多元化的特点。因此，党和国家及时对其作出调整，将主要矛盾改为"人民日益增长的美好生活需要和不平衡不充分的发展之间的矛盾"。而这也正是党在建设共产主义最高理想过程中实时注意将理论与实际情况相结合的最好体现。

除了理论知识的学习和思想高度的转变，在学校期间，我还认真学习专业知识，始终坚持以党员标准严格要求自己，积极参加社会实践，以实际行动接受党组织的考验。在2017年9月，我被派至材料学院分团委实践部协助工作，开始进一步接触团的相关工作，迎来了新的工作挑战。"青年服务国家"，是我校社会实践活动的主题口号，而"服务保障青年"是我在寒暑期社会实践活动中的工作宗旨。从前期动员、团长培训，到实践过程中实践地及时联系、保障安全，再到后期材料收集、答辩评比，我都步步参与其中，为同学们丰富多彩的寒暑期社会实践提供了保障。另外，我自己也在每个寒暑期都参与了各类实践团，乡村支教、返乡调查、校友走访，为同学们树立了良好的榜样。2018年6月，我凭借自身工作优势成功竞选团委学生副书记，协助团委书记主持学院分团委的日常工作，前后参与并组织了"材料之星"

青春榜样评选、"担复兴大任，做时代新人"系列主题教育活动、时代故事评选及讲述活动、团员基本信息采集等多项工作。在团委书记的引领下，我参与组织开展的"担复兴大任，做时代新人"主题教育活动被校团委"时代先行"栏目收录，总结推广先进经验，在全校范围内形成了思想引领工作的良好氛围，为基层团组织树立了良好的榜样。在三年多的大学生活中，我还一直在班集体中担任学习委员一职，同学们以"永不卸任的学委"亲切地称呼我。对于班级中生活、学习上有困难的同学，我也关心备至，尽自己最大的努力去帮助他们解决困难，积极地面对大学生活。

在那时，我也深深地感受到，与一名合格的党员相比，自己仍然有很多的缺点与不足。首先是服务意识还达不到合格标准。虽然我在学生工作方面下了不少功夫，但服务的范围却十分有限，仅仅局限在院系，最多也只能扩大到学校的各个支部。而在志愿方面，我所做的努力就略显单薄，这样并不能很好地体现出服务人民、服务社会的意识。因此在日后的学习生活中我会积极关注身边的志愿服务项目，积极参加，争取尽自己所能为社会上更多的人提供帮助。其次是我在体育锻炼、身体素质方面还存在明显的缺陷。由于身体素质本就不是很强健，并且因为自己的惰性，我难以长期坚持体育锻炼、提高自己的体能水平，为祖国健康工作五十年成了空喊的口号。因此在接下来的生活中，我会提高这方面在生活中所占的比例，坚持跑步等体育锻炼，并向优秀的同学虚心求教。并且为了克服自己的惰性，要与身边优秀的同学相约一起锻炼，相互鼓励，一起进步。最后一点是对于党的有关理论知识的学习投入的精力还远远不够，不能形成长期的，制度化的学习习惯。这就要求我在接下来的学习中开辟出专门的理论学习时间，将理论学习常态化，让它成为我的一个习惯。并且我会积极与联系人交流自己近期所学，以此达到督促自己学习的目的。

经过一番思想的洗礼与理论知识的学习，我现在已经明确了自己的入党动机：我与党有着同样的最高理想与最终目标——实现共产主义，我们都矢志不渝地相信我们一定能实现自己的理想。因此，我要加入中国共产党，我要作为一股新鲜的血液，在党组织中不断磨砺、提高自己，并以更加饱满的状态与更加坚实的能力去建设好党和国家，为共产主义事业而奋斗终身。我下定决心，绝能不辜负党对我的培养，今后一定加倍地努力学习、工作，用实际行动接受党组织的考验和群众的监督。

  2019年12月7日，是一个令我终生难忘的日子——我的"政治生日"——在这一天我经过党组织的批准，成为一名光荣的中国共产党预备党员。从那天起，我以更加严格的标准要求自己，坚持思想政治学习，时刻牢记共产党员的使命与担当。

  在今年抗击新冠肺炎疫情的斗争中，我对我的入党初心有了新的反思，对自己的预备党员身份有了新的思考。在抗疫一线，白衣天使夜以继日，解放军战士不辞辛劳；在后备物需，建设者争分夺秒，运输者全力以赴；在基层社区，领导干部亲力亲为，志愿者们仔细负责。他们用自己的平凡之躯，为亿万中国人筑起疫情防护的堡垒，他们是战士，是英雄，是党的好儿女。而我，渴望着有机会成为他们中的一员，能够用自己的行动证明"随时准备为党和人民牺牲一切"的誓言。作为一名预备党员，仅仅提升自己的思想水平是远远不够的，要争取在实践中锻炼自己、检验自己。

  回首过去一年的预备期，我不断注意提高自身修养，在党组织的培养教育下，在党员同志们的悉心帮助下，加强政治思想学习，工作上精益求精，学习上刻苦钻研，在各个方面都实现了进步，取得了一定的成果。特别是通过参加党的组织生活和丰富的党内活动，进一步端正了理想信念，提高了党性修养，增强了为人民服务的自觉性；更使我认识到共产党员的身份，不是一种荣誉，而是一种责任，一份追求。回首过去十几年来的不懈追求，从入队时的喜悦到在党旗下宣誓时的自豪，我经历了很多，也产生了很多体会。但无论环境发生了怎样的变化，经历了怎样的困难与挑战，我的初心始终未变——全心全意为人民服务，为实现共产主义远大理想奋斗终身。前路漫漫，需仰望星空，脚踏实地。

（文：杨飞洋）

第四章
致最美逆行者

抗疫专题诗

七绝·钟南山院士礼赞

院士八十贤者身，逆行老迈战瘟神。
中华硬汉英雄志，真乃脊梁救病人。

七绝·赞钟南山院士

八秩贤翁院士身，直奔沙场战瘟菌。
科学巨匠回天力，德艺双馨赤胆人。

水龙吟·战冠毒

楚山修竹如云，龟蛇锁镇大江好。春节正兴，怎出冠毒，竟将民扰。愁落江城，遍及云梦，神州煎烤。自惠发首例，中央重视，知温暖，有多少？

虽怨瘟灾乱跑，赞英雄，德高技巧。令出党政，古今中外，抚民难找。更有医生，卫城军警，舍身争秒。为使君洗净，肺中瘴气，天明大晓！

七绝·贺火神山医院人与物集结完毕

八架军机发四营，物资医士集江城。
各员主将今临任，党有安排军有情。

（文：吕广庶）

格律两首

浪淘沙·致材料学院

阆苑何笙箫？几时渔樵，落花流水秋意早。鸿材经年多传道，白头年少。
堂前无须花，桃李不言，延安兵戈红旗飘。十丈热血铸军魂，材满今朝。

诉衷情·致材料学院最美逆行者

几曾匹马戍楚州，肺疫且烦忧。午夜梦断何处，汗浸旧白袖。
病已灭，独登楼，少废丘。莫问前程，不忘初心，材满神州。

（文：程博）

同心战"疫" 党员在行动
——材料学院教师党员先进事迹

自新冠肺炎疫情发生以来，在党中央、国务院、北京市委和校党委的坚强领导下，材料学院党委高度重视，始终坚持把全体师生的生命安全和身体健康放在第一位，把疫情防控作为当前最重要的工作，将疫情防控和学院业务开展有机结合，高效推进党政联席会、扩大会、各系部大会，层层落实落细，以高度的政治责任感积极投身疫情防控阻击战，特别是学院领导班子勇于担当、冲锋在前，以实际行动践行了共产党员的初心和使命，更是涌现出了一批先进典型。

随着中关村校区教学楼和办公楼要加强值守，针对5号教学楼的值守其实还是会让大家顾虑很多，如何保证值守老师安全？如何尽量少接触，却还要完成进楼人员登记？如何保证进楼人员信息的准确？为了消除大家的顾虑并保证大家的安全，党委书记金海波、院长庞思平带领院领导班子同各系（中心）值班老师一同值守，这不仅给大家带来了莫大的鼓励和信心，更能保证值守工作的顺利开展，确保5号教学楼不留安全隐患。此外，党委副书记、副院长刘艳默默为大家采购了口罩、防护镜、酒精和一次性手套等防护用品。同时，在疫情防控期间，根据学校总体部署，材料学院充分利用信息化手段，在严格落实防疫要求同时，稳步推进学院各项工作开展。如学院对各项行政审批业务进行梳理和流程优化，向师生发布了业务操作手册，绝大部分业务都可进行线上办理，少量必须线下办理的业务，提供单项预约服务，保证高效及时有序开展。针对5号教学楼涉及学院多人员杂等特点，材料学院将负责的值守工作实行预约登记制度，进出人员通过手机扫码提前进行线上预约，学院安排专人对预约信息进行审核，根据预约时间和拟进入房间分布情况，做到预先提醒和及时调整，避免出现人员聚集情况。对实验平台等也通过远程监控等手段保证了安全又实现了运行。

领导班子的积极作为，让更多的师生对战胜疫情充满了信心，其中越来越多的教师党员也参与到了此次疫情防控的工作中，大家都在为战胜疫情贡献自己的一份力量。

为了带给更多的人温暖和动力，老师们都积极拓宽宣传渠道，深入人民群众基层，做好疫情防控的同时，也展现出了良好的北理工党员形象。

材料物理与化学系党支部书记张爱英以高度的防控意识，主动超前部署，1月21日晚就开始了解系里与武汉有交集的老师情况。在武汉市政府于1月23日宣布"封城"后，全国各地也相继启动了重大公共突发卫生事件一级响应，张书记根据防控工作的进展，除夕夜就开始持续不断地给各位老师和研究生传达国家在疫情防护的通知以及防控疫情的知识。为了更好地关心回到湖北家乡的在读研究生同学，学院建立了湖北籍研究生群，对他们的健康情况进行监测。

材化系翟华嶂老师作为09111601班的班主任，要求团支部支委会成员通过各种社交软件与每一位团员取得联系，确定每一位团员的身体状况和生活情况，积极配合学校学院各级防控工作安排，组织同学们拍摄加油视频，实施每日定位报备等疫情防控措施，同时通过线上的团日活动共同学习防疫抗疫情相关的理论知识。

加工系刘玲老师也积极投身防疫一线，争当社区志愿者。在农影小区，也就是北京市第一例去世的新冠患者所在的小区，她为了保证社区防疫工作的顺利推进，第一时间挺身而出，主动请缨，协助社区工作人员，对电话未联系上的居民户逐一进行贴条告知排查工作，共负责排查了两栋楼，12层居民。

不忘初心路，奋进新征程
——北京理工大学材料学院思政工作纪实

在确保防疫工作的同时，学院各项教学科研工作在老师们的带领下也都进展顺利。材料物理与化学系董宇平教授团队主要从事聚集诱导发光生物探针领域研究，前期研究中曾开展过禽流感病毒检测的研究。疫情爆发后，他们注意到新闻中关于新型冠状病毒核酸检测试剂盒假阴性率较高的问题，董宇平教授立即布置团队的青年老师和学生开展文献调研和内部讨论，形成研究方案，希望能开发出一种新型冠状病毒的快速检测新方法。同时他们对前期在癌症检测治疗一体化方面的研究工作，进行了总结和论文撰写，得到编辑部修改意见后，克服了疫情期间开展实验不便的困难，利用海外合作团队的平台完成补充数据。最近该论文被化学领域的顶尖期刊《Angew. Chem. Int. Ed.》接收发表，蔡政旭副教授、董宇平教授与韩国 Jong Seung Kim 为此论文共同通讯作者（doi：10.1002/anie.201916524）。

还有预聘副教授刘佳老师、李煜璟老师、预聘助理教授常帅老师，也都没有因为"居家办公"而降低工作效率。他们积极总结和凝练自己的科研思路，认真准备国家自然科学基金项目的申请；充分利用线上沟通的方式与学生探讨已有的实验结果，指导学生整理实验数据和论文撰写。

最近刘佳老师指导学生完成了2篇研究论文的撰写与投稿工作，与张加涛教授合作撰写的综述，刚刚被国际顶级期刊《Chemical Reviews》（影响因子54.3）接收发表（doi：10.1021/acs.chemrev.9b00443），发表后很快获得了"纳米人"等科研公众号亮点介绍。

李煜璟老师主要从事电催化和光催化研究，在疫情期间总结了前期在光催化方面的科研进展，与陈棋教授合作完成了2篇学术论文的撰写与投稿，其中1篇报道贵金属电催化成果的论文被材料领域的顶尖期刊《Advanced Functional Materials》接收发表。

常帅老师在年前访问白俄罗斯国立大学的基础上，积极推进与白俄罗斯及俄罗斯高校的合作研究，目前已经整理完成了2篇合作学术论文和投稿工作。

加工系马壮老师课题组因为疫情分散在全国各地，但课题组所有人的心依然在一起，工作学习上不曾停歇。依照惯例，课题组照常开组会，三十几位学生一个不少，其中针对本科生的开题汇报，课题组老师们提供了详细的指导意见，特别强调做疫情最长时间的准备，不能因为疫情降低论文质量，务必确保毕业论文顺利且高质量地完成。

加工系全体老师开学第一周保质保量开展教学工作，确保教学活动万无一失，特别是负责电子封装技术专业本科教学工作的石素君老师，任务更是比以往要艰巨得多。作为一位孩子才9个月大的母亲，疫情发生以后，她做的更多工作不是照顾孩子，而是保证正常的教学秩序。学校要求"延期开学不延期开课"，为保证本专业教学工作的高质量完成，石老师第一时间将学校要求传达给各授课教师，并积极组织授课教师完成网课准备工作。为保证网络课程质量，在开课前，石老师将本专业涉及的所有课程逐一进行了试听核查，在此期间任何一位老师、同学遇到的问题，她都第一时间去查资料找方法解答，并向领导反馈，以便得到及时解决，确保网课的顺利进行。经过第一周课程运行，各授课老师反馈一切顺利。

　　在材料学院党委的带领下，各党支部发挥出了战斗堡垒作用，全体党员教师更是用一颗党员赤诚的红心，在抗疫、科研和教学的征途上奋勇前进。他们挺身向前、积极向上的精神，让党旗绽放出了更亮眼的光彩，更让党员的形象变得高大。材料学院党委将继续严格加强抗疫期间的各项工作，不忘初心，牢记使命，打赢疫情防控阻击战，向党和全体师生交上一份满意的答卷。

我身边的抗疫故事

——材料学院"防控疫情，与爱同行"主题网络征文集锦

新冠肺炎疫情发生以来，全国各条战线广大干部职工坚决贯彻习近平总书记重要指示批示精神和党中央决策部署，以维护人民群众生命安全和身体健康为最高使命，发扬越是艰险越向前的大无畏精神，临危不惧，义无反顾冲在疫情防控第一线，争分夺秒抢救患者，与病魔进行殊死较量，展开了一场气壮山河的生命大救援，创造了一个个医学奇迹，涌现出一大批感人肺腑、催人奋进的先进集体和个人。

在中国特色社会主义制度的显著优势下，我们社会总体形成了献身光荣使命的价值追求。在这场抗击疫情的斗争中，一封封请战书就是英雄辈出的中华民族向着献身光荣使命追求的最好证明。落实到个人，疫情当前，作为宅居在家的大学生，我们要做到积极响应政府号召，做到少外出、不聚集，就是在维护社会秩序，确保社会总体平稳运行，为抗击疫情做贡献，同样也是我们实现献身光荣使命的价值追求的体现。在这一场举国抗疫战争中，材料学院材子材女们也在祖国的各个角落，受到触动并且贡献着自己的力量。

"长城"就在我们身边

大年三十回家路

大年三十，年关已到，空气里都充满了"年"的味道，东家正在挂灯笼，西家飘过来蒸馒头的香味，刮来的西北风也显得没那么凛冽。

早上八点，亲朋好友微信群就欢脱起来。每当过年时，我的几个朋友必定要从全国各地赶回来，一起聊聊过去一年所经历的困难和欢乐，回忆年少时的"尴尬"时光。年前，一切如常，家家户户都沉浸在亲人回家的愉快中，准备辞旧迎新。

而这时，我的高中同学李晓慧才刚刚结束一晚上的医院工作，正赶往福州机场，准备回家。

是医生也是"小仙女"

到机场，李晓慧在等待登机的间隙，忙不迭地为我们规划新的一年一起出游的旅游目的地。

她就是这样一个人，美食、旅游夹杂在她忙碌的医务工作间隙，朋友圈不时能看到她晒出的自己做的美食和旅行照，生活充实又有趣。

去年夏天，她刚刚组织我们一群人完成云南之旅。一路上，她一个人既当导游又当会计，我们一群人乖乖跟在她后面拍照。旅行途中为了拍下她不经意的"丑照"，我们绞尽脑汁，可拍下之后也难逃"佛掌"，都被她如数删除，还拿着我们的手机说："绝不允许你们手机上出现一张我的丑照，一张都不行"。因此，我们戏称她是我们的"小仙女"。旅行中一群人卸下平时的包袱，一路上欢声笑语，洋相不断。

穿上白衣，就是人民的"长城"

晚上八点，全家人围坐在电视机前面，准备收看春节联欢晚会。这时，李晓慧在群里突然发来一条消息："同志们，我得走了。疫情严重，医院全员在岗在位，进入备战。"

正热闹的微信群里突然寂静。我们没想到疫情发展这么快，也没想到就在我们身边的人真的就要迈向这场不见硝烟的战役。

"因为我是医务人员，我必须要走了"，手机上再次闪出一条信息。

我们知道此时病人需要他们，医生伙伴需要他们，人民需要他们。我们知道这是责任，但这个责任伟大却沉重，沉重到不知道有没有下一次见面。或许，或许，我们不敢再想，也不知道说什么。但我们也知道这一战必打，这一战必胜。

这一战，是全国人民健康的最后防卫，是千千万万医疗工作者的背水一战，是面对病毒肆虐，退无可退的必胜信念。这一战，是"90后"扛起责任的荣誉之行，原来被称为"扶不起的一代"的"90后"，走上工作岗位也要撑起民族的脊梁。

第二天，她没来得及和我们见面，就离家乘飞机赶回医院。

这时候我们才发现，原来这个平时爱美的女生，穿上白衣的一瞬间，已是站在人民前面，直面病毒的"长城"，原来"长城"就在我们身边。

（文：张锡铭）

我的母亲

我的妈妈在疾控中心，新年伊始就二十四小时随时待命，她担心会给我们带来风险就食宿都在单位，身为儿子的我想见一面也只能在她休息的时间通过微信开个视频，N95口罩长时间戴印在脸上的印痕和裹得厚厚的防护服冲击着我的心灵。

每天从她口中听说发生在我身边的疫情状况，深深地感觉到医护工作人员的不易和此次疫情的严重，但是部分不能及时获取疫情实时情况的人们还是没有给予足够的重视。听闻前线告急，举国上下都在为防控疫情贡献着自己的力量，身为共青团员和北理工人的我自然也是坐不住的。于是我在得到家人的许可下，和表弟一起联系了离家较近的妇幼保健院，向他们表达了我们的想法之后如愿以偿地穿上了红马甲戴上了小红帽，穿戴上分发给我们的医用头套、口罩、手套、鞋套，完全保护自身安全，光荣地成为一名大学生志愿者。在做志愿者期间，我见到了积极响应政府号召，戴口罩不聚集非必要事情不外出的人，也见到了重视程度不够、戴不合格的棉布口罩甚至不戴口罩的人，我们分别对前者的做法点赞，对后者提醒注意保护自身安全，提高重视程度。虽然我们并不能向来院的孕妇们提供专业上的帮助，但是我们可以通过无限的热情向附近来往的人群提供服务，测量体温、登记个人信息、咨询是否有接触过外来人员或是否为外地回家人员、做预防疫情的宣传、提醒他们不要聚集在一起，等等。

温暖的阳光终究会融化这片土地上的冰雪，无一例外，每一次的灾祸都会使这个名为中华民族的巨人更为强大。虽然自己只是一个力量薄弱的大学生，但我很有成就感，不仅仅是因为若干年后回想起大学时期我做过的一件很有意义的事情，更是因为我能为自己生长的地方作一些贡献。

如果还有需要，我依然会毫不犹豫！

（文：魏宪昆）

大家的村支书、我的父亲——老陈

2020年春节一场"新冠病毒"来袭我国。我的父亲是我们村的党支部书记，疫情就是命令，他说要坚决集中精力做好疫情防控工作，做到守土有责，守土负责，守土尽责，服从中央统一指挥，统筹安排，为疫情防控工作多担当，多贡献，为国家多分忧。安逸了数年的老陈投入了紧张的防疫工作中。为什么说他安逸呢？因为他今年1月20日才被紧急任命为我们村的党支部书记，之后就开始负责我们村的防疫工作。

支部就是堡垒

他充分利用党建，村里网格全覆盖，党员联户全覆盖之优势，发出"倡议书"，要求全体党员全面排查村里市外人员，特别是湖北武汉归村人员。不留盲区，不留死角，压实主体责任，一户一表登记造册，查清楚他们从哪里回村、回村时间、身份证号码、交通工具、途经地区、手机号码、准备何时出村等。设立岗口排查外来人员，凡衢州市外人员归村一律立即采取居家隔离14天，湖北归村人员到衢江区隔离点集中隔离。为居家隔离人员做好后勤保障，安排人员为他们采购生活物资，做心理沟通疏导。劝导乡亲们不聚众打牌打麻将，告诉大家出门要戴口罩，用过的口罩不乱扔，都扔在村子里的统一回收箱中。他在全镇第一个设立24小时岗口监察，为了起表率作用，岗口设立的第一天，他在岗口督查了一宿。记得那天下着暴雨，在雨棚下，在一个铁桶里扔上木柴，点燃，以期获得更多的温暖，驱散南方寒夜中刺骨的冷意。他每天要回家的时候，先在屋外吹风半小时再进家门，把衣服、鞋脱在屋外；吃饭自己端个碗用公筷夹好菜在门口吃，唯恐自己身上可能存在的病毒会影响我们的健康。还有很多很多的细节我不一一举例。

感恩付出

他默默努力着，虽然很多时候不被村民理解，但为了村民健康、安全，他就那样认认真真踏踏实实地做着那些他知道的对防疫有用的事情。愿我们村能一直健康平安地运行下去，也希望老爸在辛苦操劳的防疫工作中，可以注意自己的身体，按时吃饭。我们都相信，没有一个寒冬不会过去，没有一个春天不会来到。愿春暖花开时，我们都可以在阳光下自由地呼吸。

（文：陈左政）

我在湖北的抗疫故事

新闻中的病毒

新型冠状病毒肺炎疫情来势汹汹，大家出现了慌乱情绪。作为众多普通人中的一员，我对这种病毒的认识还只停留在超级病毒的观念上，只能从网络或电视上了解它的病理，知道它很可怕，医治有难度。网络上有很多人恶意攻击一线的医生护士，有的时候我也会站在吃瓜群众的立场上，去批判那些没有认真负责的工作人员。

亲人涉险

前段时间，母亲一直咳嗽，去医院检查发现肺部有炎症，疑似新型冠状病毒病症，需要留院观察。在得知母亲要在医院隔离的时候，我的内心十分压抑，感觉天塌了一样，如同千千万万普通人一样，事不关己时可以在一旁吃瓜、冷眼相看，但当那些不幸的事真正发生在我们身上时，我们才会意识到自己的无助。我担心医院不作为、担心医院人力不足、担心医院物资短缺，我担心一切可能出现的不利状况……

留院观察期间，母亲被安排在单独的病房，空间很宽裕，内置卫生间，医院提供口罩、牙刷牙膏、毛巾等生活必需品。一日三餐都是医院提供，每天都有护士定时为母亲量体温、询问母亲的身体状况，母亲的主治医师也很负责，为了缓解母亲的症状忙前忙后。

终于，经过四天的隔离检查以及治疗，医院排除了母亲患病的可能性。

医者仁心，祖国加油

唐代医学家孙思邈著有《大医精诚》，说："凡大医治病，必当安神定志，无欲无求，先发大慈恻隐之心，誓愿普救含灵之苦……勿避险巇，昼夜寒暑，饥渴疲劳，一心赴救，无作功夫形迹之心。如此可做苍生大医……"

我要感谢为母亲治疗的西华县人民医院发热门诊及隔离病房所有医护人员，如果不是他们的帮助，我们一家肯定会担惊受怕很长一段时间。我还要感谢千千万万奋斗在一线的医护人员，他们是人民的守护者、中华民族的脊梁，有他们在，我们放心！祖国加油！

（文：徐旭东）

黑暗过后，会是黎明的曙光

有这样的一群人，"逆行"站在最前线，他们穿着防护服，戴着口罩，日夜兼程，面对可能被感染的风险，他们毫不畏缩，前行在抗疫之路上，他们舍小家守护大家，他们以青春之我，护青春之国。他们，是生命的摆渡人。

过去这半个多月，大量的新闻夹杂着各色谣言，不断冲刷着我们每个人的防御线。不管新闻怎么换，谣言怎么激荡，这场旋涡里始终有这样的一个人：他有家族的风骨，专业；有医者的仁心，重义；有为国的大义，重情。他，是钟南山院士。2002年，他说"把重症患者都送到我这里来"，2020年，84岁高龄的他又逆行踏上了开往武汉的列车，与病毒再次抗争，为守卫武汉这座英雄的城市再次出征。

2020年2月6日，贵州护理医疗队102名医护人员前往武汉方舱医院，其中就包括我的家乡贵州安顺贵航平坝医院的护理部副主任李春红，为了更安全便捷地穿脱防护服，需要将长发剪短，额发剃光，放弃了形象上的美丽，却是人们心中最美的天使。

哪有什么岁月静好，其实是有人在为我们负重前行。哪有什么白衣天使，只是一群孩子换上了白大褂，学着前辈的样子治病救人……看到一群医护工作者蜷缩在地上睡着的图片，看到他们在"不计报酬，无论生死"请愿书上签下的字迹和按下的红红的手印，看到他们脱下防护服摘下口罩脸上深深的勒痕……

2020，不平凡的一年，不平凡的正月，不同于往常，叫醒我们的不再是闹钟和饿得咕咕叫的肚子，而是手机上连续不断的热搜新闻。每天醒来的第一件事是查看全国疫情实时数据和相关新闻，统计班级同学身体状况，向辅导员进行班级疫情零报告。每天谈论最多的不再是春节里每日的热闹行程，而是戴口罩，少出门，勤洗手。

感谢坚守岗位执着奋战的医护工作者，感谢街道上的环卫工人、公交运行线路的司机、社区服务人员、送货员、警察，感谢每一位坚守在自己的岗位上，为我们正常生活提供保障的各行各业的工作者，感谢你们的保驾护航！

众志成城，共克时艰，待黑暗过后，待春暖花开时，阴霾定会散去！

武汉加油！中国加油！

（文：杨昕钰）

共抗疫情 爱国力行
——材料学院唐山医护工作者子女在线辅导实践纪实

2020年8月，北京理工大学材料学院大学生积极响应国家号召，走出校园，深入社会、服务社会，接触国情社会、增强责任意识，在实践中受教育、长才干、做贡献，为河北省唐山市一线抗疫医务人员子女进行课业辅导，其一系列活动在社会上引起积极反响，河北省唐山电视台《唐山直播50分》节目对此次活动进行了全程跟踪报道，北京理工大学学子用实际行动诠释了青年对国家"共抗疫情，爱国力行"的积极响应，体现了大学生的责任和担当。

唐山市十二中八年级学生孙慎寰在家接受线上辅导

材料学院"共抗疫情 爱国力行"为河北省唐山市一线抗疫医务人员子女线上辅导学业实践团一经发布征集，就获得材料学院研究生学子的积极响应,研究生辅导员历凌霄老师任指导老师,张久富任团长,实践团主要成员包括仲宣树、宋欣、周佳昌、叶戈、张鹏翔、张波、刘歆悦、王喆、葛铭、马全。

在疫情"宅"家的背景下,实践团期望能够帮助一线工作者子女们进行学业辅导,减轻一线工作者的后顾之忧;同时作为工科研究生,有针对性地为中学生们提供学业、规划上的帮助。这充分体现新时代青年在助力疫情防控中的责任与担当。

经过前期精心策划,社会实践团与唐山卫生健康委员会取得了联系,在河北省唐山市当地医务工作者圈里发布活动信息,活动经宣传得到积极响应,各大医院的抗疫医护工作者们踊跃报名,获得了良好的支持和反馈。

最终经过筛选,我们共招募到近20名初高中学员。社会实践团成员和家长们展开了一对一交流,细心了解每一位孩子的情况和现状,悉心为其定制辅导方案。

实践团制定了"以集中授课教学为纲,点对点答疑解惑为辅"的暑期课程集训,确保每位学员在对应年级的小班直播授课教学后,还能享受到辅导老师线上"一对一"答疑,切实满足了学生们对暑期学习中多学科答疑解惑的需求。

实践团团长张久富线上语文课程

本次线上辅导安排为8月5日—10日集中授课,包括初高中语文、数学、英语、物理、化学等课程,8月16日—20日线上"一对一"答疑解惑,辅导老师们随时为学员解答问题。

实践团成员们线上集体会议

制订授课计划、对接家长学员、学习使用直播软件、购买教材备课……实践团成员们积极参与、统筹协调,为良好的授课效果和家长学员的满意倾尽全力。大部分实践团成员白天在实验室完成自己的实验计划,晚上抓紧时间备课、授课,其耐力和爱心影响了实验室其他同学,获得了老师和同学们的一致赞扬。

除了基础的文化课,实践团还开设了心理健康交流开放课堂,举行"倾诉倾听畅聊室",帮助初高中学员们疏导情绪,促进轻松学习。结合目前的社会现状和学生的问题进行心理交流和疏导,帮助中学生健康、快乐地成长学习,避免疫情肆虐对青少年的心理健康造成不利影响。

在每位社会实践团成员和参与中学生们的共同努力下,在线学业辅导取得了圆满的成功,直播效果一流,孩子们不仅收获了知识,更多了一份对大学生哥哥姐姐们的信任和喜爱,对未来的憧憬与向往。

此次社会实践活动为一线抗疫医务人员子女们进行学业辅导，共计开展线上授课 11 节，课后辅导 11 次，专题心理辅导 1 场；充分发挥了大学生的热情和知识优势，帮助医务工作者减轻家庭中辅导孩子学习的负担，展示新青年蓬勃向上的活力和乐于奉献的时代精神，为疫情防控作出大学生的贡献。时代新青年，共筑中国梦，充分彰显了大学生理想信念和责任担当！

回　声

马全，2019 级先进结构研究院硕士研究生

尽己所能、共抗疫情，是我们实践团创建的初衷。疫情以来，抗疫工作者们奋战在疫情最前线，我们只是尽自己的一份力，利用自己的学科优势，为这个社会传播积极的正能量，弘扬我们新一代青年爱国力行的使命和担当。

仲宣树，2019 级材料学院硕士二班学生

本人在此次社会实践中颇有感悟，深刻认识到了团结协作的重要性。每个人需要各司其职才能最大化地使团队受益。本人也在此次活动中充分锻炼了协调统筹、备课讲课、制作推送等一系列平时在科研生活中鲜有涉足的领域和内容，丰富和充实了自我的同时服务和奉献了社会。这是一次具有深远意义和影响力的实践，值得被纪念和回忆！

孙慎寰，唐山市十二中八年级学生

此次课程我收获颇丰，在暑假期间，不但可以预习到新学期的知识和内容，帮助我答疑解惑课业难点，还可以通过与学长们近距离的接触和交流，促使自己提升学习的兴趣和动力。我的父母都是医务工作者，工作十分辛苦，经常日夜颠倒，疫情以来，他们的压力更是重如泰山，此次北京理工大学实践团的在线辅导，对我来说有极大的鼓励和帮助。

魏巍，唐山市第二医院护士、孙慎寰母亲

我和丈夫都是医务工作者，疫情期间没有假期，更疏于对孩子的悉心照顾，北京理工大学材料学院研究生团队为我们带来的课程辅导、一对一答疑以及心理咨询辅导等活动十分温暖人心。北理工的学生们给我们送来了温暖，十分感谢他们。

晴 空

"风雨来临之前"

今年一月初我在学校,看着微博上关于武汉出现不明肺炎的消息,我仅仅当它为一条"新闻",并没有重视。随后便有官媒发消息称武汉有着最好的病毒研究所,并且还处分了八位"造谣者",于是我就更加安心了,以为这件事只是好事者博人眼球,将它当作平淡生活中的一个小插曲,然而当时的我无论如何也没有想到事情之后会发展到如此严重的地步。

1月16日我从学校返回了阔别半年的武汉,我曾在这座城市生活了四年,便打算约上三五好友一起聚聚,看看武汉如今的模样。次日去了江汉路,这是武汉最繁华的地段之一,上大学之时便最爱来这逛街。到达江汉路时已是傍晚,当我出了地铁站看着面前的王府井大厦,再看看不远处灯火通明的夜景,各式各样的商业大楼鳞次栉比,商业街两旁的店里响着此起彼伏的吆喝声,"happy站台"这座地下美食城充盈着食物的香味以及络绎不绝的人群,各个网红小吃店门前依然排着长长的队,随处可见的热干面摊位,城市的公交车仍是在拥挤的路口寸步难行……看着这一幕幕,我的心里感到了久违的熟悉感,还想着录一段视频分享给北京的室友们,让她们见见大武汉的盛景,以后有机会一定要来这座城市好好玩玩。

"风雨来袭"

回到家里的几天,我还是时常关注着网上的消息。看着越来越多关于新冠肺炎的消息,听着钟南山院士说病毒存在"人传人"的现象,我渐渐开始慌了。我给在外的父亲打电话，给父亲晓以利害，叮嘱他赶紧去附近的医院买口罩做好防护，让母亲赶紧去周围的药店购买口罩，可是这时候已经迟了。网上的口罩疯狂涨价，许多湖北地区的库存都显示缺货；各大药房口罩告罄，少数药房口罩每人限购两个却还天天断货，我和弟弟每天都需要守着药店开门的时间去购买口罩。恐慌渐渐在这座小城市蔓延开来，大家都在想方设法地囤积口罩，在此之前谁也没有想到今年的年货竟然是口罩。

  1月23日传来武汉封城的消息，紧接着湖北省的其他市也对进出口进行了封锁，大有封省的趋势。果不其然，湖北省各个地级市和县级市开始启动一级响应，快速进行了封镇、封村的行动。湖北省外的其他省市也采取了相同的政策，抗击肺炎的行动快速延伸至全国。每天我醒来的第一件事就是打开手机，看看确诊病例和疑似病例的人数，整个国家的气氛越来越凝重。居委会每天派人在各家各户的门前用喇叭进行宣传，让大家不出门、戴口罩，每天两遍给街道进行消毒，越来越多之前不以为然的人特别是老人们都加强了防护意识并戴起了口罩。一有时间我便会上网浏览新闻，会和其他人一样为"雷神山"医院和"火神山"医院的建设速度之快而感慨国家的强大，为奋战在一线医务人员的艰苦条件而心酸，为患者的生离死别而落泪，为"一方有难，八方支援"的情谊而感动，为曾经人潮涌动而现如今门可罗雀的武汉商业街而失落，也为少数不作为的政府官员和红十字会而愤慨。

"以小见大，共抗风雨"

  昨天，也就是2月10日，母亲突然将钥匙放在茶几上后关门离开，好奇的我出门便看到了放在门口的行李箱。在我的询问之下，母亲说前段时间她从微信群里看到武汉改造方舱医院急需人手，她和几位朋友一起报名参加了，今天就是出发的日子，现在要去集合地点等待着大巴车来接她们。母亲跟我解释完便走了，听到这个消息的我大脑一片空白，其他人都想要逃离武汉为何她却要坚持做"逆行者"？当我反应过来后便告知了父亲和家里各位亲戚，想让他们劝劝母亲，然后我便追了出去。武汉实在是太危险了，我脑中只有一个想法那就是追回母亲，不能让她置身于危险的环境之中。

不忘初心路，奋进新征程
——北京理工大学材料学院思政工作纪实

一路追赶终于看到了母亲的身影，天空灰蒙蒙下着小雨，大街上空无一人，只剩母亲拖着沉重的行李箱发出咕咕的响声。母亲快步走在前头，我在后头默默跟着。当我终于追上母亲后便和她分析利弊，母亲却说她工作的地方没有危险，她会保护好自己，也给自己买了保险。另外之前也已经去了一批人，别人都不怕她也不怕，武汉现在需要人。听完母亲的话后，我意识到自己说服不了，想到奔赴武汉的那些医生护士和官兵，他们也是别人家的父亲母亲儿子或女儿，他们临行前是不是也经历过家人的阻挠，在经历过重重困难后毅然奔赴前线，这样相似的一幕幕是不是早在全国各地已经上演过无数次了？后来我便不再试图去劝解母亲，我拿出了临行前急忙装在口袋里的几个口罩，叮嘱她一定要保护好自己，这时我才反应过来原来我出门前就潜意识里做好了劝说无果的准备。随后我去了附近超市，在经过漫长的排队等候后给母亲选了一些食物和水，拿了一件又一件，总怕母亲在那边物资不够用，可是又想到东西又多又重，母亲根本带不走，便又反复考量留下必需品，剩下的又默默放回货架。既然无法阻止母亲，那我就只能尽我所能支持她吧。

母亲还在集合地点等着，在她的坚持下我回到了家。这时父亲告诉我，刚才有人联系他，让他远赴山东聊城为当地的医院带回来一批医疗物资，可能需要一个星期，如果顺利的话将会在4天后出发。我急忙给母亲打了电话，她考虑到家庭的原因就选择了留在家里。她十分遗憾地和我说，这次机会难得，如果不是父亲她早已去了武汉，还有许多人想去但是名额有限都没能去成。其实这次去武汉的任务并不是改造方舱，而是给方舱里面的隔离病人当护工，给他们送饭菜等工作，因为要直接接触病人，怕我们担忧就没和我们说实话⋯⋯

武汉抗疫纪念馆

"感恩奉献,终见彩虹"

经历过这一遭后,我感到十分羞愧,母亲的觉悟比我高,在我想着自己"小家"的时候,母亲却在想着武汉的"大家"。由此我也有了同理心,正是有了那些在武汉的医务工作者和后勤工作者,以及全国各地千千万万为抗击疫情而奋战的人们,背负着病人的希望和家人的担忧负重前行,我们才有了迎来拐点的希望,才可能有打开门走出去和亲朋好友相聚的机会,我由衷地希望这些伟大的人们都能平安回家。我坚信在中国特色社会主义制度下,在中国共产党的集中统一领导下,全国坚持一盘棋,各地各部门能够做到各司其职、协调联动、紧急行动、全力奋战,整个国家一定会形成全面动员、全面部署、全面加强疫情防控工作的局面,真正做到一方有难、八方支援,最终从武汉市到湖北省再到整个中国,大家一定会打赢这场战"疫",久居家中的人们一定会迎来解封的一天。当春风吹过长江两岸,当春雨叫醒东湖的波澜,当万众一心驱除病魔,武汉还是英勇的武汉。我祈祷终有一天,坐在路边摊上吃着热干面的人们,对来往相熟的人,扯开嗓子来一句"吃了早饭吗"?

解封后的长江大桥

(图/文:陈娜)

不忘初心路，奋进新征程
——北京理工大学材料学院思政工作纪实

只因我们是中国人

"青山一道同云雨，明月何曾是两乡""山川异域，风月同天"……突如其来的新冠病毒，让全国上下同时揪起一颗心。武汉封城、全国各地封闭式管理。本该是阖家欢乐的春节，全国上下都在为武汉祈祷，为中国加油。万众一心，每个人都在用自己的方式为打赢疫情防控这场硬仗而奋斗。

今年的春节，前所未有的安静；一场始于武汉，迅速蔓延全国乃至世界的疫情，打乱了社会原本的秩序，牵动着全国人民的心。疫情就是命令，防控就是责任。公交停运，学校开学延迟，商铺、餐饮停业，空荡荡的城市，静悄悄的街道，举国上下都在响应国家号召：疫情期间待在家中杜绝外出。

我所处的河北省唐山市，于2020年1月28日正式停运一切公交客运以及出租车，各个小区也开始实行封闭式管理，仅允许一家每两日一人外出采购日常所需。然而，在疫情蔓延的非常时期，有这样一群人，他们在"空城"中奋战，依然坚守在岗位一线——药店的一线英雄们。我的身边就有一位在"空城"中坚守的人。我的姐姐是本市一家连锁药房的工作人员，虽然疫情防控期间国家要求各行各业实行居家办公，但是药房是公共卫生医疗的基础行业，他们是无法离开的。如果真的所有行业都居家办公，我们生活是无法持续下去的。

全市小区都实行了封闭式管理，我的姐姐只能去社区申请通行证才可以出门。因为公交客运以及出租车的停运，她必须每天提前一个半小时从家里出发，带好午饭，从家中步行至工作的地方，如果是平时只需要半个小时的车程就可以到达。每日，面对小区的封闭处理，面对公交的停运，面对空荡的街道，我的姐姐和她的同事们无法离开也不能离开。疫情大规模地爆发，面对严峻的防疫形势,防护用品严重缺乏,民众对口罩需求量急剧增大,每日来药房购买口罩的人不计其数。作为工作人员不仅要负责为群众提供服务,还需要维护药房内秩序,让购买药品的群众拉开距离排队,同时还要保证日常定时的消毒,而且药店人基本是第一批接触各种病人的工作人员。疫情当前,一线的药店人毫无怨言,承受着巨大的压力和委屈,牺牲了与家人团聚的时间,冒着被感染的风险,默默无闻地守护市民的健康!在写这篇文章的时候,我问姐姐累不累,她笑着说"还好啊",一句简单的回答,不知为何我却从她的话语中感受到了一股坚定的力量。

在这场疫情防控的战争中,出现了无数"逆行者",他们没有退缩,勇于担当,积极配合,就算没有鲜花、没有掌声、没有祝福、没有人理解,我的姐姐和她的同事们依然坚守在岗位上,尽力去服务好每一位顾客,为需要的人提供便利。他们遇到了数不清的购药者和咨询者,他们遇到了"双黄连抢购事件"。网络上出现双黄连可能对新冠肺炎有效这一言论以后,广大市民不顾寒冬深夜的严寒,半夜从家里出来排队,我姐姐所在的药房从当晚7点开始,一直工作到第二天早上9点才等来了换班的同事。整整一个晚上,过来买药的人不曾间断,就算双黄连早已售罄,依然有源源不断的人过来询问,作为工作人员的他们只好耐心和市民们解释,让他们回去耐心等待,不要过于着急。面对困难,他们从未退缩和懈怠,可谓身先士卒,承受着各种压力和感染风险,坚守一线,只为争取让每一位群众都可以购买到急需的药品与防疫用品。正是因为这份坚守,广大群众才得以安心。他们不是逆行者,是坚守者。药店人默默地坚守阵地,他们不为做英雄,他们只是在承担属于他们的那份社会责任,面对很多的未知、不确定,他们也间接参与到了这场抗击疫情的战斗中,为抗击"疫战"贡献一份力量。面对防疫用品供不应求的现状,库房也在全力补货、分货、上架、盘点,积极为门店配送,尽全力满足门店的需求。为什么在药品断货的状态下依旧坚持开门营业?不为其他,只为老百姓需要药品时他们刚好在。

数不清在家里已经待了多久,从没有一个瞬间我这么想念热闹的校园,略微拥堵的交通,怎么样人都不会少的火车站,从没有一个瞬间我如此想念街道上熙熙攘攘的人群。一切都会过去,可是这些为了疫情牺牲的医护人员再也回不来了。国泰民安并不是一个简单的词语,想要实现这个愿望是多少人在默默替我们负重前行,从早到晚,不曾有停歇的时刻。

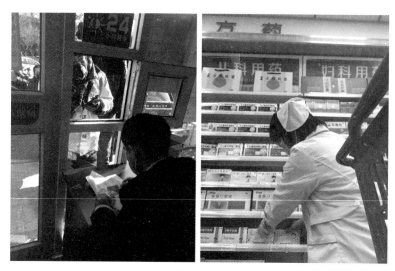

姐姐在药房为社区居民服务

当前,经过全国人民的艰苦努力,疫情防控取得阶段性重要成效,经济社会秩序加快恢复,各行各业逐步复产复工。此时,更加需要我们强化战斗到底的顽强意志,高度警惕麻痹思想、厌战情绪、侥幸心理、松劲心态。有了战斗到底的顽强意志,我们就能坚持不懈,赢得最终胜利。同时我们也要保持积极的精神、乐观的心态、从容的气度,这是我们能够共克时艰、打赢疫情防控这场硬仗的心理基石。这次疫情来势汹汹,防控阻击战任务重、时间长,对所有人都是一次前所未有的心理挑战。疫情病痛固然可怕,但恐惧绝望却要不得。"不管风吹浪打,胜似闲庭信步",恐慌焦虑于事无补,从容淡定方能进退有据。滋养了一代代中华儿女的经典诗词告诉我们:困难是暂时的,胜利是必然的,"大雪压青松,青松挺且直。要知松高洁,待到雪化时";挫折是暂时的,前进是永恒的,"沉舟侧畔千帆过,病树前头万木春"。越是在急难险重之时,越是要努力保持"青山不厌三杯酒,长日惟消一局棋"的恬淡心境,我们不仅要战胜病毒,更要成为身心健康的胜利者。只有这样,才能在"回首向来萧瑟处"感受到"山头斜照却相迎"的欣喜,才能无比欣慰地说"萧瑟秋风今又是,换了人间"。

习近平总书记提出:武汉是英雄的城市,武汉人民是英雄的人民。能够在这次疫情防控的战役中共克时艰并取得如此巨大的成功,靠的是必胜的信念和信心。长期以来,我们中华民族表现出强大的力量,不怕困难,迎难而上。毛泽东同志写长征,开篇就是:"红军不怕远征难,万水千山只等闲。"唐朝李白《行路难》说得好:"多歧路,今安在?长风破浪会有时,直挂云帆济沧海。"骆宾王在《西京守岁》中写道:"忽见严冬尽,方知列宿春。夜将寒色去,年共晓光新。"从经典诗词中我们能够感受到中华优秀传统文化中传承不衰的必胜信念。信念坚定、信心十足,才能站稳脚跟,困难再大也无所畏惧。在历史发展中,中华民族历经磨难,却从未被压垮过,而是愈挫愈勇,不断在磨难中成长、从磨难中奋起,其中一个重要原因,就是中华民族拥有坚韧不拔的必胜信念。面对疫情,我们要有必胜的信念;面对经济社会发展的暂时困难,我们也要有必胜的信念。全体中国人民众志成城,万众一心,没有过不去的坎,没有解决不了的难题。

(文:薄荣琪)

不忘初心路，奋进新征程
——北京理工大学材料学院思政工作纪实

致最美逆行者——和平年代的战士

众所周知，全国人民从年初就加入了"抗击疫情阻击战"中。在这场战争中有太多的英雄事迹让全国都震撼：年过八旬的钟南山院士在第一时间赶赴武汉，出任国家卫健委高级别专家组组长；患有渐冻症的张定宇院长带领600多名医护人员，一直奋战在抗击疫情的最前沿；已经退休的社区书记邢春桂毅然站到抗疫一线，带领社区干部和党员志愿者迅速开展联防联控工作。正是因为有了他们，有了无数为抗疫奋战的党员和群众，我们的疫情阻击战才会取得如今这样让全世界鼓掌称赞的成果。很多白衣天使、最美逆行者为国家的安全献出了自己的生命，社区、民警等基层工作者从年初就开始了没有休息日的工作，他们都是战斗在第一线的勇者，是这个和平年代的战士！

我的母亲是一名社区工作者，大年三十接到单位的紧急通知，每个社区工作者每天要在自己负责的社区进行执勤，她们从此便开始了没日没夜的工作。她们的工作时间由一周五天变为七天，由朝九晚五变为朝七晚十并且回到家后依然时刻处于工作状态。社区工作者们在外时工作任务变成了门岗执勤、为隔离户贴封条并送米送水倒垃圾、社区喷药消毒、居民心理开导等，在家时需要完成每日进出社区的人员信息录入并上报。为了尽快完成人口排查，整个社区配合民警连夜工作，用了三天时间完成了两万多人的信息录入。有许多居民看到她的辛苦，自发写了感谢信，也有人受到她的影响便递交了入党申请书。曾经有家人劝她辞职，她说："要辞职也不是现在，作为党员可不能临战脱逃。"也正是因为母亲在社区工作，于是我申请做了一名社区的志愿者，在工作期间感觉非常累，甚至有时十分烦躁，但我也告诉自己：作为党员可不能临战脱逃。

我的父亲是一所中学的负责人，疫情期间早晨五点起床晚上十一点回来对他来说已是习以为常。在学生返校前他每天都会组织值班老师进行消毒，为师生返校做足准备，并结合实际情况编出一本手册，内容是如何严防疫情继续扩散，如何保障返校师生的安全等；学生返校后他也依然保持之前的工作节奏，确保教学等工作能够顺利进行。他的工作不仅得到了同事们的认可，也在实践中得到了肯定，在疫情期间教育部门多次点名表扬他，并鼓励其他学校按照这种方式开展疫情防控工作。从这件事上我也学到了一点，解决某一个问题时不能照搬别人的方法，要根据实际情况，经过多次尝试、摸索，最终才能找到一个适合自己的解决方法。

我的叔叔是一名儿科医生，是第六批去武汉支援的医生团队成员之一。据他所说，医院有两千多名医生主动递交"请战书"，由于受到专业、年龄等方面的限制，最终只有一百多名医生支援武汉，其中有一些是曾经支援过外地抗击非典、甲型H1N1流感的专家。有位朋友的母亲是一名医生，疫情期间在医院的发热门诊工作，每次下班后因为担心自己会携带病毒，几个月几乎没有与家人交流过，吃饭也是独自一人；因为工作时所穿的防护服无法轻易穿脱，于是她只能用成人纸尿裤来解决生理问题。除此之外我们也会在网络上看到一些关于医生护士的视频，例如为了方便工作而流着泪剪掉长发的白衣天使们，利用短暂的休息时间躺在地上睡觉的医生们，他们在广大人民群众心中永远是最美、最帅的可爱可敬的人。正是这些愿意为国家、为人民付出所有的党员同志，让我更加意识到什么是"全心全意为人民服务"，国家有需要党员要先上。

那时我刚成为一名预备党员，带着"全心全意为人民服务"的想法，我从大年初二开始参与一些社区的志愿工作。最开始与工作人员一起将"致居民的一封信"发给每一位住户，后来我就负责某一个社区住户信息的录入工作，偶尔轻松时会正常六点下班，工作多的时候可能会加班到凌晨。也正是因为做了社区志愿者，我也有机会多次进出警察局了。这一过程改变了我对社区工作的认识。我所做的工作算是较为容易的一步，另外还有跟着民警上门入户，每天给隔离居民贴封条等工作。其中我认为最困难的一步是与居民沟通，在这个特殊时期，部分居民的情绪是很难控制的，于是出现了一些不文明、不配合的行为，社区工作者就要想尽办法解决。例如，工作人员有时在下班后还需要打一晚上电话，只为解决某一个居民的个人问题，或者需要隔离的居民不配合、社区门口不配合测温，甚至有发烧的居民拒绝配合等问题。虽然有一些居民不太支持社区工作，但是更多的居民是非常配合的并且表示感谢。有的居民捐赠口罩，有的居民看到了工作者们没日没夜的工作，便受到了她们的影响主动递交了入党申请书，也有些居民写了感谢信、主动帮忙倒垃圾，等等。疫情期间的种种事情，对我们所有人在心理上、情绪上都是极大的考验。对于我来说，因为有位社区工作者感染了病毒导致我们其他所有工作者被隔离期间，整天心里都在忐忑、在害怕；连续几天熬夜录信息的时候也是极为崩溃，一人录一栋二十多层的所有住户，连夜录完第二天或许还会被批评，当时不只是觉得很累，更多的是有一种无奈和绝望，面对大量的工作，辛苦了这么久的劳动成果却没有被认可，心里又气又累。就在那时我也同时面临本科毕业论文以及研究生复试这两方面的压力，时不时想要放弃，但我不断告诉自己：再坚持一下就成功了。功夫不负有心人，最后终于坚持完成了社区交代的所有工作，毕业论文顺利完成并获得了校级优秀毕业论文，如今也成功地进入北京理工大学开启我的硕士研究生生活。

在做志愿者期间，由于工作量较大，我发现了自己在计算机运用方面的能力还十分欠缺，因此想要更好地为大家服务，就应该善于发现自身不足并及时弥补。我们应该时常反思自己是否做到了"守初心、担使命、找差距、抓落实"，想要做到这些的前提就是要不断提升自我以更好地服务他人，并用科学知识武装自己的头脑。学习是从我们出生到现在并且未来也会一直在做的一项实践活动，我们要不断学习、不断尝试、不断发展，在不断的实践中寻求真理，以使自身乃至社会得到发展进步。还记得大约十个月前，一名党员同志教导我说，学习也是奋斗，奋斗是青春最亮丽的底色，作为青年人要不断学习，丰富自己的文化内涵，学习的过程就是在摸索中前进，前方时而碰壁时而开朗，但就是在这样不断尝试、不断奋斗的过程中，才能够真正用各种优秀文化武装自己的头脑，从而更好地指导实践，更好地为实现中华民族的伟大复兴的中国梦贡献自己的力量。我想，如今在新的学校、新的环境、新的起点可以继续学习，继续读书，真的是一件非常幸运的事情，我十分珍惜这样的机会，也为曾经拼命的自己感到骄傲。

今年六月份,在本科的毕业典礼上院长讲话时提到了有些同学在不同岗位做了志愿者,甚至在今年新生入学时也提到了志愿者同学们,院长一一介绍了志愿者们的班级、姓名及工作内容。在本科最重要的场合上被院里最德高望重的老师点名表扬,那种自豪难以用言语来描述,只觉得曾经的辛苦都是值得的。在今年的七月份,我收到了社区颁发给我的"最美逆行者"的奖牌,其实对此我是有些惭愧的,因为我认为自己不足以配得上这个称号。但我也不会妄自菲薄,这次疫情我贡献出了自己微薄的力量,为此我感到十分自豪,未来我也依然会在自己的位置上努力发光发热,贡献出自己看似微不足道但无比真诚、必不可少的力量。

在社区工作获得"最美逆行者"称号

我在参加党课培训时学习到了很多为国献身的英雄。为了第一时间将实验数据送去实验室不顾反对乘坐飞机却不幸遇难的郭永怀先生,在生命的最后一刻他和同事用身体守护住了那至关重要的数据;在"抗美援朝,保家卫国"的战争中,彭德怀、杨根思、黄继光、伍先华、许家朋、孙占元、邱少云等12名英雄及其他所有战士打赢了这一战,实现了美军不可战胜的神话。有时我在想,如果在今天爆发了战争,人们口中的现代被娇生惯养的年轻人能有多少人愿意为国家挺身而出,能有多少人可以做到舍生取义,能有多少人会像曾经口口相传的英雄那样敢于挡在人民前面。这一场突如其来的疫情

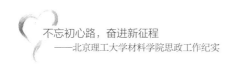

让全国甚至全世界都看到了当今时代的英雄们,看到了走在"抗疫阻击战"前列的科研人员、医生、警察、社区工作者,等等,他们就在我们身边,也有可能就是我们自己。在这个阶段我们每个人都可以为国家、为社会贡献一份力量,或许就像"玩笑话"说的那样——疫情期间我们要积极响应国家号召,不出门、勤洗手。

无论面对曾经的侵略战争,还是面对病毒的肆虐威胁,中国人都能够在党中央的领导下有条不紊地解决并取得最终的成功。在成长的道路上,我们这一代受到了不少的质疑,但正如习近平总书记所指出的,"过去有人说他们是娇滴滴的一代,但现在看,他们成了抗疫一线的主力军,不怕苦、不怕牺牲。抗疫一线比其他地方更能考验人。"新一代的青年无法通过战争年代的子弹来接受考验,但必然会通过知识武装头脑,把科技当作武器来对抗一切"侵略者"。新时代的我们即将肩负时代的重任,我们必将不忘初心,砥砺前行!

(图/文:吴思远)

每一位党员都是战士

疫情下的思政课

2020年是多灾多难的一年，新冠疫情的横行给我们留下了十分痛苦的伤痕。本该是如同往年一样热闹的春节，却笼罩了瘟疫病毒的阴霾，亲人无法团聚，社会经济停摆，许许多多的人失去了宝贵的生命……然而就在国家民族危难之际，涌现出了一批英雄，他们不计报酬、不论生死，投入抗疫一线，用平凡血肉之躯筑造了保障全国人民生命安全的铜墙铁壁。细细观察，我们不难发现，绝大部分的英雄有着一个共同的身份：中国共产党党员。

在这场全民抗疫的持久战中，中国人民一直未被打垮，反而愈战愈勇，这其中最重要的原因就是党组织战斗堡垒作用和党员同志们的先锋模范作用，只要还有一位党员在，那么抗击疫情的阵线就还在，人民的精神支柱就还在。

疫情期间，我居家四川，没有太多病例，但依然感受到了病毒肆虐带来的紧张和恐惧。这段时间，我每日早晚必定坚持做的一件事情，便是查看当日的感染人数变化。从几百人到几千人再到几万人，想到屏幕上跳动的数字，就是一条条鲜活的生命在流逝，我就感觉到心痛难过。灾难面前，人类是显得如此的渺小。

然而，隔离不隔爱，疫情的传播远不及爱的播撒，亿万中国人民的心，早已连成一片。当疫情大范围爆发，湖北武汉医疗资源严重告急，我看到的是党和国家的迅速反应：千万级人口的武汉封城，这前所未有的历史壮举关乎大量资源调配，在西方资本主义国家的眼里是不可能完成的行为，但在党的带领下和人民的配合下完美实现！举国同心，成功遏制住了疫情进一步大范围传播。对比产生思考，在中国疫情遏制住的情况下，美国为首的西方国家却饱受新冠病毒肆虐。中国用自己的实践，创造了中国奇迹，为全世界的抗疫工作做出了正确的示范。然而，在这种"开卷考试"的情况下，西方国家仍"打出一手烂牌"：英国政府首相发表"群体免疫"言论，放弃主动防控疫情，进而转为被动，且让人们做好失去亲人的准备；邻国日本政府消极应对新冠病毒，采取不检测不控制的方针来麻痹群众；太平洋彼端的美国在疫情面前推卸责任，一味怪罪中国政府和世卫组织……正如习近平总书记所说，这场疫情在全球肆虐，人类均是命运共同体。中国做到了一个负责任的大国形象，把人民的生命安全始终放到第一位，不放弃每一个生命，涌现了许多英雄事迹，依靠举国之力战胜了疫情。但是号称文明的西方国家，资本主义不允许疫情让经济停摆，人民的生命安全远不及资本家利益收入重要，所以才会出现这么多迷惑反人类的操作。我很庆幸生活在中国，很庆幸加入了中国共产党，这让我更加看清楚了，中国共产党从诞生以来，都是以人民为中心、为人民奋斗的先进的党组织。我很骄傲，疫情给我上了一次很好的思政公开课，让我和所有国民清晰地认识到党和国家的优越性。

英雄就在身边

守望相助，共克时艰，在这场没有硝烟的战疫中，我们身边有着一群最美的人：逆行而上，奋战在抗疫一线的医生护士；深入基层，关心每一位居民安全的政府工作人员；坚守岗位，保证社会正常运转的基层工作者……从第一批逆行者入鄂，到举全国之力援助湖北同胞，爱心传递的火苗愈燃愈旺。我看到了许多党员同志在国家危难时刻挺身而出，积极奋战在一线；我看到了许多和我年龄差不多大的"90后"同志们舍生忘死，抗击病毒；我还看到了许多前线同志在疫情期间选择入党的忠诚。我感受到了，是中国共产党的领导才使得中华民族在灾难面前凝聚一心，是党员同志们践行初心，永远把人民放在第一位才能带领全国人民共同战胜危机。

英雄就在身边。我的母亲在内是家庭的顶梁柱，在外却是抗击病魔的勇士。作为一名有着 21 年党龄的老党员同志，她在疫情最严重的时候，积极地投入了社区的志愿者活动：深入每一户摸排登记省外返乡人员，并宣传疫情防护知识、安慰孤寡老人、提供心理咨询等。母亲只是平凡抗疫工作者中的一员，但在我心中却是最美的共产党员之一，她用实际行动教导了我，党员就应该在国家和人民危难的时候挺身而出，不计个人得失，发挥率先垂范和战斗堡垒作用。

我在 2019 年 12 月 8 日成为一名预备党员，两个月后发生的新冠疫情，让我收获了许多感动。在这段宅家抗疫期间，我深切感受到了党员就是人民的战士，是灾难来临时在人民群众前筑起的坚实堡垒。在习近平总书记的带领下，在党员同志们的先锋模范作用下，我们战胜了疫情，保障了人民的生命安全。疫情给我上了一次思政课，让我更加坚信入党的初心，更加体会了中国共产党的优越性。虽然学生党员能做的很少，但我始终以党员的标准，积极做好材料学院的学生工作，利用新媒体平台宣扬抗疫正能量，并且参加了"防控疫情，与爱同行"活动。同时，我也在线下参与了社区和幼儿园的志愿活动，受到了党员前辈们的认可和鼓励以及党组织的感谢。我迫切希望在以后的日子里，能以党员身份参与到更多、更需要献身的实践志愿中，正如习近平总书记在新冠疫情防控工作讲话中所言："党员、干部要在危难时刻挺身而出、英勇奋斗，在大战中践行初心使命，在大考中交出合格答卷。"我下定决心，无论是在平凡的日子里还是在危机的关头，始终牢记肩上的重大责任。如果有一天人民需要我，我也会像这次的逆行者们一样，冲向前线，不论生死。

不忘初心路，奋进新征程
——北京理工大学材料学院思政工作纪实

在社区进行志愿服务

（文：朱鹏霏）

村里抗疫两三事

——致每一个平凡而伟大的时代英雄

2020 年 1 月 23 日（腊月二十九）

　　武汉突发新冠病毒，国家为遏制疫情扩散蔓延作出艰难决定，对武汉实行交通管制，武汉"壮士扼腕"、启动"封城"，国家疫情"保卫战"正式开始。每一个武汉人、每一个中国人都在用自己的方式配合国家抗疫行动。其中，武汉百万大学生春节放假回家自觉隔离，用切实行动助力疫情防疫攻坚战。

　　庚子年将至，金鼠闹春，湖北省武汉市周边小城某城中村李老太，按往常惯例早早起来扛着锄头去村尾，拾掇围墙根下的一亩三分地。

　　生活充实的李老太对如今的生活十分满意，美中不足的是眼下有几件小事让她有些发愁。这第一件吗，就是回家过年的二女儿女婿被堵在了途经武汉的高速上。起初，李老太也不觉着这是啥大事儿，如今社会发展了、国家富裕了，家家户户盖房买车，近年还流行起春节自驾游，堵就堵吧，肯定能到家。可这次似乎有点儿不一样，女儿女婿掉头回了上海，说是要回医院守着待命。李老太不懂：知道你们医生护士工作忙，可大过年的谁还跑医院住着不回家？说起第二件，李老太就更郁闷了，忙活好久的年夜饭吃不成了。从武汉读书回来的大孙子戴着口罩隔着十几米远远过来瞧了一眼，喊了几句"好不好、好着了"就匆匆走了；大孙女腊月二十八晚上回来还亲热得不行，二十九开始就把自己锁在楼顶不肯见人。

　　李老太觉着自个儿老了，落伍了，年轻人的想法她不太懂了。

2020年1月25日（正月初一）

疫情期间，国家粮食和物资储备局密切关注疫情防控进展，为坚决打赢疫情防控阻击战提供坚实物资保障。春节期间，各个社区基层针对高龄群体、低龄群体、伤残群体等需要帮助的人群发放一定的物资，并积极宣讲抗疫策略。

年初一，这个春节有点儿冷清，不过李老太心里很温暖，社区给她送来了米面粮油并细细叮嘱老太太出门记得戴口罩。

被关心的老太太干起农活虎虎生风，虽然口罩憋着有点儿不舒服，但作为一个有着四五十年党龄的中国共产党老党员，李老太一贯坚持"听党话、跟党走、党指哪打哪、不给国家添麻烦"原则，能不出门就不出门，出门一定戴口罩。

2020年1月29日（正月初五）

疫情似乎比大家想象中的更严重，原计划封城一周的武汉并没有解封，李老太的女婿和千千万万的白衣战士一起，响应国家号召，奔赴疫情重灾区，坚守抗疫一线，筑起了抗疫战场的第一道城墙。

响应国家政策，村里组织志愿者守在各个大门设立门禁，限制人员进出。作为一个老党员，淡泊名利、无私奉献是李老太这一辈子践行的对党的誓言，在国家需要的时候，李老太自然第一个报名。可惜李老太落选了，因为报名的人太多，而年近八十的李老太也是首先要被照顾的群体。

落选的李老太并没有郁闷太久，因为她在一次"仗义执言"中突然发现自己还有发光发热的可能。冯奶奶是李老太的挚友，她年岁大，记性不太好，总忘戴口罩。李老太很生气，"不给国家添麻烦"是李老太刻在骨子里的觉悟，她直言不讳地指出老友的错误，于是李老太第一次和相亲相爱一辈子的老闺蜜吵架了。失去友谊的李老太并没有过多烦心，她发现在村里巡视并提醒大家戴口罩、不聚集是极其有必要的，在她热切的请求下，村委会同意老人家成为志愿者，并发给李老太一个红袖章。

2020年2月2日（正月初九）

7 500名建设者，24小时不间断作业，风雨兼程，不断加快速度，从规划到完工，仅用了 10 天 10 夜就建好了火神山医院。在这一天火神山医院交付使用，逐日扩大的感染人群终于有了集中隔离和收治的地方，彰显了中国惊人的组织力和凝聚力。"中国速度"让更多人看到了生命的希望，"中国速度"是我们武汉人民成功抗击疫情最大的决心和底气。

今天村里的气氛有些沉重，封城前夕从武汉务工回来的方大姐在医院被确诊感染新冠病毒，这是村里的第一例新冠病毒感染者。社区很快派人将方大姐的家人接到了隔离点，村里也紧急展开了消毒杀菌工作。在物资紧缺的情况下，小学没毕业的李老太很有智慧地将自己的农药喷壶改装成了消杀工具，成为消杀工作的主要骨干，并游说其他老人奉献喷壶，组建了一支由老年人组成的志愿者团队，用丰富的人生阅历和技术经验发挥余热。

2020 年 2 月 8 日（正月十五）

元宵节这天，全国各地的建筑上都亮起了由霓虹灯组成的"中国加油、武汉加油、热干面加油！"条幅，为武汉人加油打气，为中国人加油打气。往日热闹拥挤的大武汉在这天异常冷清，但这天的月亮特别圆，一城江水半城山，巍峨的长江大桥静静伫立在长江之上，等待它的荣归。外国游子不能归家，但留学生为国内的亲友们担忧着，也为国内抗击疫情做着一些力所能及的志愿工作。疫情爆发初期，国内的口罩极度紧缺，留学生在当地药店买口罩寄回国内。全球华人心连心，患难与共谱写奇迹！

李老太每天都会起个大早，去完成自己一天中最重要的任务——巡村，李老太一般会拿着大喇叭围着村口巡查，提醒人们戴口罩、少出门。不过，李老太今天多了一个任务，那就是免费给人发口罩。疫情的突发让口罩成了紧俏货，生产口罩的厂家大多紧急支援武汉，取消了对外售货。李老太家不缺口罩，因为留学国外的小外孙寄回了一大包口罩。李老太决定今天把口罩分出去，因为村口 24 小时站岗的志愿者更需要它，因为坚守在一线的医生护士更需要它，因为供应米面蔬菜维护社会正常秩序的服务者更需要它。

2020 年 2 月 23 日

自武汉市发现新型冠状病毒感染肺炎以来，当地疫情一直牵动着全国人民的心。全国各地人民纷纷伸出援手，支援武汉，为武汉提供各类物质和医疗设备。武汉抗疫不是一个城市的努力，在党的领导下，全国人民的关心和支持是成功抗疫的强大后盾。凝心聚力，众志成城，在党中央的坚强领导下，在全国人民的强力支援下，武汉人民有了打赢这场疫情防控攻坚战的信念与决心！

封城一个月，家家户户囤积的蔬菜不多了，村里的地被征收，蔬菜全靠购买，疫情给蔬菜供应带了大难题。李老太在村尾墙角还留有三分耕地，她早晚耕种又勤快，长成了一溜水汪汪的大白菜。看到村里孩子断了菜，李老太心里着急，每日摘些新鲜的蔬菜给需要的村民送去，缓解同村的困难。好在困难并没有持续太久，东北的大白菜、福建的胡萝卜、内蒙古的羊肉、青海的虫草、新疆的洋葱、四川的折耳根等物资按吨起步，被搬家式地源源不断运往湖北，解决了大家的燃眉之急。岂曰无衣，与子同袍！中国人有啥捐啥，家乡的土货特产、地道的风物因此流转于荆楚大地。全国人民慨然赠予的豪情义举，宛如骄阳，穿过山海、跨越宇宙，执剑踏马而来，照亮一夜灿烂星河！

2020 年 4 月 8 日

这是具有历史意义的一天，经过 76 天的努力，武汉"解封"，向世界宣示武汉的成功、中国的胜利。在这场突如其来的疫情中，处于风暴中心的江城武汉基本抵御住了汹涌的波涛，大病初愈，凤凰涅槃，浴火重生。

武汉解封，村口的门禁取消了。劫后余生，在灾难面前生命显得弥足珍贵，这次疫情国家强大的控制和调度能力给了人民更多的自信和希望。村民兴奋地为复工复产做准备，规划未来幸福生活。由于大家的努力和配合，疫情期间，大家的心态在起初几天的骚乱后变得非常平静，唯一感染病毒的方大姐经过两个月的治疗和隔离已经完全恢复。

然而，爱折腾的李老太并没有就此放下自己作为一名共产党员的责任和义务，她干了件大事儿——带头捐款。李老太说，"我今年七十多岁，身体也不好，给国家做不了什么大的贡献了，反而要给国家添麻烦，现在我们的疫情缓解了，其他地方呢？国家遇到这么大的困难，我心里很着急，我就希望尽我所能帮助别人，回馈社会。"

2020 年 5 月 4 日

一百零一年前民族危机之际，中国的先进青年、广大的人民群众高举爱国主义伟大旗帜，凝聚力量掀起了一场伟大的爱国救亡、捍卫民族尊严的社会革命运动；一百零一年后的今天，面对突如其来的新冠肺炎疫情，全国青年秉承五四先驱那样赤诚的爱国情怀，不忘初心跟党走，不畏艰险、冲锋在前，积极投身疫情防控战，为打赢全国疫情防控阻击战作出卓越贡献。习近平总书记高度赞扬新时代中国青年是有远大理想的一代，是有家国情怀的一代，更是堪当大任的一代，鼓励青年把握当下、积极进取、艰苦奋斗。

在全国疫情防控取得重大战略成果之际，党和政府关心青年人的成长和发展，指导各地各高校在疫情期间开展线上授课，全国大中小学停课不停学，开展大规模的网上教学活动。然而，在疫情冲击下，874 万毕业生就业形势不容乐观。为了解决毕业生的困扰，教育部发布《关于应对新冠肺炎做好 2020 届全国普通高等学校毕业生就业创业工作的通知》，多渠道精准帮扶高校毕业生就业。央视携手国投共同主办"春暖花开，国聘行动"大型线上招聘活动，70 余家央企和近 50 家民营企业启动网端"云招聘"，推进稳就业工作。

疫情结束，企业陆续开工，村里的孩子还没开学。每天黄昏时分，孩子们上完网课、年轻人下班，这是村里村外最热闹的时候，祠堂门口熟悉的"凤凰传奇"又响了起来，大爷大妈们戴着口罩跳起广场舞，舞姿依然精气神十足，李老太在其中更是跳得活力四射。无它，家里的两个"老大难"考上了研究生，村里人见人夸。李老太养在身边的一对考上重点大学孙儿孙女曾经是她的骄傲，然而疫情期间，家里的两个毕业生成了"老大难"，没法回学校，没法出去找工作。李老太也曾愁得睡不着觉，不想峰回路转，沉迷"玩电脑"的孙子孙女突然双双收到了录取通知书，要读研深造。2020 年疫情并没有阻挡年轻人前进的脚步，时髦的李老太学到了一系列新词儿——网面、网申、网签、网审。

李老太是我的外婆，一个年近八旬、四十多年党龄的老党员。她很平凡，小学没毕业，一辈子没有什么丰功伟绩，但她也很伟大，在疫情期间做自己能做的一切帮助他人，用一辈子坚守着一名共产党员的初心与本色。在中国，

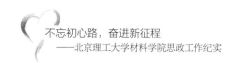

还有许许多多平凡而伟大的人,他们或许生而平凡,甘愿成为一颗螺丝钉,兢兢业业为小家忙碌;但是,他们一定有一个高远的志向——希望祖国繁荣昌盛、伟大复兴。

沧海横流,方显英雄本色;青山矗立,不堕凌云之志。正是这些平凡而伟大的人,无私奉献、尽职尽责、勇于担当,有着空前的凝聚力和强大的精神力量,才能让中国在这次疫情中快速恢复,创造奇迹!他们是时代的英雄,在飘扬的五星红旗下,我们为他们唱响胜利的凯歌!

外婆文化程度不高,也不懂什么先进的理论政策,但她一心向党,她也是这样教导我们晚辈的。我很骄傲有一个这样的外婆,我一定会记住她的话,艰苦奋斗、矢志拼搏,担当起属于这一代青年人的责任使命。

我们生而逢时,相比老一辈艰苦的生长的环境,我们新一代青年生在如此和平的年代,我们沐浴着党的光辉茁壮成长。身处强国时代,能够亲眼见证、亲身经历这个人类发展奇迹、世界大势变局、民族复兴的时刻,何其有幸!

作为新时代大学生,我们义不容辞,我们要将个人命运和国家命运紧紧系在一起,脚踏实地,仰望星空,做一个优秀的材料人、做一个优秀的能源人,把学问做在祖国大地上,把科研做在祖国需要上!

(文:徐李倩昀)

现代诗

勇敢的天使

新冠病毒
你是来自地狱的魔鬼,
给我们猝不及防的沉重一击。
我们受伤,我们死亡,
但千百年来,我们不曾服输过。
即使我们血流满面,即使我们伤亡惨重,
胸腔内那颗充满热血的心永不会停歇,
非典我们赢了,这次照样可以。

你是令人恐惧的魔鬼,
但我们有勇敢的天使。
他们有一双充满魔力的手,
助我们渡过一个又一个的难关。
我们的智慧是你远远想不到的,
我们的团结是你远远想不到的,
我们的屹立不倒更是你意想不到的。
千百年来,
我们披荆斩棘,乘风破浪,所向披靡。

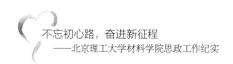
不忘初心路,奋进新征程
——北京理工大学材料学院思政工作纪实

这次又算得了什么?

你看,我们还是赢了,

你最终还是倒在了我们面前。

(文:周海莲)

组　诗

墙

炎热的风吹过
院墙外，小小的草
近来日子空空
没有人的亭阁
没有人的
两副秋千
和三排长椅

刚醒的梦里
还有敌人的夜袭
闹钟突然响起
战士们没有坐以待毙
早饭？来不及了
午饭？凑合着吧
晚饭？当宵夜了
一天当作两天
一个夜晚掰成四瓣
就要闭合的双眼
却格外清楚
病房的担架

送来了几人
又离开了几人

墙外寂静无声
思念却像路灯
闪闪烁烁，反反复复
一入夜就挂满泪痕
平凡的名字
频繁被唤醒
他们的肩膀和手掌
勒痕，
深深地嵌入骨肉
连接滚烫的心灵

回家吧，谁的孩子
回家吧，谁的爱人
回家吧，谁的父亲母亲
我建议大家去看看
世界公园的鸽子
我们喂养了希望
也抓住了和平

长江大桥，没有眼泪

他深深吸了一口
烟灰轻轻抖落
又飘起
穿过一辆货车车窗
烫伤了长江大桥上

一颗
晶莹的水滴

归元寺的票据已过期
若不是母亲念佛
早便寻常的
像那黄鹤楼一般
确实
也无人过问了

今年春天来得早
江边的树绿得也快
算了算
孩子出院的时间
记起
他最爱吃的豆皮
就在昨天
消失在了老巷子

绿灯亮了
在清晨的夜色里
一辆灰色的面包车
带着一点小小的心意
坚定地驶向
天使和魔鬼奔抢的人间

(文：邬旭)

第五章
把学问做在祖国的大地上

担时代大任　立"甄材实学"

——北京理工大学材料学院"甄材实学"实践团"红色筑梦之旅"实践故事

随着"健康中国"的理念上升为国家发展战略，大健康产业成为具有巨大市场潜力的新兴产业。在这一背景下，北京理工大学材料学院"甄材实学"实践团瞄准国家需求，为天然材料的发展与未来积极建言献策，开展了一系列"天然材料与健康中国"的调研活动。

六年时间，"甄材实学"实践团不忘"服务国家战略"的初心，从田间地头的原料考察到工厂车间的无菌生产，从实验室的百余次尝试到中试放大的性能稳定，从农村学校的公益讲座到线上千人同参与的科普宣传，从校级社会实践答辩到国家级创新创业竞赛的舞台，材料学子与时俱进、服务社会的优秀品质不仅得到展现，社会实践成果也得到社会各界充分的肯定和赞赏。

"我们团队成立于2014年，始终坚持'材以躬行，料以致用'的使命，连续六年深入社会实践的一线，践行培养'胸怀壮志、明德精工、创新包容、时代担当'领军领导人才的教育方针，将学生培养与社会实践、创新创业实践紧密结合，探索出了一条'学术为本，实践驱动，双创引领'的特色育才之路"。实践育人，这是甄材实学社会实践团创建者及指导老师陈煜对实践团的初心，他们指出："以社会实践服务科研创新，以技术革新带动产业发展，近年来，师生共同深入基层，在创新创业和社会实践都取得了较好的效果。"

材言材语，看企业日新月异

科技创新始终是产业发展的不竭动力。习近平总书记在宁夏视察时强调："要发挥创新驱动作用，推动产业向高端化、绿色化、智能化、融合化方向发展。"

为了积极响应"创新驱动发展"战略，实现产学研结合，"甄材实学"团队在2014年和2015年两年间，结合专业特色，在北京市医疗器械产业联盟及业内企业的大力支持下，组织材料专业学生对医用材料的发展状况开展系列调查研究，开展内容丰富的材料与健康产业发展相关性的社会调研活动。2016年始，"甄材实学"团队聚焦医用天然材料的培育和生产，参与实践活动的百余名学生分8批次奔赴广东省湛江市、河源市、广州市、中山市，以及京津冀地区，行程1万余公里，走访30余家医用材料研究与应用企业。

在国内唯一的国家级中药破壁饮片研发平台——中智药业集团有限公司，实践团参观"中药破壁饮片技术与应用重点研究室"；在最早成长起来专注于婴儿洗护用品研发与生产的企业之一、年产值超过2亿元的中山爱护日用品有限公司，实践团参观公司的包装生产线和调度室生产线；在屈臣氏、曼秀雷敦等品牌的合作商——外资企业诺斯贝尔（NBC）化妆品股份有限公司，实践团参观NBC产品展示；在中山北京理工大学研究院，实践团参与了由中山创客空间举办的创新创业交流活动，聆听了各领域成功创业者的创业经历。中山市火炬开发区党工委副书记、管委会副主任孙宇红勉励实践团同学学好专业知识，注重理论与实践相联系，学以致用。

基于以上基础，2020年，实践团再次出发，在精细化工产品开发重要基地、国家造纸化学品工程技术中心依托单位——杭州市化工研究院，参与杭州市化工研究院举办的"神奇的生物质基功能材料"科技成果发布会，参观杭化院科普展馆，了解杭化院科研专家团队研发的变性淀粉、废纸再利用等科研成果转化情况以及木塑造纸过程。实践团队员、北京理工大学材料学院2019级硕士研究生林诗滢表示："通过这次实践才知道平时研究的纳米纤

"甄材实学"实践团往年留影

维素可制备全降解薄膜、全降解餐盒,对解决白色污染这一全球问题十分重要。"第十一届全国人大代表、杭州市化工研究院院长、"科学中国人"2010年度人物获奖者姚献平深入浅出的讲解,给了团队很大的启发。姚院长提到,破解成果转化难题的方式,不再是找课题和申报立项,而是以市场为导向,第一步就从市场需求开始,解决工程技术问题,一步步实现产业化。

  实验室的研究不能与实际应用相脱节,实践团通过企业参观与学习,扎根祖国大地,了解国情民情,探索天然高分子领域的材料发展现状,在社会实践中将科研成果写在祖国的大地上。

不忘初心路，奋进新征程
——北京理工大学材料学院思政工作纪实

"神奇的生物质基功能材料"科技成果发布会

材学活用，科技创新显身手

材料领域的发展日新月异，受限于产业化条件，许多实验室科研成果都无法跨越由实验室小试产品到工业放大生产这道鸿沟，科研和产品始终存在脱节的现象。实践团立志将专业所学与科研一线结合，发挥专业特长，解决产业难题。

2016年，在时任全国人大常委会委员、全国人大科教文卫委员会委员、北京理工大学冯长根教授，时任北京理工大学材料学院副书记副院长张舰月老师及中共河源市委组织部、市人社局、市科技局、市科协、市农业局和灯塔盆地管委会等相关部门单位领导的见证下，北京理工大学与广东富阳生物科技有限公司进行大学生实践基地揭牌仪式；2019年，在前期对天然材料的研究基础上，北京理工大学与吴川市长岐镇政府、中国热带农业科学院农产品加工研究所共同举办"北京理工大学—中国热科院加工所科技扶贫实践基地"的揭牌仪式。这些实践基地的建立，标志着北京理工大学大学生社会实践活动又迈上了一个新台阶，为社会实践提供了更多的渠道和平台，同时，也为日后进一步深化产学研合作打下坚实的基础。

北京理工大学社会实践基地揭牌仪式

借助北京理工大学与广东富阳生物科技有限公司合作建立的大学生实践基地，在 2018 年和 2019 年，"甄材实学"实践团走进生产一线，在富阳生物科技有限公司的生产车间和实验室开展了大量工程实验，亲身参与到公司止血新产品的研发过程中，并在实践中结合所学专业知识分析生物材料在放大生产中面临的技术问题，对改进制备工艺和生产流程提出可行性方案和建议，提高学以致用和动手实践的能力，切身感受科技创新成果在产业发展中的重要作用。

实践团成员进行实验实践

3D打印产品的功能化也是团队解决企业难题的一个体现。在实践过程中,"甄材实学"团队选"材"成型,以"材"造器,在浙江省杭州市化工研究院专家团队的帮助下,经过建模、切片处理、打印、后期处理四个过程,熟悉并参与以纤维素生物复合材料为原材料的 3D 打印产品的制作。为更好了解 3D 打印的设计,实践团发挥跨专业学科的优势,来自北京理工大学宇航学院的成员 2019 级博士研究生程喆坤向实践团详细讲解各个软件的使用界面与功能。在跨学科的碰撞中,实践团博采众长,对于材料、机械与软件形成一体化认知,丰润知识素养。北京理工大学材料学院 2019 级硕士研究生袁晶晶同学说:"在科研创新的道路上需要知行合一,在动手实践的过程中才能取得更加完美的实验结果。"

"甄材实学"实践团进行样品制作

功能化水凝胶的产业化也是"甄材实学"实践团进行产学研结合探索的另一重点。天然精油具有良好的功效,但强的挥发性给产业化生产和长时间使用带来困难。实践团利用实验室独创的精油包埋技术,利用天然材料的保湿、修复作用以及水凝胶的缓释特性,成功制备出天然、安全、持久的抗菌驱蚊水凝胶。在精油复合的过程中，通过精油包埋技术，利用水凝胶内部天然高分子链的缠结作用，将精油锁在凝胶内部，减缓精油的挥发，实现高效稳定的精油缓释效果，解决天然高分子材料抗菌性差的问题。

构建以企业为主体、市场为导向、产学研相结合的技术创新体系是创新驱动发展战略的重要内容，实际参与企业的生产，利用专业知识解决企业难题，"甄材实学"实践团成员对科技创新成果产业化有了更加深刻的认识和理解。

材气秀出，用知识点亮梦想

2016 年和 2017 年，在漳溪畲族乡政府、北京理工大学材料学院、广东富阳生物科技有限公司和东源县民族中学的共同组织下，由"甄材实学"暑期社会实践团开设的三课时系列材料科学科普课程在河源市东源县漳溪畲族乡顺利举行。

东源县漳溪畲族乡位于河源市中部，是畲族人民的重要聚集地，但经济相对贫困落后，身处在这片群山环绕的少数民族地区的孩子们，与外界沟通和交流的机会也往往很有限，教育资源相对贫乏。

百年大计，教育为本。当前我们国家正大力推广科教兴国战略和人才强国战略，要实现"两个一百年"奋斗目标、实现中华民族伟大复兴的中国梦，必须更加重视教育，努力培养出更多更好能够满足党、国家、人民、时代需要的人才。因此，实践团主动承担社会责任，拓展中学生的学习视野和科学兴趣，向中学生讲授了"材料的发展与未来""材料与侦探技术"和"创新材料的实现"材料科学系列科普课程，为少数民族地区的学生打开一扇通往科学世界的大门。大量生动有趣的素材和相关视频，巧妙地将科学原理融入趣味探案实验中，第二皮肤、自修复材料和隐身材料等三种创新材料，让东源县民族中学的学生感受材料给生活带来的绚丽变化，引导学生对未来进行思考和联想。

漳溪畲族乡党委书记何远航对北京理工大学材料学院师生为东源少数民族地区的学生开设公益科普课表示热烈的欢迎和衷心的感谢，高度赞扬北京理工大学材料学院"甄材实学"暑期社会实践团服务国家、回报社会的优秀品质。

2020年新冠肺炎疫情席卷全球，线上直播课逐渐成为学生居家学习的一大途径。"甄材实学"实践团联合杭州市化工研究院（杭化院）、中国热带农业科学院南亚热带作物研究所（南亚所）、广东省吴川市长岐镇新联村委会，通过多地协作直播联动的形式，以天然材料发展及其产业化应用现状为主线，探索"线上组织、线上指导、属地实践、远程协同"的"线上＋线下"社会实践拓展新模式。

"将木材加工制备纳米纤维素，可开发得到全降解薄膜、全降解餐盒，是解决白色污染这一全球问题的关键材料，同时还能够提升木材的附加值，真正实现将'绿水青山'变成'金山银山'。"杭州市化工研究院院长姚献平指出。材料学院"功能高分子科创团队"创新型团支部书记、材料学院2019级硕士研究生魏爱玲与他充分探讨"塑料的未来"和新材料的兴起对未来社会发展的意义。

"这是我们杭化院姚献平院长受到习近平总书记亲切接见时的场景，习近平总书记关心地问：'你们杭化院发展情况怎么样？'一旁的赵洪祝书记介绍说：'杭化院最近我刚去过，他们科研成果转化工作做得很好。'习近平总书记听后高兴地说：'你们杭化院的科研成果转化工作要更上一层楼。'"杭化院生物质新材料科普馆的执行馆长田清泉骄傲地介绍。他与工作人员赵启帆、石燚键为实践团介绍杭州市研究院植物基纳米纤维素材料等造纸产品及衍生物。

佛山市公安局驻新联村的第一书记林立向实践团介绍扶贫基地蚕丝生产车间情况，他高度赞扬联合行动为当地贫困老百姓带来的福利："借助热科院南亚所和北京理工大学的科技力量、人才优势、科研设备和科研平台优势，加强产学研合作，为地方'三农'服务，助力新联村脱贫攻坚。"

"生物质产业是未来发展的重点方向，要发挥'校企协同，创新驱动'的力量，将科研成果转化工作落实到实处。"杭州市临安区科协副主席陈振东在现场接受实践团采访时指出。他对本次实践思政教育活动给予高度评价。

一年之计，莫如树谷；十年之计，莫如树木；百年之计，莫如树人。通过这些公益科普宣讲活动，"甄材实学"实践团结合专业优势，发挥专业特色，通过以在人类社会发展中具有重要支撑作用的材料科学为介绍对象，让实践团的工作受到社会各界 2000 余人的广泛关注，了解北京理工大学材料学院的研究成果，体现科研工作者"科研报国"的新风貌。

"天然材料　成就美好未来"直播活动

材以育人，实践思政齐上阵

如果说"服务国家战略"是"甄材实学"实践团的初心，那么"实践—思政—育人"则是实践团对成员们最好的回馈。

"甄材实学"实践团成员、材料学院 2019 级博士研究生、2019 年北京理工大学最高荣誉徐特立奖学金获得者杨珏莹自本科三年级开始曾三次参与到"甄材实学"的社会实践中，她表示，在社会实践中，每个人都能亲身体会到产学研进程的不易，体会到发展具有我国自主知识产品的必要性。身处象牙塔中的青年学子，更应该在社会实践中增长才干，在科研创新中锤炼意志品质。

六年来，实践团成员的调研成果在核心期刊发表调研报告三篇，为地方政府提交政协提案两项。

六年来，实践团两次被评为首都大学生暑期实践优秀成果，五次获得北京理工大学优秀社会实践团表彰，两次被评为校级"品牌实践团"。

六年来，实践团相关实践活动被中青在线、中国化工报、湛江日报等国家、省级媒体多次报道，产生巨大社会影响。实践团队2019年获得团中央三下乡优秀实践团队荣誉称号。

六年来，实践团紧跟时代发展趋势，牢记"青年服务国家"的光荣使命和担当，相继在北京市，浙江省杭州市，广东省湛江市、河源市、中山市开展了系列内容丰富的与中国大健康产业和天然材料紧密联系的社会调研活动。

六年来，实践团始终积极响应国家宏观战略发展需求，向相关企业和当地政府建言献策，运用所学专业知识践行"广覆盖、促发展、提能力、获真知"的实践口号，取得了丰硕的调研成果。

不忘初心，继续前进！在未来，北京理工大学材料学院"甄材实学"暑期社会实践团将继续秉承服务国家、回报社会的理念，树立"为天地立心，为生民立命"的信念，把个人的追求同祖国的前途、民族的命运紧密联系起来，扎根中国大地，了解国情民情，勇担时代大任，为祖国发展贡献自己的力量。

（文：杨珏莹、李娜、林礼智）

互联助农破难题　扶贫战疫青年军
——北京理工大学材料学院"理展红图"实践团
"红色筑梦之旅"实践故事

2020年10月，人民网、今日头条、新浪微博、搜狐、网易号、红寺堡视线、红寺堡区人民政府网站、宁夏新闻网等多家媒体报道北京理工大学与宁夏红寺堡区第一中学共学习近平总书记致中国延安精神研究会第六次会员大会的贺信，纷纷发表《北理工调研团赴宁夏红寺堡区调研：探索大学生社会扶贫新模式》《大学生如何扶贫？北理工调研团在宁夏红寺堡区找到答案》等新闻报道，宁夏日报、吴忠日报、红寺堡电视台全程跟踪报道。这次共建共学主题团日活动的缘始，来自北京理工大学"理展红图"社会实践团前往宁夏吴忠市红寺堡区进行"打赢脱贫攻坚战"——宁夏红寺堡扶贫动态及特色葡萄酒产业调研社会实践的成果。

塞上江南脱贫之路　北理学子一展"红"图

2020年6月8日至10日，习近平总书记到宁夏考察脱贫攻坚奔小康工作。夏日炎炎，塞上江南天高云淡，草木葱茏。"等你们生活过得更好了，我还要到这里来""我要再到比较艰苦的农村看看"这两句质朴却又饱含真情的承诺，萦绕在宁夏人民心中未曾散去。总书记再回首宁夏川，既是对六百万回汉儿女的深切关怀，更是对决胜脱贫攻坚的坚实宣言。在考察宁夏的过程中，总书记强调，要坚决打好三大攻坚战，扎实做好"六稳"工作，全面落实"六保"任务，努力克服新冠肺炎疫情带来的不利影响，优先稳就业保民生，决胜全面建成小康社会，决战脱贫攻坚，继续建设经济繁荣、民族团结、环境优美、人民富裕的美丽新宁夏。

葡萄酒产业是宁夏的特色产业，宁夏贺兰山东麓葡萄酒地域品牌扬名世界。总书记指出，葡萄酒产业大有前景，宁夏要把发展葡萄酒产业同加强黄河滩区治理、加强生态恢复结合起来，提高技术水平，增加文化内涵，加强宣传推介，打造自己的知名品牌，提高附加值和综合效益。要把握扩大内需这一战略基点，以供给侧结构性改革为主线，着力打通生产、分配、流通、消费各个环节。要发挥创新驱动作用，推动产业向高端化、绿色化、智能化、融合化方向发展。要加快建立现代农业产业体系、生产体系、经营体系，让宁夏更多特色农产品走向市场。

总书记的亲切关怀和深情嘱托，为宁夏的发展带来更多力度和温度，也为青年学子鼓气振声。2020 年是全面建成小康社会和"十三五"规划的收官之年，是实现第一个百年奋斗目标的决胜之年，也是脱贫攻坚战的达标之年。恰逢北京理工大学建校 80 周年，学校聚焦立德树人根本任务，以培育和践行社会主义核心价值观为主线，在青年学生中广泛深入开展爱国主义教育，引导青年学生走出校园，深入社会、服务社会、接触国情社会、增强责任意识，在实践中受教育、长才干、做贡献，学校决定 2020 年继续开展学生暑期社会实践活动。

"延安根、军工魂、北理情、中国梦"是融入北理人血脉的红色基因。在实践团出发之前，实践团成员在王浩宇副书记、孙秋红老师和邢飞老师的指导下，认真学习习近平总书记在宁夏考察时的重要讲话精神，并对宁夏红寺堡地区的经济发展、产业结构等情况开展了调研。2020 年 7 月 27 日，北京理工大学材料学院"理展红图"暑期实践团全体成员到达宁夏，深入了解这片始终为总书记所牵挂的土地，开展为期 75 天的"打赢脱贫攻坚战——宁夏红寺堡扶贫动态及特色葡萄酒产业调研"社会实践活动。自 7 月 27 日至 8 月 3 日，实践团通过拜访吴忠市红寺堡区政府多部门，参观学习银川和吴忠两地多个酒庄，走进农村调研采访当地居民、体验农活等方式，多方位了解红寺堡区扶贫状况，学习经验，并针对相关情况分析调查、撰写报告。8 月 4 日至 10 月 10 日，实践团针对调研发现的问题，提出了建议和解决方案——基于"互联网+"的"个性化定制葡萄酒"新型商业模式；通过与当地企业合作，探索性地推动项目落地，开发微信小程序，实现产销对接；设计"抗疫专项助农"营销方案,为当地产品带货,并将全部收益捐赠与当地学校。以产业扶贫助力教育扶贫,推动"扶贫+扶智+扶志"同向发力,探索出"社会实践扶贫"新模式。

社会实践深度调研,脱贫攻坚青春助力

一、灵活决策,一心为民

实践团一行于 7 月 27 日至 31 日先后拜访红寺堡区多个政府部门,把握多方状况,学习有关经验,深入了解当地发展特色的葡萄酒产业与打赢脱贫攻坚战的工作与成就。

"理展红图"实践团走访红寺堡区政府部门

在农业农村局,葡萄酒办主任刘建华向实践团成员介绍当地葡萄种植状况。刘主任指出,酒庄与种植企业承包种植占绝大多数,并雇用当地农户参与种植,一方面避免农户承担巨大风险,另一方面利于企业和政府统一管理,便于加强种植技术培训和政策扶持。与此同时,政府对农户和企业均提供补贴,全方面推动葡萄种植业的良性发展。产业办主任王青山向实践团员回顾红寺堡区葡萄酒产业发展的转向,总体上由农户自行种植转为企业

与农户联合种植。王主任提出,下一步政府为解决产业发展放缓问题,独立成立公司进入市场,参与市场经营,提升市场热度,刺激葡萄酒业消费再爆发。

在工业信息化和商务局,工作人员向实践团成员分享红寺堡葡萄酒销售状况和预期发展模式。首先,当地政府专款邀请网络主播介绍推广红寺堡葡萄酒,大力发展线上销售模式,并取得良好效益。其次,政府有机结合线上线下渠道,在支持当地企业走出去的号召下,推荐当地企业携其产品前往区外参加展销会,拓宽葡萄酒销售渠道。最后,政府率先布局物流运输,计划整合物流公司,推出新型物流模式,降低商品运输成本,突破当地葡萄酒销售价格偏高的困境。

在扶贫办,实践团员了解到当地扶贫政策内容,涵盖产业扶贫、就业扶贫、能力培训、教育扶贫、"扶贫保"等多达十几项内容;扶贫工作包括建档立卡、生态移民等具体措施。当地扶贫工作成果斐然:葡萄的种植面积稳定扩大,葡萄酒销售量高速增长,多个全产业链示范村建成并正常运营,"三产"融合发展得到推动,贫困户增收幅度明显。

实践团认为,政府部门的指导是红寺堡葡萄酒发展不可或缺的重要推动力。早期产业近乎以拓荒和无序的模式扩大,严重影响市场本身的增长和企业的正常运营,其带来的巨大影响波及葡萄农户。政府部门之间及其对企业与农民的有效联合,使得政策与制度发挥优势,各方权益受到保障,维护了葡萄酒市场的健康发展,为进一步打赢脱贫攻坚战打下基础。

二、中流砥柱,展现担当

在拜访政府部门间隙,实践团参观学习多座周边酒企、酒庄,实地考察葡萄酒产业发展状况,分析不同企业经营模式与思路,了解脱贫攻坚工作的多元化可能性。中粮长城天赋酒庄作为国资委直管央企,肩负社会责任,承包周边土地拓荒种植,为当地农户提供固定岗位数百个,全力支持脱贫攻坚工作;原歌酒庄坐落于贺兰山东麓葡萄旅游长廊之中,被国家旅游协会和国际葡萄与葡萄酒组委会评为首批贺兰山东麓列级酒庄,大力发展特色旅游产业;西鸽酒庄扎根于吴忠市鸽子山遗址附近的戈壁之中,李克强总理曾到此调研,西鸽酒庄自营葡萄种植约两万亩,为周边农户提供大量就业机会,并以"授人以渔"的思路，注重职工技能培训，促进酒庄及个人的可持续发展。

实践团参观当地酒庄

实践团发现，体量并不相同的三个酒庄均根据其自身能力响应脱贫攻坚战的号召，为脱贫攻坚尽最大努力。葡萄酒企业以其自身优势，因地制宜地发挥其特色，肩负企业的社会责任，回馈当地人民，维护当地社会稳定，促进当地经济发展。另外，不同模式的扶贫助力，展现了既有的贺兰山东麓葡萄酒企业在发展思路与模式上的多样性与丰富性，有力证明葡萄酒产业是不容置疑的、需要优先发展的当地特色产业，并且为后续建设企业提供方向，使得宁夏经济长足发展更为稳健。

三、实干兴农，产业创新

农村是农业发展的主战场，也是脱贫攻坚的主要工作内容。实践团一行通过参与农业生产和走访农户的方式,深切感受农村氛围,直面脱贫攻坚重点,为整个暑期实践调研画上点睛之笔。

在中圈塘村酿酒葡萄种植基地,实践团全体成员走进葡萄树丛,帮助一位腿脚不太方便的农户大嫂进行剪枝、搬运货物等,虽然很累,但是实践团里没有一个人怕苦怕累,团里最瘦弱的小姑娘也熟练掌握了徒手折枝叶,甚至有的团员手被树枝划伤也坚持继续劳作;有一位实践团员摘得又快又好,被大嫂称赞可以留下来打暑期工……干完一天的活,看到为大嫂减轻一些负担,实践团成员们由衷地感到劳动是辛苦的,也是幸福的,他们接受了一次深刻而生动的劳动教育。

实践团成员帮助当地农户剪枝

随后实践团对红寺堡区中圈塘村开展问卷调查,了解农村状况,提供力所能及的帮助。实践团有针对性地设计问题,争取获得更为客观的数据。在实际调查中,考虑到农村家庭中老年人居多的情况,成员帮助填写问卷,减轻农户的困难。在采访过程中,成员同时负责向农户普及农业农村政策,并提供法律问题咨询。通过了解发现:当地农户普遍依靠农业种植和外出务工谋生,整体生计良好;当地农户对扶贫政策了解程度较高,覆盖产业、教育、医疗保险等内容,并积极参与农业种植技术培训,扩大农业生产,走向富裕。

实践团成员走访当地农户

最后实践团前往工业园区采访大学生创业者孟凡洁。孟凡洁生于本地，毕业于我国农业科学教育重镇、"双一流"高校的西北农林科技大学，主修农林经济管理，知识背景雄厚，熟悉农业经济发展工作。孟凡洁认为，企业发展的同时必须惠及当地农户，而她个人也有义务为家乡建设添砖加瓦。在她看来，当地葡萄酒销售受阻，牵连企业和农户之间的款项结算，使得农户种植葡萄积极性下降。而目前宁夏的葡萄酒产品同质化严重，市场销售群体狭窄，销售仍然以传统的线下销售为主，受到疫情冲击较大。这和实践团的调研结果不谋而合。面对这一情况，实践团和孟凡洁在讨论中提出小规模定制的销售模式这一创新思路。

实践团采访大学生创业者

"互联网+"创新业态,扶贫扶志青年担当

走访调研结束后,老乡们谈及葡萄收购资金还未结算时的愁容满面,一直让"理展红图"实践团的成员们深深牵挂。团员们通过讨论,决定要将"定制"的销售新模式落在实地,在疫情肆虐的特殊一年,帮助当地老乡们做一些力所能及的事情。

实践团积极与当地企业洽谈,达成合作意向,开发出基于"互联网+"的"个性化定制葡萄酒"新型商业模式。一是开拓新思维。邀请购买者自行定制瓶身上的文字、图案等,使购买者由"消费者"转变成亲身参与的"设计者",亲自赋予了葡萄酒特定的感情和意义,并通过社交媒体高效率传播,以打破葡萄酒客户群体的年龄壁垒。二是应用新手段。通过开发微信小程序、运营公众号平台等"互联网+"新手段,推动种植农户和购买者的信息共享、产销对接,并借助此平台对红寺堡地区脱贫攻坚及产业情况进行推介,让更多的人了解红寺堡地区葡萄酒产业优势,目前平台受众已达千余人。三是搭建新桥梁。搭建产业扶贫与教育扶贫的新桥梁,以此为契机开展有持续性、双向互动的公益和志愿活动,如邀请购买者参加助学捐赠活动、组织开展党团共建等活动等。

按照这样的思路,实践团设计开发定制微信小程序,运营"理展红图"微信公众号,并在此基础上,提出"抗疫助农"专项营销方案,帮助当地农户带货。活动上线10余天,收益近1.3万元,实践团将全部收益用于购买材料学科相关图书近400册,通过红寺堡区团委捐赠与红寺堡区第一中学,用于建立"鸿材图书角"。"海阔凭鱼跃、天高任鸟飞""愿同学们不负韶华、只争朝夕,用青春书写美好的未来!"在捐赠图书扉页上,实践团邀请学校里支持实践活动的部分教授、老师以及同学们,为红寺堡区第一中学的同学们书写寄语,并附上了实践团的平台二维码,同学们在阅读过程中有任何疑惑都可通过平台进一步交流。

在北京理工大学与红寺堡团委的大力支持下,以"鸿材图书角"捐赠为契机,双方开展"延安精神 薪火相传"主题团日活动。北京理工大学学子

第五章 把学问做在祖国的大地上

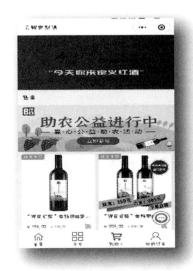

"云硕定制酒"微信小程序

与宁夏红寺堡第一中学 300 余名学子通过两地会场线上连线的方式，共同学习习近平总书记致中国延安精神研究会第六次会员大会的贺信精神，分享大学生活、科研报国之路，500 名学子在线上通过直播观看。以这样的方式成功搭建双方学子互融交流、互促成长的平台，达成深入交流、长期合作的意向。红寺堡区委常委马青松欢迎北京理工大学的师生今后常来当地，将社会实践作为一项长期合作项目进行下去，让科技扶贫的种子在宁夏大地生根发芽，结出累累硕果！

"祖国的西部天地广阔，青年人可以大有作为，希望更多的青年人能到宁夏、到祖国西部去看一看，扎根西部、实现价值，响应习近平总书记对青年人的号召'把论文写在祖国的大地上'。"实践团宁夏籍成员张宇清在双方共建活动中深情地说道。

295

"延安精神　薪火相传"北京理工大学与红寺堡区第一中学团委共建活动

扶贫抗疫青年军，任重道远担重任

"实践团深入农村，探寻企业，走访政府，同学们切切实实地感受到了精准扶贫凝聚的强大合力。""理展红图"社会实践团指导老师邢飞在团日活动结束后接受人民网宁夏频道采访时说道，"实践团探索社会实践扶贫新模式，积极推进项目落地，以产业扶贫助力教育扶贫，'扶贫＋扶智＋扶志'同向发力，为脱贫攻坚与乡村振兴贡献青春力量，将青春之花绽放在祖国最需要的地方。"

"理展红图"实践团，成员10名，实践持续75天，远赴宁夏2次，汇总文字材料61 153字，驱车2 198公里，走访145人，盈利近1.3万元，捐赠图书近400册，12家媒体与网站对实践团进行报道。一串串数字的背后，是实践团成员深入贫困地区深度支持农村建设的真实写照，也是材料学院多年来开展社会实践项目推进大学生实践中受教育、长才干、做贡献的深耕细植，它表达了北京理工大学学子坚定报国初心，传承"延安根、军工魂"的红色基因，与民族共命运、与时代相偕行的信心和决心。

实践团队合影

聚焦脱贫攻坚，助力精准帮扶。通过社会实践与当地团委建立联系团学共建，实践团成员加强了对国情、社情、民情的了解，加深对国家扶贫政策的学习和践行，将青年力量挥洒到祖国大地上，担当时代责任、勇于砥砺奋斗、练就过硬本领、锤炼品德修为，在全国脱贫攻坚的总体良好态势下，紧跟时代脉搏，为全面建设小康社会、决战脱贫攻坚之战奉献青年应有的力量！

回　声

蔡丽，材料工程 2019 级硕士研究生

在近一星期的实地调研中，我们一起完成当地特色酒庄的参观学习、相关政府部分的走访、农户的问卷调研、大学生创业者的采访、设计推动项目落地、组织两地学生共建活动等。在这个过程中，我们所了解到的不仅仅是当地的葡萄酒产业、政府政策以及脱贫攻坚之路，还增长自己的见识，学到一些必要的团队合作能力、社交经验，能够更清晰地认知自己、评价自己，发现自己的不足并给予锻炼，发展自己。与此同时，也能够更深刻地学习国家扶贫政策，了解国家脱贫攻坚战新动向，亲身体验"从群众中来，到群众中去"的真正含义。

高达，材料工程 2019 级硕士研究生

转眼间，在宁夏回族自治区吴忠市红寺堡社会实践结束了。这次实践活动，丰富了我们的经验，提高了我们的团队合作能力，使我们了解了社会。这次实践活动意义深远，对我们的帮助很大，不仅提高我们的身体素质、实践能力和吃苦精神，更让我们深刻认识到社会实践的重要性，拉近我们与社会之间的联系，让我们更加贴近社会。这次实践活动让我们通过自己的亲身经历体会到生活的不易，以及精准扶贫为贫困地区带来的巨大的改变。而且让我们意识到国家扶贫政策越来越落到实处，做得细而有效。在精准扶贫方面，各地在调查研究的基础上，对症下药、精准滴灌、靶向治疗。但还是需要更加努力，任重而道远。但愿苍生俱温饱，不辞辛苦入山林。

洪尘，材料工程 2019 级硕士研究生

我们的社会实践基本告一段落，回望过去的 75 天，我们既有下地务农与基层农户的交流，又有跟上层政府部门的深入探访；既有大胆创新设计新型商业模式，又有务实进取的"大学生社会实践扶贫"新模式。或许学生身份的我们无法帮助一个地区作出重大改变，但我们的想法表达出去的真心是认真的。

从前只扫门前雪，没有更多的机会去了解到这么丰富的社会，如今通过这次机会，我们深刻体会到基层农户的劳作不易，企业发展的困难以及政府部门积极落实政策的决心。虽然我们的社会实践只有一周的时间，但我们仍然希望通过我们的方式和努力把我们的所见所想传播出去，让更多的人了解到红寺堡区在打赢脱贫攻坚这场战役中的付出，同样希望我们的努力能为红寺堡区的脱贫攻坚添加进我们的一份活力，甚至能够让我们在国家脱贫攻坚的历史洪流中贡献出一点力所能及的力量。

胡昕，材料工程 2019 级硕士研究生

2020 年，正值国家脱贫攻坚收官之战，我今年有幸参加我们学院的社会实践活动，关注的正是我国脱贫攻坚西部阵地的脱贫攻坚情况。我们今年来到宁夏吴忠市红寺堡。

习近平总书记今年也来过这个地方,对当地的葡萄酒特色发展进行关切问候,并且寄予厚望。为响应国家号召,我们也对当地以农作物作为脱贫产业发展的实际情况进行走访调查。在整个调研过程中,我们参观葡萄酒相关的各个类型的酒庄,作为葡萄酒产业的下游市场,各个类型的酒庄在葡萄酒销售渠道各显神通,并且在葡萄收购和提供农闲劳动岗位等方面帮助当地农户。当地农户在政府的一些政策扶持下,维持着葡萄种植产业的发展,虽然他们也面临着款项拖欠、农活繁重等困难,但是农户的坚韧品质深深地打动着我。通过这次社会实践,学习到很多关于葡萄酒整个上下游的产业环节,从种植,到酿造,到销售,我们都进行观摩学习,在此基础上,也切实地体会到国家扶贫攻坚战的号角吹遍祖国大地各个角落,并且有了显著的成效。作为青年,志在服务国家,因此我们的团队四处奔走,为农户、企业、政府、教育牵线搭桥。我有幸以司机、调研员、配送员、转播员身份,参与到这一场农业、产业、教育融合发展探索的实践中,希望我们播撒的一粒小种子能培育出一棵小树苗。

胡雨璐,材料工程 2019 级硕士研究生

当前正值脱贫攻坚关键时期,习近平总书记于今年六月赴宁夏考察,对宁夏各项工作取得的成绩给予肯定。此次到宁夏吴忠市红寺堡区开展暑期社会实践,对该地区的扶贫动态进行调研,我感触颇多。在参观各具特色的葡萄酒庄、与政府相关人员进行交流以及对农户进行问卷调查后,我了解到在政府一些扶贫政策的支持下,葡萄酒产业得以迅速发展,以产业带动脱贫,且在政府的推动下,农户与企业之间紧密联系,企业从农户处收购葡萄,并且为农户提供定量的劳动岗位,农户的生活水平得以提高。红寺堡区所取得的良好的脱贫成果为国家脱贫攻坚工作助力。通过实地调研考察,我真真切切感受到国家扶贫攻坚工作落实到了每一处,展现了国家打赢脱贫攻坚战的坚定决心。

刘博林,材料科学与工程 2019 级硕士研究生

2020 年 7 月底,我有幸参加学院的社会实践活动,来到宁夏回族自治区进行社会调研,先后在银川市和吴忠市红寺堡区对酒厂、工作人员、农村农民等进行调研。在这一过程中,我学习到了很多实验室之外的事情,从葡萄的酿造过程，到葡萄的销售问题，以及政府如何通过政策带动企业发展，如何通过政策为人民服务。通过对农村的调研，我深刻地认识到了近几年农村生活发生极大的改变，脱贫攻坚战也取得了巨大的成功，农村人民感到越来越幸福，由衷地感谢党的领导。不止这一次社会实践，我出生在农村，在我长大的过程中也深刻体验到了各个方面翻天覆地的变化，我相信，在党的领导下，在政策的扶持下，我国农民一定会过上更加安稳、更加幸福的生活！

周睿，材料工程 2019 级硕士研究生

暑期社会实践过程中，我们走进田园，顶着炎炎夏日四处走访调研，吃苦耐劳且认真严谨，一周内共驱车一千多公里，整理材料达数万字，采访不同职务的人员百余人，并与当地和学校的各大媒体时刻保持紧密联系，实时更新动态，广泛的宣传帮助我们得到众多部门的大力支持和社会各界的良好反响。另外，我们通过与企业合作，将包括产品销售在内的实践团成果如实公开，全部用于捐赠教育事业。我们在当地中学建立图书角，主要以书籍的形式，附上实践团成员的寄语，鼓励同学们好好学习，表达我们对学弟学妹们的殷切希望。这次社会实践的经历，我感受到了不同地域的文化差异，学习到了农业生产、企业运作、政府调控等多方面的经验和相互联系，同时也深刻认识到打赢脱贫攻坚战的必要性。实践团的成员们在努力学习和工作的同时，尽自己所能服务社会、回报社会，这是新时代青年发光发热的体现，展现了勇于承担、奋发向上的精神风貌。我们也真切感受到国家扶贫、助贫、脱贫的相关政策得到良好落实并取得显著成效。愿实践团成员同我一起，在未来继续践行此路，怀揣爱国之情和报国之志，脚踏实地，艰苦奋斗。

张施诗，材料科学与工程 2019 级硕士研究生

暑假实践匆匆而过，有难忘与不舍，更有收获与感悟。脱贫攻坚战是社会主义事业的本质要求，是党和政府的重要使命，也与我们每一个人息息相关。在红寺堡的走访过程中，我闻到千亩果园飘香，果农不辞辛劳地勤加照顾，粒粒果实倾注汗水和喜悦；我看到重点高校毕业生扎根乡间，用热爱回馈家乡，用智慧带领乡亲致富，与时代同脉搏，与国家同命运；我见到领导干部认真工作，夏日炎炎也不停歇，假期时间仍不放松，为人民谋福利，为社会尽本分。我想，此地如此，中国的其他角落亦会如此，每个人都是脱贫攻坚战的一份力量，每一次努力都将让中华民族的伟大复兴来得更快、更有力。古语云，敬业乐群。在脱贫攻坚战的过程中，作为学子的我们应跟随党的号召、响应时代呼唤，以学业为重，团结周围，为事业打基础，为成功做保障。实践团一行在走访期间，工作认真细致，表现谨慎可靠，展现了青年担起责任的良好风貌。山高路远，愿团员能在未来时刻践行此路，做有担当的青年，创更美好的中国。

张顺中，材料工程 2019 级硕士研究生

本次社会实践圆满结束，回想起活动的过程，内心仍然十分激动。我们走进田间地头，调研农户的真实情况，造访企业，了解他们的生产情况，并且与当地多个政府部门沟通，了解扶贫的政策等。让我印象深刻的是团队成员深夜开会讨论实践的方案，每个人都积极参与，建言献策，提出卖酒方案后，大家一块设计商标，制作小程序，这种氛围特别棒。我们决定将卖酒的收益捐赠给红寺堡当地的中学，虽然不是很多，但我相信这种爱会传递下去。团日共建活动让双方学子互相了解，我们看到他们立志改变家乡面貌决心，看到红寺堡美好的未来。

张宇清，材料工程 2019 级硕士研究生

2020 年 7 月底，我们的社会实践团来到宁夏这片有着"塞上江南"美誉的大地，而这里，也是我的家乡。在这片土地上，生活着这样一群人，他们从青海、甘肃、宁夏西海固等不适合人类居住的地方搬迁至吴忠市红寺堡，带着对新生活的希望，在这里扎下根来。带着同根同源的情感连接，我和实践团的成员一起走进这片改写 26 万人民命运的全国最大的易地生态移民安置区，深入走访政府相关部门、葡萄酒企业和当地的种植农户，我的感触更深。作为一名共产党员，我深刻感受到我们党始终把人民放在第一位，践行着"为人民谋幸福，为民族谋复兴"的责任与担当，让老百姓过上好日子，让少有所养老有所依，我们每一个人都是受惠者。

而我们作为当代青年，有这样的机会深入社会，走进田间地头，为当地发展建言献策贡献力量，更让我感受到付出的幸福感。我们的社会实践调研虽然结束了，但我们的"助农"之旅还在路上，希望我们能以微薄之力帮助当地产业发展，以微弱之光温暖祖国未来希望。

（文：北京理工大学理展红图实践团）

千锤百炼军工魂　矢志不渝材料情
——北京理工大学材料学院赴西安实践团"对话信仰"实践故事

人民军工,也称人民兵工,是指我国人民兵器工业,是我们党领导和创建的第一个军事工业部门,是新中国国防科技工业的摇篮。"国家利益高于一切""舍小家顾大家",是人民军工的信仰和情怀。自 1931 年创建以来,就形成"自力更生、艰苦奋斗、军工报国、甘于奉献、为国争光、勇攀高峰"的人民军工精神,这信仰与精神构成了"军工魂"。

北京理工大学与"军工魂"有着千丝万缕的关系。作为党于 1940 年在革命圣地延安创办的第一所理工科大学、新中国第一所国防工业院校,北京理工大学始终积极传承"延安根、军工魂"的红色基因,始终弘扬军工文化,培养德智体美劳全面发展的社会主义建设者和接班人。材料学院作为北京理工大学重点学院,更担负着重要军工使命,与军工事业有着难解难分的情谊,这份情谊便是"材料情"。

恰逢建国七十周年和北京理工大学建校八十周年之际,材料学院以"军工魂　材料情"为主题,以加强产学结合、探寻军工精神、追溯我校前辈学子奉献军工历程、激励后辈学子军工报国为目标,组建由材料学院院长助理李国平老师和 2017 级本科生辅导员郑晓璐老师指导,研究生杜金钶、邬文雅,本科生董明韫、徐旭东、崔铖和宋振坤组成的实践团。实践团于 7 月 21 日到达西安后,便马不停蹄地往西安北方惠安化学工业有限公司、中国兵器工业试验测试研究院、西安近代化学研究所、陕西应用物理化学研究所四所军工单位开展暑期社会实践。

用眼用心识军品,产学结合做科研

为了深刻认识材料学子所学知识与军工生产实践的关系,激发科研动力明确科研方向,实践团首先在相关单位工作人员的带领,通过参观和讲解的方式,了解实践单位、军品以及军品制造过程。

实践的第一站来到西安北方惠安化学工业有限公司,惠安公司是中国兵器工业集团公司骨干企业,国家重点保军企业,作为国家重要的化工科研、生产基地,主要承担着军品科研的开发和生产任务,为国防建设、军队现代化和国民经济发展作出过重大贡献。实践团协同惠安公司开展以"保密知识讲解"和"安全知识讲解"为主题的实践第一堂课。课后,指导老师李国平、郑晓璐分别对课程内容进行总结,实践团成员分享自己的学习收获。通过学习、交流、分享,"保密"和"安全"两个重要意识已深入实践团团员心中。

实践团参观惠安公司

随后实践团在工作人员的带领下前往惠安公司科研一所、科研二所生产一线进行参观。经过研究所内工作人员对工序及相关作用的细致讲解后,实

实践团实践第一堂课

践团成员对复合材料固体推进剂、可燃军械元器件的整体生产工艺有了较为清晰的认知。实践团成员宋振坤表示:"以前这些材料和工艺只在课本里见到,现在真实地展现在面前,让我们有了更深刻的认识。"

实践团第二站来到中国兵器工业试验测试研究院,该研究院是国防科技工业唯一的陆上常规武器综合试验基地。其始建于1965年,主要进行常规武器研制与生产过程中的试验、可靠性、质量和效能验证,承担兵器、航空、航天、船舶、电子等行业和陆、海、空、二炮等军兵种的武器科研试验等多项研究与测试任务,具有重要的战略地位。实践团在研究院研究人员的带领下参观火箭橇试制车间。火箭橇是在专用的轨道上,利用火箭发动机作动力,推动火箭滑车高速前进以获取模型(或实物)试验测试数据的大型地面动态试验系统。其作为一种鲜为人知的国之大器,在国防领域有着重要作用。火箭橇测试中心主任周学文向实践团讲解研发中心火箭橇的技术成就,令实践团成员为中国国防现代化发展备感自豪!实践团还实地参观无人机试验场及火箭橇试验设施。在无人机试验现场,技术人员向实践团讲解无人机作战原理,并进行无人机低空飞行试验展示,实践团成员收获颇丰。通过参观,实践团成员认识到实践和严谨理论研究的重要性。正如在学校的科研一样，军用武器性能的研究也是要经过多次试验，所以实践的重要性不言而喻；而做一次武器试验所消耗的物力财力之大，反过来要求科研工作者在科研过程中更加严谨地对待理论研究，从而尽可能地减少获得准确结果所需的试验次数。

实践团第三站来到西安近代化学研究所，这是我国最大的化学含能材料研究中心，主要从事含能材料、爆炸与燃烧科学、有机化学、应用化学、高分子材料、精细化工、电子仪表及分析测试技术的研究开发，是以应用化学为主的科研、试制综合性研究所。该所为国防事业填补了大量空白，制定了很多行业标准，很好地实现产学研一体化发展。实践团参观公司的质量监督检验中心，工作人员为实践团讲解众多分析仪器的工作原理及使用注意事项。随后，实践团参观氟氮化工资源高效开发与利用国家重点实验室，李主任为实践团介绍中国氟氮资源开发利用的发展史以及相关仪器和工业的生产流程。

最后一站是陕西应用物理化学研究所，这是中国兵器军用化学电源研发中心、北方特种能源集团化学电源研发中心、火工品安全性可靠性技术国防科技重点实验室、国家民用爆破器材质量监督检验中心的依托单位，在火工领域、爆破器材领域处于国家领先地位。研究所工作人员带领实践团参观火工品安全性可靠性技术国防科技重点实验室，实践团了解火工品研发、制备、生产、应用的相关技术，及其在国防军事发展应用中的重要意义。

通过参观和学习军工品及生产流程，实践团发现，即便如今军品研发和工艺的发展已经取得巨大进步，但仍然存在较多有待于进一步攻克的难题。实践团成员将军工的生产实践与自己的科研方向相联系，立志以军工需求为向导，在科研过程中树立创新意识，重点攻克军工技术难题。

工人学子座中谈，军工精神心心传

军工人，是"军工魂"的重要载体，在参观过后，实践团对于这些"国之重器"背后默默付出的科研工作者们由衷敬佩。为了深入了解新时代军工战线，更好传承军工精神，实践团成员与人民兵工进行了面对面的座谈交流。

在座谈会上，惠安公司党委书记王立刚热情欢迎实践团来公司参观学习。在王书记的带领下，实践团成员与惠安公司领导进行了亲切、热烈的座谈。首先，惠安公司王书记向实践团讲述惠安公司爱岗敬业、争创一流、为国奉献、报效祖国的企业精神，以及员工们团结、精干、务实、高效的工作作风。此外，还介绍了公司的发展历史、现状及未来的发展思路。他表示，惠安公司和北理工有长期的合作经验，公司将为毕业生提供良好的就业环境和成长空间，欢迎北理工学子加入惠安，为公司发展贡献力量。

接着，李国平老师代表实践团对惠安公司向实践团提供的帮助和支持表示感谢，同时表示，实践团成员在实践过程中要"多看、多学、多听"，努力向惠安公司的一线员工学习，把新时代军工人的面貌、文化、科技和精神传播出去，让新时代的大学生更加了解军工企业，激发学生的爱国热情和投身军工事业的豪情壮志。

最后，在惠安公司领导和全体实践团成员的见证下，王立刚和李国平共同为"北京理工大学暑期社会实践基地"揭牌，为进一步加强北理工与惠安公司的科研合作，为人才交流提供新的平台。

座谈之后，惠安公司党委工作部副部长张爱娟为实践团带来了以"人民兵工精神"为主题的讲座。张爱娟对实践团及广大青年工作者深情地说道："把'一切献给党'的人民兵工精神发扬光大，还要靠你们——新时代军工战线的接班人！"

实践团成员在各单位座谈的过程中，感受到单位领导对北京理工大学学子的高度评价和对人才的渴望，这令实践团成员感到自豪的同时，也感到身上肩负的责任，这些高度赞誉与北理工前辈们坚定的军工报国信仰和过硬的专业能力是分不开的，前辈身上的品质应该在后辈学子身上得到延续，让这张北理工"名片"越来越耀眼。

军工报国北理人　百尺竿头寄后生

他们，年龄横跨老中青三代，在不同的岗位上兢兢业业；他们，心怀军工报国的理想，将人生奉献给国防事业；他们，还有一个相同的身份——北京理工大学的毕业生。为了探寻北理工前辈的报国情怀，延续北理工人品质，实践团开展与投身军工报国的北理工校友的交流会与访谈活动。

在西安近代化学研究所，实践团与北京理工大学 5541 班校友李上文老师、6 系 83 级优秀博士毕业生、现任首席科学家的赵凤起，围绕着实践团的主题活动进行深入交流。82 岁的李上文老师讲话依然慷慨激昂，为实践团生动地描述了一个激情四射的年代，从抗美援朝到越南战争，向实践团传达出一种为党为国家为国防事业奋斗终身的奉献精神。同时，李上文老师教导实践团成员们："新一代的青年人做人做事要始终持有'三心'——小心、细心、责任心，在科研工作中要勇于实践、善于总结。"

赵首席分享自己从科研学习到工作岗位上积累的宝贵经验，告诫科研工作者要学会查阅资料并保持良好的写作习惯，培养自己的创新意识，全面地了解行业的发展。在解决行业实际问题时，要密切关注需求牵引、问题导向和战略导向，根据社会和国家的发展需求制定目标、提出发展思路。同时，赵首席对广大青年学子寄予厚望："希望青年学子们努力奋斗，实现国防事业发展从'跟跑'到'领跑'。"

北京理工大学 61771 班校友第五旬宁，曾任惠安公司总经理兼总工程师，他为实践团讲述自己的人生经历。他在恢复高考的第二年考入北京理工大学的前身北京工业学院，毕业后便进入 845 厂（惠安公司前身），直至 2014 年退休。第五旬宁总工将自己四十余年的时间全部奉献给中国军工事业的发展。在担任总工程师的十六年里，在产品开发、技术改造、生产技术、质量管理等方面贡献着自己的力量。从入学到工作，从基层到公司总工程师，"一代人、一件事、一辈子"的工匠精神在第五总工身上体现得淋漓尽致。

同时，实践团与年轻校友们展开热切交流。实践团与各单位的年轻校友们就"在北理工的收获""职业发展规划""工作中积累的经验"等几个主题进行了交流，前辈们的经验对学弟学妹们的未来发展及人生目标的长远规划产生重要启发。

西安近代化学研究所的校友金大勇学长和谢中元学长从工作经验方面对学弟学妹们提出建议。金大勇强调拓宽知识面、勇于质疑、多动手、多提问的重要性，并感慨"书到用时方恨少"，告诫学弟学妹们要珍惜学习的大好时光。谢中元谈到自我热爱、辩证思维和明确的目标对于学习和工作的重要性。

此外，北京理工大学建校八十周年之际，校友们纷纷主动为母校及学子送上祝福和期许。

李上文："感谢母校五年的培养，为国防现代化奋斗终身！"

赵凤起："百尺竿头更进一步，祝母校的明天更加辉煌！"

第五旬宁："希望母校越办越好，早日成为国内外一流学校。希望北理学子不辜负国家培养，认真学习科学文化知识，把我们国家建设得更加美好强大。"

刘树慧："北理情怀、报国兴企。"

谢中元："立志国防、矢志不渝，祝母校火炸药事业更加辉煌。"

金大勇："不忘初心，献身国防。"

……

"听君一席话，胜读十年书"。与多位北理工杰出校友的专访、座谈让实践团成员深刻感受到北理工流淌的红色血液，给后辈学子传递出丰满的家国情怀，激励后辈学子心怀感恩，矢志军工，献身国防，砥砺前行。

短短五天时间，"军工魂 材料情"实践团先后前往四家具有军工特色的单位。一次次参观，让团员们实地了解到材料专业在不同军工领域的应用；一场场座谈，让团员们深深感受到"自力更生、艰苦奋斗、开拓进取、无私奉献"的人民兵工精神；一段段采访，让团员们在前辈们的谆谆教诲中更加明确前进的方向。

习近平总书记指出，不忘本来才能开辟未来，善于继承才能更好创新。人民兵工不只是一个行业的称谓，更成为一种精神和价值追求。实践团通过这次实践将兵工精神带给更多北理工学子，将其继承发扬。实践团也将"军工魂"与"材料情"相融合，唤起更多的材料学子不忘初心、牢记使命，学习军工精神、树立报国意识、增强产学结合，为祖国的国防现代化建设贡献出自己的一份力量！

回 声

崔铖，新能源材料与器件专业 2017 级本科生

千里之行，积于跬步，我国国防科技工业和尖端武器从无到有的背后是七十多年来无数军工人的默默付出。此次西安之行，不仅仅是参观先进武器装备和现代化生产技术，更让我深刻感受到了北理工人踏石留印的实干担当。先辈们锐意进取、敢为人先、百折不挠、无私奉献的精神值得我们每一个人去继承、去发扬光大。周边安全形势日益严峻，祖国国防建设不可松懈，希望将来有更多同学立志国防，为祖国国防现代化贡献出自己的一份力量！

董明韫，高分子材料与工程专业 2017 级本科生

非常幸运可以参加这次社会实践。实践过程中，我从同行的同学们、学长学姐、老师们身上学习到了非常多优秀的品质。我们一起参观、学习、交流，一起工作，大家给予了我很多帮助，我各方面的能力也都得到了锻炼，希望这种主题形式的社会实践可以继续下去。同时，通过这次实践，我了解到了各个军工企业在国防事业中不可替代的重要性，也从校友们身上感受到了"自力更生、艰苦奋斗、开拓进取、无私奉献"的人民兵工精神，我们虽然处于不同的时代，但血液里的"红色基因"不曾改变。我对自己的专业和自己身上的责任与使命有了更清晰的认识和了解。身为北京理工大学的学生，我们要不忘初心、牢记使命，在自己的专业领域里刻苦学习、努力奋斗；身为新时代的新青年，我们要更加踊跃地投入国防事业中去，为祖国的国防事业贡献自己的力量！

宋振坤，高分子材料工程专业 2017 级本科生

一次特殊的西安之行，让我了解了我国军工事业及含能材料的辉煌发展史，感受到"艰苦奋斗、无私奉献"的人民兵工精神，感受到每位科研工匠的军工精神，同时被先进的国防科技魅力所吸引。有幸在实践期间与多位优秀校友交流座谈，他们每个人都精神抖擞、斗志昂扬，无比自豪地谈论着自己所从事的伟大事业。他们以此为荣，将建设现代化国防事业为己任。他们的这番言论激励着我矢志军工，献身国防的想法。作为北理工学子，我们应当不忘初心，牢记使命，我们流淌着的是北理工的红色血液，所以我们必须为中国现代化国防建设贡献自己的全部力量。

徐旭东，高分子材料工程专业 2017 级本科生

本次社会实践活动给我带来了很多学习生活上的帮助，没有经历过实地考察是没有发言权的，我们见证了由许多零件一步步组装成成品机械的全过程，深感大国工匠之伟大。知识只有与实践相结合后才能起到它应有的作用，我们所学专业本就是对实践性要求极高的，此次经历不仅开阔了我的视野，更丰富了我的实践经历，让我在今后的学习中有了抓手。此外，此次实践活动还让我了解了我所学的专业知识在祖国建设过程中所起到的重要作用。同时，在了解了这些军工厂的建厂历史后，我深刻体会到了国家今日的强盛不是一蹴而就的，是经过了几代人努力的结果，如果有机会，我愿意接下这面红色旗帜，继续前辈们的工作。

邬文雅，材料工程专业 2018 级硕士研究生

短短五天的实践活动，一方面，让我们近距离地了解了我国国防事业的发展，也使我们报效祖国之心更加热血沸腾。同时深深地感受到，西安这座坐落在我国中部的十三朝古都，有的不仅是千年历史文化底蕴，更是对我国国防现代化建设的强力支持。另一方面，感受颇深的还有和老一辈北理工杰出校友的专访、座谈。他们的故事、他们的经验给我们传递出了一种不一样的家国情怀，激励我们心怀感恩，砥砺前行。如果我们是雏鹰，那么前者给了我们一片可以自由翱翔的天空，后者是教导我们如何振翅飞翔、抵挡"风"的袭击、藐视"云"的阻挡的科学指南。

杜金钶，材料工程专业 2018 级硕士研究生

西安之行，满载而归。载的是"心系国防，艰苦奋斗"的精神涵养，载的是"产学结合，攻坚克难"的国防科研目标，载的是"军工报国，代代相传"的北理工情怀。首先，通过这次社会实践，一代代军工人身上的军工精神深入我心；其次，作为研究生的我深知实践是检验真理的唯一标准，我认识到产学结合有助于做出更有价值的研究，为国防事业攻坚克难；最后，奉献于军工事业的优秀北理工前辈们激励着我传承北理工人品质，坚定军工报国的决心。未来，我将发挥自己材料专业优势，为国防现代化建设奉献自己的青春！

（文：杜金钶）

弘扬"红船精神" 不忘初心使命
——北京理工大学材料学院赴嘉兴实践团红色育人实践故事

1921年,中国共产党第一次全国代表大会在浙江嘉兴南湖的一条游船上胜利闭幕。"中共一大"从开幕到闭幕的整个过程中遇到过许多困难,最严峻的时候,会址被迫从上海秘密转移至浙江嘉兴南湖的游船上。即使困难重重,中国共产党人凭借着对革命坚强的信念,使中国革命从此扬帆起航。一大召开标志着中国共产党的正式成立,犹如一轮红日在东方冉冉升起,照亮了中国革命的前程。这是近代中国社会进步和革命发展的客观要求,是开天辟地的大事变。自从有了中国共产党,中国革命的面目就焕然一新了,"红船精神"也由此诞生。

古人云:"所以表不忘初心,而必果本愿也。"古人也早已悟出,一个人要取得成功,实现自己的理想和愿望,定不要忘掉自己的本心。实现中华民族的伟大复兴,无疑是立在党、国家和人民群众面前的一面旗帜,是各行各业奋斗的目标。为了实现这一伟大的理想,不仅需要各行各业各司其职,艰苦奋斗,更应该有一个先进的精神支撑着我们。而"红船精神"以其开天辟地、敢为人先的首创精神,坚定理想、百折不挠的奋斗精神,立党为公、忠诚为民的奉献精神的深刻内涵,与其他革命精神和优良传统以及共产党人的初心一脉相承。一直以来,以"红船精神"为代表的党的优良传统和优秀革命精神与革命文化在社会的许多方面都产生了重大的影响,并对发展、建设、改革起到了巨大的促进作用。

2005年上半年,"红船"所在地嘉兴市根据中央统一部署开展了保持共产党员先进性教育活动。此次活动极具创新,且颇有成效。得知这一消息后,时任浙江省委书记习近平同志感到十分振奋，同时备受启发，在《光明日报》上发表了题为《弘扬"红船精神"走在时代前列》的文章，"红船精神"第一次被公开地阐释并被广泛弘扬。此后，"红船精神"迅速在全国范围内产生了巨大的影响，"红船精神"逐渐为大家所熟知。

在2016年的G20杭州峰会期间，习近平总书记明确指示浙江，要"秉持浙江精神，干在实处、走在前列、勇立潮头"。"浙江精神"就是"红船精神"的演变和发展，是具有当代意义的"红船精神"。

2019年5月13日，中共中央政治局召开会议，决定从2019年6月开始，在全党自上而下分两批开展"不忘初心、牢记使命"主题教育。要提"初心"，必定要寻根溯源。浙江作为"中共一大"的举办地，在建党以来98年的革命、建设、改革进程中，积累了深厚的精神与文化底蕴。自改革开放以来，浙江实现了从一穷二白到经济大省，从绝对贫困到全面小康，从百废待兴到创新创业三个"历史性转变"。在这个过程中，以"红船精神"为代表的党的优良传统和优秀革命精神与革命文化在地区发展中起到了举足轻重的作用。

浙江作为中国革命红船的起航地、改革开放的先行地、习近平新时代中国特色社会主义思想重要萌发地，具有十分突出的政治优势。在发展过程中，浙江的政治优势已经逐步促进形成了实实在在的若干成果。但是落到实处，"红船精神"是否在群众中普及？它是否实现了预期的教育价值？"红船精神"作为党的优秀革命精神，它的广泛宣传是否取得了真正的实际成效？带着这些问题，北京理工大学材料学院"不忘初心　寻溯红船"实践团来到浙江——红船精神的发源地，找寻问题的答案。

实地考察，深挖精神内涵

红船起航于浙江嘉兴，也作为重要精神力量推动了浙江的发展。浙江还是改革开放的先行地和习近平新时代中国特色社会主义思想重要萌发地，具有十分突出的政治优势。我们实践团选择浙江作为实践地，从共产党员先进性、浙江改革开放以来经济社会发展、人民群众的切身感受与实际体会三个方面入手，先后参观位于上海市兴业路76号的中国共产党第一次全国代表大会会址、嘉兴南湖红船和位于嘉兴秀洲工业园的五芳斋产业园。

中国共产党第一次全国代表大会会址，简称中共一大会址，是中国共产党的诞生地。会址位于上海市兴业路76号，是一幢沿街砖木结构一底一楼旧式石库门住宅建筑，坐北朝南。老式的石库门，青色砖瓦，乌漆的大门上一对黄铜吊环，拱形的石雕门框质朴厚重，那些旧居以及一大会场仍然保持着原有的风采，载满梧桐的望志路，一度见证了来自全国各地的13名代表在此初创伟业的艰辛，一切都是那么质朴而简洁。在党旗的指引下，我们一行人进入馆内，在这里每一位参观者都放慢脚步，眼眸中饱含着追思和敬仰，用心去体会、去品味一件件展品中铭刻的光荣与辉煌。一大会址中展出的实物，从泛黄的报纸到保存完好的旧照，以及先辈穿过的旧外套，无不让我们沉思和感慨。空气因为历史的重负变得庄重和肃穆，我们那年轻的心随着参观的脚步越加庄重，也平添了一份责任。

实践团参观中共一大会址

在参观过位于上海的中共一大会址之后，北京理工大学材料学院"不忘初心，寻溯红船"实践团一行五人，随后乘火车从上海出发，并于当晚抵达嘉兴。在经过一整晚的休息之后，第二天清晨便前往此次社会活动的第二站——位于浙江嘉兴南湖红船。乘坐渡轮来到湖心岛，一湖浩瀚的碧水烟霞之中，一处花木扶疏的千林岛上，一座红柱青瓦的二层琼楼，宛如传说中的海蜃奇景降落人间。这里就是南湖红船纪念馆旧址——烟雨楼。重上烟雨楼，楼阁依旧；遥望远处，红船仍在。俯瞰大地，实践团想象着曾在这片土地上发生的一切，缅怀一位位伟大的革命先烈，就是有了他们的坚持与牺牲，党才能坚定地走到今天。登上南湖红船，看着窄窄的船舱和简朴的摆设，历史仿佛重现眼前。1921年7月，中共一大会议因被巡捕窥探被迫中断，代表们随后辗转来到浙江嘉兴，泛舟于"轻烟漠漠雨疏疏"的南湖之上，继续会议议程。100年前的今天，中共一大代表们讨论通过了中共第一个纲领和第一份决议，选举产生了中央局。抚今追昔，正如习近平总书记一年前瞻仰红船时感慨："小小红船承载千钧，播下了中国革命的火种，开启了中国共产党的跨世纪航程。"这条小小的红船也同样激励着我们，坚定不移地坚持中国共产党的领导，坚定不移地贯彻执行中国共产党的基本理论、基本路线、基本经验。

接着，实践团前往社会实践的第三站——位于嘉兴秀洲工业园的五芳斋产业园。具有百年历史的浙江五芳斋实业股份有限公司是集团食品产业的龙头，著名的中华老字号企业，农业产业化国家级重点龙头企业，全国最大的粽子产销商，2005年全国食品制造业纳税百强。实践团今天前往的五芳斋产业园作为国家工业旅游示范点，曾经也吸引过国务院前总理温家宝、前中纪委书记王岐山等领导前来参观。现在，五芳斋产业园和正在建设中的成都五芳斋食品生产基地，已经构成五芳斋食品制造和物流配送的两大中心。在企业张经理的带领和介绍下，实践团团员对五芳斋粽子食品研发、原料产地、加工工艺、保存方法、企业荣誉等方面有了一个全面的了解。这家1921年创始的百年老店，经历了1956年的公私合营和在改革开放后对技术的大规模改造、股份公司的改制，一直秉持"和商"的经营理念，秉承传统美食文化之精髓，创新老字号发展路径，倾力打造以米制品为核心的完整产业链。通过与企业工作人员的不断交流，我们逐步了解到，现在"五芳斋"作为嘉兴的一张城市名片，以其富有地域特色的中国传统食品文化元素和高品质的产品屡获好评，成为嘉兴"对外交流的使者"。五芳斋产业园，也已经成为弘扬中华传统美食文化，展示特色产品的窗口，每年接待数万计国内外游客、媒体记者和各界社会人士参观交流，为宣传嘉兴城市和五芳斋品牌文化起到了积极的推动作用。

参观五芳斋产业园之后，经过中午短暂的休整，"不忘初心　寻溯红船"实践团一行五人又来到了此次社会实践的第四站——位于嘉兴市的穆河社区。

实践团采访五芳斋产业园工作人员

刚进入社区,实践团便被社区工作人员的热情所感染,炎炎夏日,一碗碗绿豆汤消除了大家内心的燥热。步入社区工作室,首先映入实践团眼帘的便是"最多跑一次"工作服务窗口,窗口前热心的工作人员正在为居民答疑解惑。社区接待人员介绍,"最多跑一次"改革是浙江推动全面深化改革的实践创新,通过"一窗受理、集成服务、一次办结"的服务模式创新,让企业和群众到政府办事实现"最多跑一次"的行政目标。

实践团还进一步了解到,穆河社区党委作为一个拥有接近200名党员的基层委员会,虽然在对一些自由职业的党员的管理和党费的收缴上,曾经遇到过不小的困难,但是通过他们的努力,保证了和每一个党员能够及时联系。现在大部分党员对他们的工作非常支持,党建活动的党员出席率已经能够达到80%以上,这可谓一个不小的成就。

实践团与嘉兴市穆河社区工作人员座谈

通过调查我们发现，杭州和嘉兴两地始终坚持将宣传教育与习近平总书记的期望与嘱托相结合、与人民需求和心声相结合、与地方特色相结合的"三个结合"，进一步深入挖掘地方特色，树立文化标杆，打造文化品牌，构筑文化高地。红船学院作为特色思想文化阵地，将革命优秀文化同"不忘初心、牢记使命"主题教育联系起来，引导党员干部不断强化在实现中国梦的征程上不忘初心，全心全意为人民谋幸福的价值取向和根本宗旨。"寻找最美红船人"等一大批特色活动脱颖而出，形成了亮丽的文化品牌，革命精神、奋斗精神、开拓精神、奉献精神得到彰显，起到了教育党员干部坚定理想信念，牢记党的宗旨，挺起共产党人的精神脊梁，自觉做共产主义远大理想和中国特色社会主义共同理想的坚定信仰者和忠实实践者的作用。两地宣传部门还积极运用多种艺术手法，树立文化标杆，大大扩大了宣传教育的覆盖范围和影响力，使以"红船精神"为代表的党的优良传统和优秀革命精神与革命文化更加深入人心。例如由中共杭州市委宣传部指导，杭州文化广播电视集团、杭州话剧艺术中心出品、制作的大型红色诗话情景剧《红船·追梦》，以话剧、诗歌、朗诵等多种表现方式，铿锵有力地诠释了"红船精神"，在党员、学生和基层群众中收到了很好的反响。

坚持问题导向，突出补齐短板，使宣传教育工作落到实处。带着问题学，不断找差距，在学习、检视、剖析的过程中形成问题清单，最终在实际工作中条条落实、逐一整改。创造"红船精神+业务"模式，从各项具体工作入手，不炒大锅饭、不搞一盘端，在深刻学习领会"红船精神"内涵的基础上，逐一排查、对症下药。以扎扎实实的实际成效为民谋利、为民尽责，实现理论学习有收获、思想政治受洗礼、干事创业敢担当、为民服务解难题、清正廉洁做表率的具体目标。打开"着重解决思想问题"新突破口，在学习过程中回答好"为了谁、依靠谁、我是谁"的问题，搞清楚从哪里来、往哪里去、要达到什么目标，从而筑牢信仰之基、补足精神之钙、把稳思想之舵，使广大党员干部"守初心""担使命"，牢固树立"四个意识"、切实增强"四个自信"、坚决做到"两个维护"，自觉在思想上政治上行动上与党中央保持高度一致，始终忠诚于党、忠诚于人民、忠诚于马克思主义。

调研走访,探寻传承困境

调研中发现,虽然浙江省在弘扬与践行以"红船精神"为代表的党的优良传统和优秀革命精神与革命文化的过程中取得了重大的成果,但也不可避免地存在一些困难和不足。

通常,越是在人员组成复杂、人员流动性强的地方就越难开展工作。社区不仅兼具了人员组成复杂、人员流动性强的特点,还存在开展社区工作资源不足的问题。一些条件好的社区由于居民大都有稳定的工作,情况要稍微好一点,而对于大多数条件一般的社区,例如本次调研中考察的嘉兴市南湖区穆河社区问题就比较集中。首先,由于人员流动性强造成党组织战斗力无法很好发挥。对于基层,往往无法依靠直接的行政命令来完成这样细致、具体的工作,而是依靠党组织的"润物无声"来完成。党员长期在外不仅会对党员参加组织生活、按时缴纳党费造成影响,还制约着党员在社区中发挥模范带头作用。其次,由于人员流动性强造成宣传教育工作的受众不断地在发生变化。简单的过目入耳很难产生长久的效果,而社区工作的性质决定了宣传教育活动只能够以几乎静态的方式在居民空闲时间产生影响。最终,花大力气打造出的文化阵地事实上并没有起到多大作用。最后,人员组成复杂决定了单一化的宣传教育模式是行不通的,而探索多样性道路又需要大量的资源投入,这在街道乃至区、县一级都存在许多不确定性因素,在社区就更具挑战。

主观上不愿开展宣传教育活动多见于民营企业。民营企业内部的不情愿情绪是由民营企业自身属性决定的。在激烈的市场竞争中,企业负责人首先要考虑的是如何站得住脚、经营得好而不是在宣传教育等看似比较"虚"的方面下大力气。因此,当企业经营状况比较好时,企业内部能够有更多的精力和资源去开展;而当经营困难,企业效益一般时,宣传教育工作往往就被搁置起来了。但是,即使是经营状况较好的企业,也存在着因为赶货、赶工期而在开展具体宣传教育时打折扣,有的负责人甚至完全回避了这项工作,使各种设想都止步于纸面上。除此之外,宣传教育工作落实难、见效慢也是企业负责人常有的顾虑。他们一方面承认开展宣传教育工作有诸多有益之处，也可以预见到一些积极影响；但也担心在等待见效的过程中，市场可能会出现波动，进而影响企业的经营。基于这种考虑，企业负责人不得不采取观望的措施。

群众的不理解、不关心等造成的不配合现象在各方面都相对稳定的老城区比较常见。和正在开发的新城区不同，老城区相对封闭，长期的稳定使这些地方形成了一种特殊的氛围。这种氛围可以理解为是在日常生活的烟火气息中逐渐形成的，当关心柴米油盐酱醋茶甚于关心周围环境的变化时，这个区域中的人接受外来信息的量会大大降低。因此，这种不配合不是由于群众和政府之间存在矛盾，而是一种"懒得去管"的心理造成的。

思考探索，提出青年方案

工欲善其事必先利其器，一个坚强的领导核心是事业成功的决定性因素。在调研期间，我们能够很明显地感受到在当地的各项工作中"党建+业务"扮演了重要的角色。正所谓党政军民学，东南西北中，党是领导一切的。完善、健全、有战斗力的党组织构成了联系各方的大动脉，为各项工作的开展提供了坚强的政治保障和强大的前进动力。一直以来，特别是自习近平同志担任浙江省委书记以来，浙江都把党建工作放在突出位置并走在全国前列。良好的政治基础使党员在面向方方面面的宣传教育工作中成为优秀的带头人，充分体现了党员先进性，发挥了模范带头作用，对群众起到了很好的带动效果，确保了各项工作顺利开展。

对于现存的困难和问题，我们设想了三条措施去应对并尝试解决。

第一，引入现代技术，对各项工作在可行范围内进行信息化升级，尝试推进"互联网+党建""互联网+宣传教育"等。例如，可以利用学习强国平台开辟信息化的试验田。学习强国平台上线半年多来，在党内受到了一致好评。就目前来看，学习强国平台使用便利、功能完善、推广度较高。可以基于学习强国平台，强化、优化组织管理，特别是人员流动、组织内交流互动等。同时，在学习强国平台现有学习功能基础上，开发面向不同人群的学习板块，增加不同人群的学习选择权，实现宣传教育差异化发展。除此之外，还可以利用各互联网平台，打破传统宣传模式，加快多领域合作，以网络平台为基础，促进"红船精神"同娱乐、文艺、体育等深度融合，推动宣传教育工作实现更大范围、更深层次的创新性发展，使之成为人民群众经常能见、喜闻乐见的思想文化品牌。

第二，加快规范性建设，严肃组织生活，严格执行党的纪律。将教育党员放在核心位置，使党员充分发挥模范带头作用，从而以良性社会影响力带动社会新风尚、"红船精神"新认同的形成。探索规范性建设新模式，整合群众监督、媒体监督和科技支持，既要强化制度保障，又要着眼于发动方方面面，共同推动党的建设更上一层楼。在执行纪律上要不打折扣，严肃对待，可小范围试点将目无组织、视组织生活为儿戏的情况记入个人信息。就这样的个人行为而言，或许其不如"老赖"那样看起来严重，但造成的恶劣影响无疑比"老赖"还要大，因此可以像对待"老赖"一样对待这种现象。基层组织的复杂性决定了在开展规范性建设时会困难重重，上级组织应该给予基层组织足够多关注和支持，确保各项工作不为外界所干扰。

第三，打破传统局域限制，推动不同地区、不同人群间融合交流，实现良性互动。"三下乡"打破了生产队之间的交流界线，同样，使社区文化、社区活动向更大范围的区域文化、区域活动转变有助于打破传统社区间的交流界线。在这个过程中，既能丰富群众精神文化生活需要，又能创造一个更大的交流互通的平台，从而有利于党的宣传教育工作收到精准发力、全面覆盖、持久作用的效果，有助于推动"红船精神"进一步深入人心，提高群众的认同度和向心力。除此之外，还可以尝试将社区工作从单打独斗向众人拾柴转变，构建社区党组织、居民组织常态化交流合作机制，这有利于保证对交界区、边角区的工作覆盖，做到无掉队、无遗漏，同时，还能够形成区域资源共享、社区共建有利格局，达到"花小钱办大事、四两拨千斤"的效果。

本次实践调研活动分为前期准备、实地考察、总结分析、报告撰写四个阶段。我们在大量查阅相关资料的基础上，充分结合实地考察过程中了解到的实际情况，并进行了深入的交流和分析。通过对"红船精神"在浙江的传承、弘扬与践行的调研，我们充分地认识到以"红船精神"为代表的党的优良传统与优秀革命精神和革命文化对于地区发展、风貌改善、社会和谐稳定等方面都有显著的影响。通过对这些宝贵精神财富广泛的宣传教育，能够起到事半功倍的效果。实践调研工作还存在一些问题和不足，这对我们的结果产生了一些影响，如果要得到更为准确的结论，提出更具有针对性的建议，还需要进一步深入的研究。

我们认为，浙江在弘扬和践行"红船精神"工作中成绩是显著的，成效是明显的，经验是值得认真研究学习并且可以在一定程度上推广的。我们相信，只要我们始终坚持中国共产党的正确领导，紧密地团结在以习近平同志为核心的党中央周围，高举中国特色社会主义伟大旗帜，以习近平新时代中国特色社会主义思想为指引，增强"四个意识"，坚定"四个自信"，做到"两个维护"，就一定能够在弘扬和践行以"红船精神"为代表的党的优良传统和优秀革命精神与革命文化中取得新的更大的成绩。

中国共产党的建立是中国历史上开天辟地的大事变，深刻改变了中华民族的命运和中国乃至世界的历史走向。"红船精神"在这个伟大历史变革中诞生，伴随着党在革命斗争的艰难探索中曲折前进，在百废待兴的建设热潮中蓬勃发展，在改革开放的滚滚春潮中再添生机，在民族复兴的伟大征程中开创新篇。从泛舟南湖的一叶红船，到破浪前行的共和国巨轮，沧海桑田，"红船精神"没有在100年风起云涌的历史中黯然失色，而是展现出内涵不断丰富、外延不断拓展的强大生命力。在这个同心共筑中国梦的新时代，我们更应该呼唤"红船精神"，在以"红船精神"为代表的党的优良传统和优秀革命精神与革命文化指引和支撑下奋力将中国建设成为富强民主文明和谐美丽的社会主义现代化强国。

回 声

金枭雨，2017级新能源材料与器件专业本科生

本次社会实践，我们回溯党的历史发展进程，回到了中共一大的会址浙江探寻"红船精神"。在实践的过程中，我遇到了很多困难，例如语言不通、难以交流和天气过于炎热出现了轻微中暑等。但由于全体实践团成员的共同协作，我们完美地完成了预期任务，对当地"不忘初心，牢记使命"教育活动的开展情况有了一个基本了解，并对其提出了建议和意见。

通过这次社会实践，我意识到作为当代大学生理应用先进的思想来武装自己。"红船精神"中所体现出来的不惧艰难困阻,勇敢地为了自己的理想奋斗的精神值得我们每一个人学习。在今后的学习生活中,我定会运用本次社会实践所学,成为一个更优秀的当代大学生。

李昀玭,2017级材料化学专业本科生

此次社会实践,对我们深入了解"红船精神"有很大的帮助。首先,我们查阅资料了解到"红船精神"的提出背景和内涵,并由此认识到"红船精神"对于目前社会主义现代化中国建设的意义。除此之外,通过问卷调查,我们了解到"红船精神"起源地受其发展的影响以及嘉兴人民对其的认知及态度,以及周围人对其的理解。我们认识到:嘉兴群众对"红船精神"的认识相较更为全面,同时生活受到的积极影响也更为显著,"红船精神"仍需进一步发扬。作为新时代的中国青年,我们需要将"红船精神"的内涵践行于我们的日常生活,开拓进取,敢于创新,同时积极感悟"红船精神"在过去的艰苦岁月中起到的作用,体会过去的共产党人为祖国建设付出的努力,并以他们为榜样,自我提升,以共产主义接班人自我要求,自我完善,同时在日常生活中宣传"红船精神"。

彭浩宇,2017级新能源材料与器件专业本科生

此次实践是成果丰硕、令我难忘的。我们利用短短七天的时间,加班加点连轴转,调研了多个地方,形成了系统性的实地考察结果。要完成这么多任务非常不容易,有时甚至顶着烈日拼命从一个调研点向另一个调研点赶,还没能喘口气就立马开始了下一项工作。最令我感动的是当地同志们对我们的关心。看着我们满头大汗地进了门,立刻端出了绿豆汤给我们解渴去暑。感谢当地同志们对我们的关心帮助和支持。

当然,通过本次社会实践我也学到了很多,不仅加深了对"红船精神"的认识,还在自身的学习、工作、生活等许多方面都受到了启发。

最后,我还要感谢几天来和我一起顶烈日、冒酷暑共同努力的团员们,正是大家心往一处想、劲往一处使,我们才能最终圆满地完成实践活动。

汪弘毅,2017级新能源材料与器件专业本科生

很高兴能在团长的带领下参加这次社会实践。总的来说,此次社会实践非常充实,在七天时间里,我们从上海到嘉兴再到杭州,参观了中共一大会址、红船革命纪念馆,也拜访了穆河社区、五芳斋,对浙江大学的学生进行了问卷调查，最后还和浙江消防救援总队的同志进行了学习和交流。在了解中国共产党的建立历史的同时，也对如今"红船精神"的现实意义有了一个更加全面的体会和认识。如今在浙江无论是在企业、社区还是学校里，都能多多少少看见"红船精神"的身影。我相信"红船精神"从中国共产党的成立时酝酿，也终将在我们这一代人的努力践行下，在新的时代发挥其独特的作用。

赵羽风，2017级材料化学专业本科生

在本次社会实践开始之前，我们对"红船精神"有所了解但不够深入。在赴嘉兴进行考察之前，我们通过查阅资料进一步完善了对"红船精神"的认知。我们大体了解了"红船精神"的发扬对其起源地人民生活的影响，"红船精神"的内涵，及其在过去艰苦奋斗的岁月对上一代共产党人的激励作用，了解了前辈们为国家富强进行的奋斗，并因此认识到"红船精神"在经济文化均高速发展的今天对当代的中国青年仍有重要意义，"红船精神"永不过时。今天的我们生活在和平的、经济政治文化均飞速发展的时代，这样的时代里，机遇与风险并存，我们应当谨记"红船精神"的内核，勇为人先，敢做敢想，同时明白自己肩负的时代建设者、创造者的重任，谨记我党为人民服务的宗旨，做积极上进乐观勇敢的当代青年。

（文：金枭雨）

青春勇立潮头,为弘扬科学精神而奋斗
——北京理工大学材料学院"预料未来"夏令营社会实践纪实

习近平总书记说"社会是个大课堂。青年要成长为国家栋梁之材,既要读万卷书,又要行万里路。社会实践、社会活动以及校内各类学生社团活动是学生的第二课堂,对拓展学生眼界和能力、充实学生社会体验和丰富学生生活十分有益"。北京理工大学材料学院"预料未来"实践团秉持着"担复兴大任 做时代新人"的信念,决心力所能及地为社会发展贡献自己的一份力量,以自身科学知识和成长收获来激发中小学生学习兴趣,引导中小学生全面发展。

2019 年 7 月 14 日至 31 日,在北京理工大学、天津市武清区区政府等单位的大力支持下,北京理工大学材料学院本、硕、博大学生及指导老师共 7 人组成了天津武清"预料未来"实践团,奔赴天津武清,针对当地 36 名 3~5 年级的小学生举办了一期精彩、丰富、有内涵的暑期夏令营,在他们的心中播撒下了科学的种子。

2019 年 7 月 31 日上午,北京理工大学党委书记赵长禄,副校长龙腾,武清区委副书记、区长戴东强,副区长曲海富,天津市科学技术局副局长祖延辉,中国兵器动力研究院有限公司董事长、党委书记、兵器工业七〇所所长马京夫,航天三院 31 所副所长刘小勇,材料学院院长庞思平等参加材料学院大学生社会实践——天津武清"预料未来"夏令营闭营仪式,并为 30 余名优秀营员、才艺之星等学生颁奖。这个奖励,不仅评价了小学生们在夏令营期间的优秀表现,更点燃了他们心中对于科研的星星之火!

不忘初心路，奋进新征程
——北京理工大学材料学院思政工作纪实

北京理工大学材料学院"预料未来"夏令营闭营仪式

扎实筹备：磨砺以须，倍道而行

6月28日，来自北京理工大学材料学院的踌躇满志的青年人在北京理工大学5号教学楼的502会议室相聚，成立"预料未来"实践团，大家热情地讨论整个夏令营的行程安排、课程设置、教具准备等各个细节之处，会场上七嘴八舌，一点点描绘出夏令营的蓝图，也一点点夯实着本次社会实践的地基，就像一支壮志雄心的"初创团队"，要在社会上弘扬科学精神，要在社会实践中实现自己的人生价值！

当微风吹开7月的序章，小小的"初创团队"也要踏上新的征程了。谁也不知道，第一次由学生变为老师的经历，将发生怎样的酸甜苦辣，但是一切都已经箭在弦上，准备妥当；人员、设备、课程都已准备妥当，在7月的烈日下实践团踏上了南行天津的列车。

青春如火，便要火力全开，争相搏浪，自当勇立潮头！短短不到20分钟的高铁旅途稍纵即逝，而接下来等待实践团的考验却并不短暂，但是每一个实践团成员的心中都做好了准备，在接下来各自的"舞台"上，挥洒自如，

第五章 把学问做在祖国的大地上

实践团行前筹备会

实践团成员合影

即便是首次由学生到老师的身份转换,我们也已经准备好了!6人小队加上指导老师说少不少,但是面对36名活力十足的小学生或许还有困难,但是既然已经准备妥当,我们就一定会努力向前!

终于,千呼万唤始出来,经过短短一夜9小时的休整,实践团成员个个精神饱满地来到了教室，伴着清晨第一缕阳光，实践团成员开始了紧张的准备：准备资料、布置会场、调试设备。经过一个小时的布置，团员们终于迎来了家长和小学生；即便是只有 7 人的团队，但是签到、签知情协议书、发衣服、水杯、接送证、袋子，请家长们加入家长群等一项项工作一步步都有条不紊地进行下去，按时在开幕式前完成了准备工作。

精彩开营：拉开科研之旅的帷幕

2019 年 7 月 15 日上午 9 时，北京理工大学材料学院"预料未来"夏令营举办开营式。夏令营团队负责人张仲阳担任开营式主持，宣布北京理工大学材料学院"预料未来"夏令营在此时此刻正式拉开帷幕。他首先对夏令营整体情况进行了概述，并请与会领导——北理工（天津）新材料研究院常务副院长董凯老师对研究院做简单的介绍。董老师表示："北京理工大学一直在为服务社会做贡献，北理工（天津）新材料研究院作为北理工首家落户武清的综合性机构，也会更加完善各项职能，今后推出更多更加丰富精彩的活动。"而作为实践团的带队老师，北京理工大学材料学院研工委书记——孙秋红老师对本次夏令营的内容进行了详尽的介绍，对活动的开展提出了殷切的期望！

接下来，5 名实践团成员对自己以及课程的介绍将整个开幕式的气氛推向高潮。本科三年级的杨宁宁和张田老师，为小学生分别带来了讲授化学、物理知识的"金刚桥""小水果，大能量"的课程；研究生二年级的徐鹏帅和张可老师，则为小学生介绍偏向军工但也同样蕴含化学、物理知识的"长征火箭""沉浮子制作"的专题；作为团队内唯一一名博士生的董瑞琪老师，为了让小学生德智体美劳全面发展，带来了更蕴含艺术的"夜空中最亮的星"的荧光画制作教学。丰富的课程让会场掌声连连，家长们频频点头，小学生兴奋不已，尤其是安排在第四天一天的航天主题日成了小学生最盼望的一天课！会场上有小学生迫不及待地问我们："老师，你们说的这些好玩的东西都能实现吗？我可以做成吗？"我们回答："能啊，这就是科学啊，只要你们好好学习，掌握更多的科学知识，未来你们会发现更多有趣的现象，作出更令人惊叹的成绩！"这些话在会场上的声音并不大，却让所有实践团成员足够欣慰,大家感受到了小学生对科研的好奇和热情,这使实践团传播科学精神的追求有了良好的基础。

实践团成员授课

破冰行动:搭建团队合作之桥

为了突出成长进步、"预料未来"的主题,为了充分激发每一位小学生的天性,实践团成员经过多次讨论、不断的排列组合,将 36 位小学生分成了组内互不认识的 5 个小组。小学生虽然兴冲冲地开展各项活动,但因为组内都是陌生的新朋友,在最开始的接触中大家都显得很拘谨。为了让组内小学生互相熟悉,团员们带小学生到室外开展素质拓展。

"苹果蹲、苹果蹲,苹果蹲完草莓蹲……"越来越激动的游戏声音展示着小学生的青春和朝气,"打电话""猜数字"等游戏各个精彩纷呈,在一个个游戏中小学生逐渐打破隔阂，欢声笑语甚至压过头顶时不时飞过的训练战斗机的喷气声。在素质拓展活动中，大家彼此间逐渐熟悉和信任，主动展示对新朋友的热情，陌生与隔阂被一点点化解。

破冰活动

在经历了上午的破冰活动之后，经过午休，小学生迎来了他们的第一课——金刚桥，同时这也是一个团体合作项目，要求各个成员心往一处想，劲往一处使，齐心协力完成目标。负责讲解的张田老师先对其中涉及的力学原理进行了简单的介绍，让小学生对力学有一个基础的认识，并对具体操作事宜进行提示指导。小学生都积极参与和沟通。团队成员张田老师说："小朋友们的合作可能没有那么分工明确，但团队交流所产生的创新点和想象力令我叹服。这是一个教学相长的过程，以后我也要像孩子们学习，大胆想象，细心求证。"最终，在经历了一些挫折与坚持后，每个小组都完成了自己组的"金刚桥"，美观又牢固！

在这天的活动中，小学生不仅仅学习了科学知识，锻炼了动手能力，更消弭了彼此间的陌生和距离，有了团队合作的意识，在桥体转移的过程中，齐心协力、共渡难关，最终呈现出了一座座绚烂的"彩虹"，一座座团队合作之"桥"。

学思践悟：趣味课程传播科学知识和态度

伴随着清晨的芬芳，实践团迎来了第二天的夏令营的美好时光。实践团成员早早抵达教室，为小学生准备教具，引导他们有序入场听课。小学生的脸上洋溢着笑容,对知识的渴望极大促进了实践团成员讲授内容的热情。因此,还未到上课时间,待小学生坐好、安静下来之后,"小水果,大能量"——水果电池制作的授课教师杨宁宁老师就在进行具体讲解之前,为小学生播放了水果电池的相关视频,视频结束后小学生积极地回答老师问题,并与老师共同探索讨论。

观看视频后,小学生抵达实验教室开始今天的第一次实验。在授课老师的讲解下,在实践团成员的共同帮助下,小学生通过使用电极、柠檬等教具,逐渐成功地组装出水果电池,并且让电子钟显示出数字。

接下来,董瑞琪老师热情十足地为小学生讲解光致发光材料,为他们解释光致发光是指用紫外光、可见光或红外光激发发光材料而产生的发光现象。它大致经历吸收、能量传递和光发射等三个主要过程。她又为小学生讲解了简单的基本原理和实验具体操作,强调必须要在太阳光下照射15分钟才能发光。接着由每组的材料保管员领取材料,然后小学生开始了新一轮的荧光绘画制作。大白、表情包等佳作不断完成,小学生看着自己的成果开心不已。

时光匆匆,每组负责老师对本组的实验过程进行总结,强调团队合作、包容的重要性,并与小学生交流今天的收获。有小学生提到,实验过程中会出现很多问题,这个时候应及时与老师交流讨论。而通过一位位小学生的自我总结,每一位老师都发现他们的成长。最后,带队老师孙秋红老师还给小学生布置了一项家庭作业,带上他们最喜爱的一本书来到明天的课堂,而具体的操作却要在此卖个关子。

不知不觉中,夏令营迈上了第三天的征程,小学生的脸上洋溢着对知识的渴望,在相互熟悉之后大家不再孤单。授课教师张可和小学生共同探索浮力的奥秘,炎炎夏日,感受神秘之水带来的清凉,如此美好的时光没有比自己制作一个沉浮子更棒的事情了。

第三天,小学生便开始了解北京理工大学骨子中的红色之血了——延安根、军工魂,趁热打铁,实践团成员带着小学生参观北京理工大学(天津)新材料研究院的展厅,进一步了解北京理工大学与共产党、与军工事业紧紧交织的命运!小学生认真聆听的样子真是可爱极了,第一次近距离参观北理工大创实践基地,带着心中的憧憬和盼望,怀揣炽烈的梦想去感受和体验大学文化。嗯,加油吧!你们就是祖国的未来与希望!

参观实践基地后,小学生又来到实验室,在实践团成员的细致讲解下,小学生积极提出心中的疑问和想法。相信经过这一番学习,小学生对材料科学会产生更浓厚的兴趣。

"书中自有颜如玉""腹有诗书气自华"。书中不仅有知识还有为人处世的道理,而昨日孙老师让小学生携带图书的目的就是让他们去交流、分享自己最爱的图书。小学生带着自己的书籍以及其中的感悟,相互交流、分享,在友情和快乐中逐渐成长。而经过这个小小的图书分享会,许多最开始很胆怯的小学生都开始鼓起勇气走向讲台,将自己的感悟分享给大家,这种勇气的成长,不仅仅感动小学生,更让我们所有老师感到欣慰与自豪!

欢声笑语中,第三天的课程也结束了,小学生带着满满的收获,实践团成员的脸上也都挂满了微笑,这份喜悦来自身后的汗水和努力。实践团成员一一评价完各组组员的表现后又对小学生给予期望,我们相信只要每天都在进步,总有一天会实现心中的目标!

第四天的开始是伴随着小学生的欢笑声开始的,很多小学生都到得比往常早很多,因为今天有他们最喜欢的课程"长征火箭",授课老师徐鹏帅压制住小学生想要马上开始做实验的冲动,带着小学生观看视频、讲解原理,将知识融在了每一句教学语句中,让小学生不仅仅能动手,更可以动脑,将真正的知识吸收进自己的脑海。

持续一天的航天主题日,分为上午的水火箭制作与下午的纸火箭制作。在上午的动手实验中,哪怕是到了户外,小学生也不再像最开始那样追逐打闹,而是分工有序地以小组为单位,在老师的指导下组装起了他们自己的"长征火箭"。

而在下午的纸火箭制作中,小学生却没有表现出对于枯燥手工的厌烦,而是充分发挥自己的想象力与艺术力,做出一个又一个的逼真模型。

最后,对于航天主题日的收尾,在一番爱国教育之中结束,小学生挥动着手中的"未来火箭"与鲜艳的五星红旗,在教学楼下大声地喊出了为祖国母亲70周年庆生的口号。

"长征火箭"课程

完美收官：收获青春成长，播撒科学信仰

经过前四天夏令营的学习，36位小学生的成长我们每一位老师都看在眼里，他们从刚入营的胆小怯懦成长为勇敢拼搏，从最开始的打闹哄吵成长为知心懂事，从一上来的自我中心成长为团结协作……这惊人的成长速度是我们这些小老师都要自愧不如的。而就在我们即将闭营的最后一天，我们的小学生一个个地鼓起了勇气、走向舞台，为我们带来了一场有歌有舞、有文有武、中西结合、动静相佐的精彩汇报演出，多才多艺的他们在以后一定也能继续勇敢地将自己的才艺展现出来！

夏令营汇报演出

为了回报小学生为我们带来的精彩演出，老师们在下午的炎炎夏日为他们带来了丰盛的水果沙拉，心灵手巧的小学生利用老师提供的简单食材却即兴创作了一道道艳丽可口的水果宴，让这酷暑不再难耐，而小学生有别于最开始吃午饭的慌乱，领取食材时的有序也给老师们带来了最好吃的"果实"。

当然，胜利的果实不仅仅是这些，还有我们全员通过考验的36名小学生手中的结课证书，这是一个"句号"，但也是一个"感叹号"，虽然小学生的夏令营之行结束了，但是在这个结课证伴随下，他们一定会有一个更好的新征程！

5天的时光说长不长、说短不短，不得不说的那句再见、想说却不能说的那声挽留，一切不舍都在不言中，我们的夏令营画上了圆满的句号，小学生有了新朋友不再孤单、新材料研究院有了新面孔不再孤单、京津地区有了人流的交换不再孤单……而我们，这些小老师、大朋友也在自己的人生旅途中因为这个夏天的一抹亮色而不会孤单！

回　声

张仲阳，材料工程专业 2018 级硕士生

"人之初，性本善"这句在中国家喻户晓的《三字经》中的一句，却也存在着驳斥者："人之性恶，其性者伪也"，荀子的性恶论与孟子的性善论的哲辩本是我个人认为不会去思考的缥缈，却没想到在短短一周的实践中，被我的 35 个"小老师"教授了关键的论据。

初为人师，且是 36 个不到五年级的古灵精怪的老师，我是紧张的；而作为队长，带着由本科生到博士生的 6 人小队，我是局促的；远离校园，与饭店、基地、酒店等衣食住行的细节打交道，我是慌乱的；然而，最令我没想到的，给我最大的鼓励的却是我最不放心的小朋友们。诚然，他们有的调皮、有的腼腆，有的特立独行、有的上蹿下跳，但是当你真正地将他们看作朋友去对待，而非长辈，你会发现每一个小朋友都是一张白纸，他们会成长、会映照，你捡起垃圾他们也会收拾桌面，你走后关灯他们也会随手关好空调房的门……或许，这就是之前那个问题的最优解，哪有什么善恶，无非近朱者赤、近墨者黑罢了。

育人者，人育之，我交给小朋友们知识，而他们也用自己的成长与改变教给我道理：己所不欲勿施于人，行正坐端鸟语花香。

张可，材料科学与工程专业 2018 级硕士生

首先，很感谢学院能够组织这样一次丰富而又很有意义的活动，能让我在学业之余收获到许多关于成长、理想与成就的东西。

认识了 36 个陌生的面孔，他们活泼可爱、天真烂漫，和他们在一起，我觉得快乐得也回到他们的年纪。与其说我是给他们带去知识与探索，倒不如是他们逐渐让我找回初心。心中常怀感恩，我感谢有他们陪我度过这短暂的夏令营。7 个人的团队，5 天的任务，从布场到授课，从带队到后备，每个人都奉献出自己的能量，最后的感动是每个人都把劲儿使到一处，共同成就了我们的夏令营，在我们做到的那一刻，遇到的各种困难都已成过眼云烟，也许是如释重负的怅然，也许是一分耕耘一分收获的快乐。

最后，感谢带队老师孙秋红老师、领队张仲阳以及剩下 4 位一起努力的伙伴。成长是孩子们的，也是我的，感谢！

徐鹏帅，材料科学与工程专业 2018 级硕士生

这是我第一次以老师的身份和小朋友相处，在这之中我学会如何和小朋友相处，也收获很多快乐。在这个过程中最令我惊讶和印象深刻的是小学生所了解的知识特别超前，比如几乎他们每个人都知道作用力与反作用力，而这是我高中才学到的。此外还有很多小朋友都有自己的特长，绘画、足球、书法、太极，如此种种。我看到了现在的小朋友的能力和水平普遍很高，这与学校和家长的教育是分不开的。在夏令营结束时，很多小朋友说自己通过这次夏令营学到了知识和团结，可以说我们的夏令营举办得很成功。少年智则国智，少年强则国强，少年进步则国进步。希望"预料未来"夏令营的每个小朋友乃至全中国的少年们努力学习科学文化知识，中国将会更加美好！

杨宁宁，新能源材料与器件专业 2017 级本科生

原以为 5 天很短，不会挂念，没想到却梦见了那群孩子。梦里的他们还是一次又一次地叫着老师，用最真挚的眼神唤醒探索世界之旅。还记得初见面时孩子们展露的羞涩与陌生，期待又紧张地融入夏令营这个新集体，到后来彼此默契地配合，我看到了每位小同学的进步。

作为一名夏令营老师的自己，在这为数不多的几天时光感受到了多样性和差异性的绚烂多姿。一个集体要有集体的纪律和规则，集体的成员要时刻遵守这个法则，但并不是说我们追求的是统一和整齐，尊重每一位同学的差异性是为集体注入新鲜活力的基础。另外，这次经历让我更深刻地体会到了老师和学生间的关系，我们都说师生间要像朋友般相处，既为人师又为人友，但对于某些顽皮的同学，老师的威严才是最好的工具。无论是小学、中学、大学，学生对老师的敬重是师生关系和睦的基础。

张田，新能源材料与器件专业2017级本科生

在赴天津参加"预料未来"社会实践这个过程中，我们克服了很多困难，包括场地和设施的问题等。在这一周的社会实践中，我从师兄师姐身上学到了很多。比如说如何要给孩子们设立一个规则，将这个规则养成习惯，这样可以有效地管理。比如说不生硬地灌输科学道理，而是循序渐进地、由简入繁地向孩子们示范、讲解，这样孩子们能更容易接受，同时课堂氛围也会良好。我同时也意识到很多问题，比如有些孩子十分调皮，还不愿意与他人合作，这样的孩子应该怎么约束，等等。

十年树木，百年树人，教育是一个复杂的话题，我们也不过是想将这些孩子向科学的道路上指引一番。这次活动我收获了很多，希望对他们而言也不是一无所得。

董瑞琪，材料科学与工程2018级博士生

此次去往天津进行暑期社会实践，受益匪浅。在给小朋友们教授知识的过程中，我也学会了很多，像如何备课、如何组织课堂、如果让孩子们团结合作，等等。

第一次走进小学生的夏日课堂中，看见一群群可爱的孩子，仿佛又回到了童年时代。纯真善良的孩子，曾经我也是这样的天真烂漫，而成为他们的老师，在孩子的欢声笑语中我也得到继续的成长。走出教室，孩子们还是紧紧跟在身后，我在他们眼里看到了不舍和留恋。虽然短短的几天时间，并不能给他们带去多少知识，但是我知道，我们共同建立了友谊，收获了感情，带给他们的不仅仅是快乐，更多的是他们对未来的憧憬和希望。扬起心中的帆，奔向希望的明天！

（文：张仲阳）

我的祖国我奋斗,青年服务国家
——北京理工大学材料学院赴彭州"关注留守儿童"实践故事

江城子·记材子赴彭州实践

材子材女勇担当,听中央,三下乡,翻山越岭,千里赴蜀乡。
愿做贡献为留守,下基层,实践忙。

青年有志气自扬,前路难,又何妨!挥笔撒墨,何以诉衷肠?
将遵习语树理想,承重任,载厚望。

以习近平新时代中国特色社会主义思想为指导,全面贯彻落实党的十九大和十九届二中、三中全会精神,习近平总书记在纪念五四运动100周年大会上的重要讲话精神,认真贯彻落实全国教育大会、全国宣传思想工作会议、全国高校思想政治工作会议精神。为迎接中华人民共和国成立70周年、北京理工大学建校80周年,学校聚焦立德树人根本任务,以培育和践行社会主义核心价值观为主线,在青年学生中广泛深入开展爱国主义教育,大力弘扬伟大的民族精神和时代精神,引导青年学生走出校园,深入社会、服务社会,接触国情社会、增强责任意识,在实践中受教育、长才干、做贡献。

留守儿童问题,是我国在现代化建设、经济发展中出现的重要问题。因缺乏足够的关爱、正确的教育和引导,留守儿童在生活、学习、教育、心理、安全等方面都存在着不同程度的发展问题,亟待引起足够的关注并着力解决。在2019年中央一号文件《关于坚持农业农村优先发展做好"三农"工作的若干意见》与2019年民政部牵头制定出台的《关于进一步健全农村留守儿童和困境儿童关爱服务体系的意见》（以下简称《意见》）的指导下，有关部门致力于提升农村公共服务水平，完善农村留守儿童和妇女关爱服务体系，加大留守儿童关爱保护力度，逐步减少儿童留守现象，确保留守儿童安全、健康、受教育等权益得到有效保障。

自2012年开始，北京理工大学材料学院"关注留守儿童"实践团正式成立发团，七年来深入河南省洛阳市嵩县草庙村、山西省吕梁市方山县桥沟村、四川省彭州市小鱼洞镇等多地开展社会实践活动，发现留守儿童存在的问题，探求解决问题方法，寻找改善留守儿童现状的措施。

2019年7月9日，北京理工大学材料学院"关注留守儿童"赴彭州市实践团集结出发，第三次前往四川省彭州市小鱼洞镇，继续秉承"关注留守儿童"的主题，围绕"好模式，共推广"，主要以采访座谈、回访调研、文体活动等形式，对当地关爱留守儿童的政策、围绕留守儿童开展的活动和留守儿童的现状等问题进行实践调研。

实践团行前合影

专项座谈，把握政策方针

制度建设在解决留守儿童问题中起决定性的作用，党中央国务院高度重视农村留守儿童工作，关心关怀他们的健康成长。党的十八大明确提出要加快户籍制度改革，有序推进农业转移人口市民化，努力实现城镇基本公共服务常住人口全覆盖。

实践团在实践期间，与彭州市人民政府和彭州市小鱼洞镇人民政府举行了四次主题为"关注留守儿童"专题座谈，出席座谈会人员领域广、范围大、层次多，不仅包括彭州市团委书记刘婷婷，彭州市教育局少先队总辅导员张琳，彭州市关心下一代委员会主任王娟、副主任晏宗得，彭州市人才办主任刘江和彭州市民政局工作人员岳思明等市级单位人员，还包括小鱼洞镇党委副书记杨勇、党政办主任徐子成和团委副书记邱红琴等镇政府人员。

在座谈会上，实践团员同参会人员积极交流，学习了解包括"童伴计划""留守儿童之家"和"六大关爱计划"等各级政府开展关爱留守儿童工作的政策方针。实践团看到，当地政府部门在《意见》的指导下，充分认识做好农村留守儿童关爱保护工作的重要意义，完善农村留守儿童关爱服务体系，建立健全农村留守儿童救助保护机制。通过座谈会，实践团把握留守儿童工作重点，将当地实施的政策和建立的良好模式进行总结凝练。

深入采访，紧扣当地现状

"实事求是，不自以为是"是徐特立老院长对北京理工大学每个学子的殷切教诲。解决问题要从实际出发，实践团学习近平总书记"道不可坐论，德不能空谈"的笃实实践指导，深入基层，对当地有关留守儿童工作的一线人员进行采访。

不忘初心路,奋进新征程
——北京理工大学材料学院思政工作纪实

实践团与彭州团市委、教育局、民政局等单位负责人座谈

实践团与小鱼洞镇政府工作人员合影

小鱼洞镇中坝村村主任任伟、江桥村村书记杨俊、小鱼洞镇复兴场社区妇联主任钟得会、小鱼洞镇九年制学校校长郭定钦和学校德育主任杨毅等,是对当地留守儿童现状最为了解、对留守儿童问题最为关注的一个群体。他们在采访中详尽地介绍当地留守儿童问题的重点工作方向:四川省关于留守儿童问题提出了"童伴计划"和"六大关爱计划",彭州市政府及团委建立了"留守儿童之家",以当地乡村学校少年宫为载体,对当地留守儿童进行帮扶。同时当地团委与少先队牵头,招募团员团干青年作为志愿者,与当地西华大学一起通过校际合作的方式开展相关志愿活动;同时他们也解答实践团员关于当地留守儿童生活情况、当地相关政策落实情况等方面的疑惑;建议实践团成员结合当地开展的"童伴计划"和"六大关爱计划",与"留守儿童之家"活动相配合,更加容易开展相关工作,也更加容易与孩子们进行沟通交流,可以从留守儿童的心理健康角度入手开展相关活动。

实践团采访小鱼洞镇九年制学校校长

实践团采访村、社区负责人

  实践团员就采访内容进行记录,重点分析当地留守儿童现状及问题成因。由于2008年汶川地震遗留问题,以及近年来外出务工人口增加,当地出现了许多留守儿童。目前由于"童伴计划"和"六大关爱计划"的落实和开展,留守儿童在生活上与普通孩子无异,但是目前对于留守儿童心理健康问题的工作开展较少,仍然是一个需要关注的点。基于以上信息,实践团逐步完善实践活动计划。

跟踪回访，对比今昔变化

孩子们在一天天地成长，他们的精神物质需求更是时时刻刻在改变，尤其对于留守儿童群体，要切实把握留守儿童问题、体会留守儿童的具体变化，就不能只依靠他人信息，切忌纸上谈兵，进行大而空的设计。

北京理工大学材料学院"关注留守儿童"实践团对7位当地代表性留守儿童进行了逐年跟踪回访，记录留守儿童现状，建立档案，就一年来的变化进行分析调研。与2018年相比，随着"童伴计划"和"六大关爱计划"在当地的逐步开展，依托于当地乡村学校少年宫"留守儿童之家"的逐步建立，留守儿童在学习生活与课余活动等方面与普通孩子几乎无异，同时各种相关志愿活动也在逐步展开，"留守儿童之家"的部分活动也涉及了留守儿童的心理问题，但是总的来说在留守儿童心理问题方面的工作仍需要加强和重视。实践团成员对其中问题进行讨论，探求解决方案。实践团员同孩子们零距离接触，在留守儿童生活的社区家中进行一对一、多对一的对话交流，切身实际地面对留守儿童群体，感受他们的情感。

实践团回访当地留守儿童

多彩活动，丰富儿童生活

根据先前已经进行的座谈、采访和回访活动，实践团针对当地留守儿童数量多，情况复杂，由于当地生活水平较高，大多数留守儿童的生活方面没有太大问题，但是心理健康问题仍然需要重视的特点，策划设计出适合孩子们的课外活动和专题讲座，并于小鱼洞镇江桥村市级留守儿童之家进行开展。

实践团员们变成小老师，开展"安全伴童行"讲座和"科学的奥秘"实验课，向孩子们普及安全知识，为孩子们打开科学世界大门。实践团员们变成小队长，组织"绘出未来""时间胶囊""趣味运动会"和"湿地探险"活动，在素质拓展中培养孩子们的团队意识，树立孩子们的远大理想，丰富孩子们的课余生活。实践团为孩子们带来新的体验、讲解新的知识、种下新的希望。实践团员对于留守儿童群体有了新的认识和情感，关爱留守儿童，和他们成为朋友，倾听他们的心声，体会他们的感情，实践团愿为他们的身心发展、健康成长作出努力。留守儿童小易（化名）在活动结束后和实践团员建立了深厚的友谊，在交谈中小易说："在活动中我收获了快乐，也交到了许多新朋友，谢谢北理工的哥哥姐姐们。"

实践团为孩子们举办丰富多彩的活动

实践团举办素质拓展

挥手道别,实践仍在路上

习近平总书记对广大青年朋友送出寄语:"'纸上得来终觉浅,绝知此事要躬行。'学到的东西,不能停留在书本上,不能只装在脑袋里,而应该落实到行动上,做到以知促行、以行求知,正所谓'知者行之始,行者知之成'。每一项事业,不论大小,都是靠脚踏实地、一点一滴干出来的。"

此次彭州之行,活动成果颇丰,为四川省彭州市留守儿童的成长发展作出努力。实践虽已画上句号,但奋斗之路没有终点,实践团员们积累了宝贵的社会经验,必将此次实践的所学所思所想带到以后学习生活中,用坚持书写北理工青年学子"胸怀壮志,明德精工,创新包容,时代担当"的优秀品格。北京理工大学材料学子积极响应总书记号召,勇于将自己投身时代浪潮,用自己的力量,把小我融入大我,将青春献给祖国,我的祖国我奋斗,青年服务国家,担复兴大任,做时代新人!

回　声

李明哲，实践团指导老师

7年留守儿童实践的坚持，11名实践团员的传承，17名彭州领导老师的协助，71283字的采访记录，3628张的图片纪实，191G的视频影像。青年服务国家，我们在路上，担复兴大任，做时代新人。

张琛，材料科学与工程2017级硕士生

我一直坚信每个孩子都是天使，他们都是一张白纸来到这个世上，父母和家庭不过是他们的底色。我们实践团做一些力所能及的事，用足够多的爱作为他们的底气，希望不管以后发生什么样的困难，他们都能有十足的勇气去面对，希望每一个孩子都能健康快乐地成长。

邵坚，材料科学与工程2017级硕士生

在走访、组织活动的几天里，匆忙而饱含内容的实践活动就到此结束了。当我们贡献出自己微薄的力量，当社会上所有人都能伸出援手，那么留守儿童空缺的爱就可以被填满。在社会体制无法迅速进步的大前提下，本着少年强则国强的思想，面对留守儿童，我们的社会一定要尽力为孩子们塑造良好的环境，给祖国一片光明的未来。

邢飞，材料科学与工程2016级本科生

在这秀美的山中，上午蓝天白云，晴空万里，下午突然暴风雨，会让人始料不及，又心生欢喜。我知道，对于小鱼洞镇来说，我们的出现就好像一场无关痛痒的午后雷雨。我希望我们的努力，就像这雨过之后的彩虹，挂在孩子们的心上，绚丽了他们的成长。

李聪，材料科学与工程2017级硕士生

通过形式多样的实践，我学习了解到很多关于留守儿童的情况。看到孩子们脸上的笑容，一想到有更多的人将关注这个群体，有更多的留守儿童将受到爱的呵护，就感觉一切的努力都是值得的。青年担复兴大任，服务国家，是我们义不容辞的责任。

（文：材料学院"关注留守儿童"赴彭州市社会实践团）

把学问做在祖国的大地上，把论文写在方山的车间里

——北京理工大学材料学院"焕辉鸿涂"实践团
"北理工—方山"定点扶贫实践故事

习近平总书记2016年5月30日在全国科技创新大会、中国科学院第十八次院士大会和中国工程院第十三次院士大会、中国科学技术协会第九次全国代表大会上提出，科学研究既要追求知识和真理，也要服务于经济社会发展和广大人民群众，广大科技工作者把论文写在祖国大地上，把科技成功应用到实现现代化的伟大事业中。

今年是全面建成小康社会和"十三五"规划的收官之年，是脱贫攻坚战的关键之年，是实现第一个一百年伟大目标，实现中华民族伟大复兴的重要历史节点，也是北京理工大学建校80周年。学校聚焦立德树人根本任务，在青年学生中广泛深入开展爱国主义教育，引导青年学生走出校园、深入社会、服务社会，接触国情社会、增强责任意识，在实践中受教育、长才干、做贡献。为深刻学习习近平总书记讲话内容，积极响应北京理工大学精准扶贫工作计划，进一步促进科技扶贫，完善以党建扶贫贯穿始终的"4+1"北理工精准扶贫体系，2020年8月13日，北京理工大学材料学院线上组建的"焕辉鸿途"实践团，在疫情防控常态化要求下前往山西省吕梁市方山县庞泉重型机械制造有限公司，开展为期一周的调研学习。实践团成员进入车间，与工人师傅深入交谈，多方面了解车间技术难题，针对性地进行分析调查，提出解决方案，撰写专利报告。

方山县位于山西省西部，吕梁山西麓腹地，辖5镇2乡，169个行政村，

总人口14.7万人,其中农业人口11.7万人,属于国家扶贫开发重点县。自2015年8月以来,"集全校之智、举全校之力,开展好对方山县的精准扶贫"成为北理工在扶贫路上的使命与担当。北理工动员全校之力,整合校内外资源,出实招、敢创新,精准施策,助力方山县打赢脱贫攻坚战。2019年4月18日,北理工定点帮扶的山西省方山县正式脱贫摘帽。

作为全国煤炭能源的主要输出省份,山西省也是全国煤炭矿山机械的产地以及集中使用的地域。山西省方山县庞泉重型机械制造有限公司是该县的主要支柱企业之一,主要生产包括矿用支架等大型矿山机械。矿井支架支撑臂井下表面腐蚀是亟待解决的问题,一旦支撑臂腐蚀损伤,将会导致其寿命缩短,引起频繁停工,增加维护成本,造成平均每架几十万元的经济损失。另外,井下支架是井下人员设备安全的重要支撑,而支撑臂的腐蚀防护缺失增大了支架突然失效的风险,使得井下作业的风险系数大幅提高。

线上线下调研相结合,助力企业技术升级

在位于山西省吕梁市方山县胡堡村的山西庞泉重型机械制造有限公司车间里,工人们正在紧张有序地生产,有的正在熟练地操作数控车床,有的正在专注地焊接着油缸。这些工人大多是当地建档立卡贫困户,如今,通过一年的培训已经成为车间里的数控能手,不仅找到了适合自己的劳动岗位,也有了稳定的收入。他们能在短时间内成为数控能手,掌握熟练的技能,得益于北京理工大学扶贫专家组前往方山县传经送宝,在扶贫专家组北京理工大学材料学院表面工程课题组老师们的指导下,"焕辉鸿涂"实践团围绕技术难点,为工人们解疑释惑。

在实践开展的前期,实践团成员与方山庞泉重型机械制造有限公司通过远程视频会议的形式,对公司面临的设备腐蚀问题以及相关修复技术展开深入讨论,初步了解公司在有关技术方面上的困扰。尤其针对由于工件表面缺陷引起的腐蚀问题,实践团在前期开展文献调研,以寻找一些潜在可行的缺陷修补及表面防护方法。首先实践团确认矿井设备尤其是核心部件液压立柱的损伤机理。随后实践团又总结寻找出几种能够适用于矿井设备表面修复的

工艺，如堆焊、微弧氧化、电镀、热喷涂和熔覆技术等，其主要原理是运用物理化学、热处理等方法使添加材料在机体表面形成薄层，以满足修复填补表面缺陷的作用。然后，实践团通过远程会议的形式和课题组老师以及公司进行交流沟通，综合分析几种候选表面修复技术的优劣性，并对其与公司的实际需求进行论证，分析其工艺可行性。

会议交流并合影留念

经过前期的调研，实践团汇总得出几种潜在适用或已经在其他企业实用的表面加工技术，希望通过这些技术来提高工件表面的质量。而有了前期的一定技术积累后，实践团成员决定前往山西省吕梁市方山县庞泉重型机械制造有限公司开展实地调研工作，从而更加深入地将改进工艺意见与当地实际的工况相结合。

实地调研前期，在公司代表李工程师以及指导老师柳彦博的带领下，实践团成员参观了解了目前公司整体的加工流程，并对影响工件表面质量的缺陷类型以及产生缺陷的原因进行记录。实践团确认工件表面的缺陷主要有划痕、气孔、裂口等；而通过与公司相关产线工人以及技术指导的深入交流后，实践团了解到公司目前针对表面缺陷的修复工序是：首先对粗加工过后的工件进行清洗、打磨、抛光；之后通过人工补焊的方式对缺陷进行修补；再对补焊的局部区域进行二次打磨抛光处理。经过这样一系列的操作后，可视范围内的缺陷基本上得到了修补，工件基本满足了出厂需求。但这样的修复工艺存在诸多问题：一是表面存在的诸如微米级的小缺陷由于人眼无法辨别而被忽视；二是由于是人力进行补焊导致的补焊工件的质量存在一定的偏差；三是其补焊的焊点存在一定的结合力差异，焊缝位置反而会成为腐蚀优先发生的位点。这些问题导致了虽然工件在经过初次补焊后基本上不会存在大面积的缺陷，但在井下恶劣的服役环境下仍然面临较大的腐蚀风险。

实践团成员了解工件情况

实地调研中期，实践团成员根据目前所掌握的公司实际工件修复技术的优缺点，再次进入车间对修复前后工件进行采样和分析，并向现场工人请教相关修复工艺细节。实地调研开展前，表面工程课题组已经与公司进行了多次远程会议，以及柳彦博老师也多次前往方山实地调研，对于公司的工艺改进有了一定的思路，课题组老师们提出了引入钨极氩弧焊设备进行整体熔覆层制备。这样整体在工件表面制备熔覆层的工艺，可以避免由于人工补焊出现某些缺陷得不到修补的问题，同时相较于人工补焊费时费工的问题，这种整体制备保护层的方法可以实现大规模机械化生产，极大提高公司工件的修补效率。而根据对当地工厂工件的实地采样研究与前期的文献调研，实践团也认为钨极氩弧焊技术是目前最适合于公司实际需求的工艺，并希望将电镀技术与钨极氩弧焊技术相结合从而进一步提高工件表面质量。

公司目前已经开始尝试通过钨极氩弧焊技术将多种系列的不锈钢焊丝在工件表面进行熔融冷凝形成焊缝，通过焊缝将整个立柱表面进行保护。而为

实践团成员与产线工人交流

了满足公司追求更高生产效率的需求,实践团和公司工程师进行讨论后创新性提出在环焊过程中通入适量冷却水进行速冷处理,这样既可以防止环焊过程中由于热量积累导致熔池深度的变化,从而保证了焊缝的宽度和深度的均匀性,还可以起到表面淬火的作用,提升表面硬度,并且极大地缩短工件加工后冷却时间,提高设备的运行效率。而针对一些工件表面小的缺陷孔洞等,实践团也认为除了进行环焊熔覆和复镀工艺,使用封孔剂进行孔洞封填也是一个可尝试的方法。前期调研显示封孔剂作为一类有机涂料,可以用来对轴类或其他工件封孔,以确保车削或磨削清整,防止砂粒进入孔隙,同时又具有良好的抗腐能力,因此计划在实地取样后回实验室进行封孔剂封填试验。

科学检测与实际生产工艺相结合,助力企业成果产出展示

为了科学地研究钨极氩弧焊新工艺制备的熔覆层的防护能力,实践团还依托北京理工大学材料学院的表面工程课题组,在马壮老师、柳彦博等老师的指导下,通过SEM、EDS、XRD等多种检测手段对工厂工件进行了取样测试,分别对以304L、316L、2209型号焊丝环焊熔覆制备的熔覆层进行样品盐雾试验以探究其耐腐蚀性,并用扫描电镜和能谱仪对微观形貌和元素分布进行分析,最终出具检测报告对修复后工件的质量进行评估,为后续改进工艺提供了依据。同时实践团为了让庞泉重型机械制造有限公司保持核心竞

争力的优势，帮助公司对其核心技术进行了归纳总结和分析，联合申请了专利两项。

腐蚀待修复工件和熔覆工艺处理后工件

测试报告与专利受理书

8月18日，恰逢张军校长等校领导来到方山县考察工作，实践团有幸在庞泉重型机械制造有限公司二楼展室对此次实践活动目前所取得的成果进行了汇报。指导老师柳彦博向校长介绍了展室里陈列的与我们相关的实践成果，如专利受理书、检测报告等，并向张军校长介绍了目前公司比较关心的一些工艺问题和实践团的后续计划等。

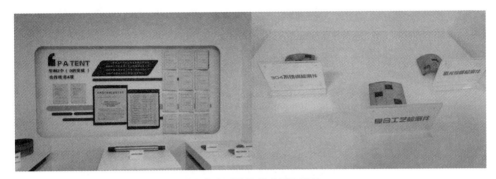

展室内陈列的相关成果和展品

柳彦博老师向张军校长介绍展室展品情况

随后在公司工程师的陪同下，张军校长等校领导还参观了材料学院表面工程课题组参与技术指导的钨极氩弧环焊熔覆工作区。柳彦博老师向张军校长介绍了环焊工艺的机器设备以及相关的工艺细节，并介绍针对环焊工艺的一些改进思路。张军校长亲切地慰问了实践团成员，并鼓励实践团成员努力将书本所学与企业实际工艺相结合，并作出"把论文写在这里"的指示，勉励实践团成员帮助当地企业攻关技术难题，提高企业的核心竞争力，从而带动当地经济增长，助力脱贫攻坚。

张军校长等校领导与实践团成员合影留念

技术调研与生活体验相结合，切身感受当地生活变化

除了在公司进行技术调研，实践团还对当地的民风民俗进行探访了解。实践团成员在胡堡村第一书记吴克有的带领下走进胡堡村，与村民面对面交流，切身感受到当地在多方扶贫的帮助下发生翻天覆地的变化。

在胡堡村的走访中我们了解到庞泉重型机械制造有限公司为当地居民提供了大量就业岗位，是方山县的支柱企业之一，为居民提供除了背井离乡出去打工的另一种生活可能，是当地居民生活来源的重要保障。而我们也意识到，利用科学技术帮助庞泉重型机械设备有限公司解决技术难题，推动产业发展，对于保障当地居民就业、帮助当地居民脱贫致富，具有重要意义。随着脱贫工作的进行以及当地企业效益的提升，当地的危房与窑洞不见了，取而代之的是崭新宽敞的房屋；世代的村医攒够了儿子结婚的彩礼，忙着张罗儿子的婚事；村里的双胞胎兄弟精忠、精国也能够去县城接受更好的教育，他们憧憬着美好的未来；村里今年出了四个本科大学生，让这个小村子有了新盼头。这里的百姓拥有着前所未有的获得感和幸福感。

方山县在北理工精准扶贫的帮助下已成功脱贫摘帽，但提高人民生活水平的工作仍任重而道远。庞泉重型机械制造有限公司作为当地的支柱企业，为当地提供了广阔的就业机会；而目前制造业趋势是由劳动密集型向科技密集型转变，唯有保持核心竞争力才能在诸多竞争对手中脱颖而出，占有一席之地。实践团与厂方深入交流，共同为提高工件表面质量以及更好修补工件而努力。

2020 年是全面建成小康社会和"十三五"规划的收官之年，是实现第一个百年奋斗目标的决胜之年，也是脱贫攻坚战的达标之年。我们共同为提高庞泉重型机械制造有限公司的核心竞争力而努力，短期来看是为了增加工厂的效益，长远来看是为了实现先富带后富，保障当地居民生活收入，促进当地基础设施建设，全面提升整体居民生活水平而努力。扶贫事业功在当代、利在千秋，我们希望能够将自身所学与科技扶贫的事业相结合，为当地发展尽自己一份力量。习近平总书记指出，青年最富有朝气，最富有梦想，是未来的领导者和建设者。党的十八大以来，科技扶贫行动积极开展，科技扶贫扎实推进。在党中央领导下，出台了一系列扶贫政策，建设创新创业载体平台，培育脱贫产业，促进科技成果向贫困地区转移转化，推动科技特派员对贫困村科技服务和创业带动全覆盖。在科技扶贫的会战里，也应当有青年学子的活跃身影。

在实践的日子里，实践团成员线上查阅多方资料，线下深入认真观摩、亲身实践、发现问题，与公司代表深入交流，扎实做好调查工作，提出解决方案，出具检测报告十余份，帮助公司完成专利申请。在本次赴方山实践及以后的工作中，"焕辉鸿涂"实践团成员也必将紧紧跟随党的领导，艰苦奋斗、扎实肯干，将自己的学问做在祖国的大地上，让自己的青春在祖国和人民最需要的地方开出绚丽之花。

回　声

谢明劭，材料加工工程 2019 级硕士研究生

通过实践我们不仅了解了当地企业的实际需求，也对当地的人文环境有了一定的认识。庞泉重型机械制造有限公司所处的位置是胡堡村的村口，因此公司内绝大大多数职工都是胡堡村的村民，村民们都比较质朴，为了改善生活条件而选择进公司工作；当地虽然是贫困县，但村民们没有自暴自弃，没有选择等待政府的救济。当地村民通过企业的技术培训后上岗就业，同时企业为了提高自身竞争力又积极与高校科研团队保持交流，这种良性循环既可以解决当地贫困户的就业问题，又能够保持企业的竞争力。看着村民们热情地邀请我们去家里做客，也切身感受到了当地村民日子过得红红火火，内心更是感触颇多：只有自己不放弃自己，社会才不会放弃你，只有选择抓紧时代脉搏，积极接受新思路，学习新技术，才不会被这个社会所淘汰。在这一片小小的天地，也感受到了发人深省的力量，更加坚定了我们结合自身所学为社会贡献一份力量的决心。

张泽，材料加工工程 2019 级博士研究生

通过本次社会实践活动，我们将自己所学所得运用到生产实践中，为社会作出了自己的贡献，更重要的是我们自身也在实践中得到了锻炼。正如张军校长所说，将在学校所掌握的专业知识与工厂实际工艺相结合，并"把论文写在这里"，这是我们刻苦努力的目标。

李明哲，材料加工工程 2020 级博士研究生

作为全国煤炭能源的主要输出省份，山西省也是全国煤炭矿山机械的产地以及集中使用的地域。山西省方山县庞泉重型机械制造有限公司是该贫困县的主要支柱企业之一，其主要产品包括矿用支架等大型矿山机械。矿井支架支撑臂井下表面腐蚀引起的问题成为困扰公司以及用户的"老大难"。科技部提出，要将论文写在祖国的大地上，而我们作为北理工材料学院表面工程实验室的学生，可以将我们在学校所掌握的专业知识与公司实际工艺相结合，为此感到光荣与自豪。了解到公司对目前所使用关键工艺技术有申请专利的迫切需求，我也与公司方密切合作，根据前期取样所得的测试分析结果，结合公司提供的相关工艺参数细节撰写得到了关键技术的专利，目前已经得到国家知识产权局的受理。脱贫攻坚永远在路上，这不是我第一次参与方山扶贫工作，相信也不是最后一次。

孙乾泰，电子封装技术 2018 级本科生

通过这些天的实践活动，我学会了很多书本上从未接触到的东西，这是更贴近社会的经验，更贴近生活的阅历。当我们和工人师傅一起走入车间，当听到工人师傅向我们反映生产过程中遇到的问题并提出需求时，当我发现或许我们可以帮助他们解决困难时,我真正感受到了被需要的快乐。原来,课本上学到的材料的抗氧化腐蚀在解决矿山支架防腐上是有用的;原来,金工实习中学到的知识与不锈钢环焊不谋而合;原来,有一天我们真的可以像工程师一样在车间里工作。同时,当深入到村民家中与他们交流时,他们向我们展示了一个不一样的世界——一个简朴的、朴实的、不富裕却有着另一种幸福的世界。我深刻感受到了最平凡最朴实的村民对美好生活的向往与期待。这次实践在我的心里增加了一种使命感,一种读书人都应该牢记的使命感。读书人,为天地立心,为生民立命,为往圣继绝学,为万世开太平。

秦娇龙,电子封装技术 2018 级本科生

这次实践让我能够真正地走进车间,了解科学知识是如何应用在实际的生产加工当中。实践团所关注的表面加工工艺更是与我所学的材料知识息息相关。"纸上得来终觉浅,绝知此事要躬行",唯有实际与所学相结合,才能更好地理解掌握课本上的科学知识。在走访村民的过程中,村子里的准大学生们让我更加坚信"知识改变命运",学习是他们飞出大山深处的翅膀;村民的生活也让我更加深刻地意识到,企业对于带动当地经济增长的作用。第一次暑期实践就能够跟随老师、同学一起到北理工的定点扶贫对象——方山县实地调研,我感到非常荣幸。运用所学知识,帮助企业解决生产方面的技术难题,让我深刻体会到"科学技术就是第一生产力"的真理。勇于奉献正是时代青年应有的担当。

赵志杰,电子封装技术 2018 级本科生

能够参加这次社会实践,在柳老师和学长的带领下以本科生身份走进车间,走近科研工作,对我来说是幸运的。在庞泉重型机械制造有限公司的车间里,金工实习、材科基础等课程中学过的知识一一呈现,又展现了比学校内、书本上更深刻、更实际的应用。我在这里认识到科研与实际生产的区别、不同的关注点和生产条件、不同的思维方式等,这进一步激发了我对科研工作的兴趣。在胡堡村的村民家里,我们听到了不同家庭的故事,庞泉重型机械制造有限公司为当地村民带来了工作岗位,使他们可以兼顾家庭和工作,不必远走他乡打工。可以说,庞泉重型机械制造有限公司对当地人民的生活至关重要。这也使我意识到,我们参加的这个项目,不仅是解决公司的技术问题，更是改善人民生活的利民之举。也是在庞泉重型机械制造有限公司的车间里，我们有幸陪同张军校长等校领导参观车间，介绍我们此行的工作成果，得到了张军校长等校领导的亲切慰问和鼓励。荣幸与激动的同时，我也坚定了努力学习，将知识转化为生产力，回报社会的决心。

马浩，材料成型及控制工程 2018 级本科生

北理工全体师生、校友帮扶贫困方山县自 2015 年至今已有 5 年之久，今年暑假因疫情原因我未能亲身前往实地调研学习深感遗憾，但通过线上的不断深入了解以及同团成员的经验分享，我深深地感受到大山深处对于科技、教育、经济发展的渴望，企业老师傅精益求精、希望打造更加经济环保的设施设备。贫困户家中节俭整齐，不杂乱，家中女儿努力读书，争取考上大学，这是对生活充满希望的积极态度，人穷志不穷，值得我们不断学习。我有幸生于乐世，未尝前辈之苦难，却也不敢忘记初心。今年是全面建成小康社会的决胜年，我们青年也要为脱贫攻坚作出贡献，为方山县作出贡献，更为社会奉献自己的一份力。把论文写在方山，这不仅是张军校长对于实践团的鼓励，也是对我们未来学习生活的督促，我将努力学习，不断进取，为社会、为国家、为民族贡献自己的力量。

（文："焕辉鸿涂"实践团）

心之所向　素履以往　播撒希望　青春无悔
——北京理工大学材料学院社会实践团"北理工—方山"
定点扶贫实践故事

为了践行北京理工大学材料学院引导青年学生走出校园，深入社会、服务社会，接触国情社会、增强责任意识，在实践中受教育、长才干、做贡献，实践"广覆盖、促发展、提能力、获真知"的工作理念号召，助力脱贫——北京理工大学材料学院方山社会实践团一行人决定前往山西省吕梁市方山县开展此次暑期社会实践活动。

方山县位于山西省吕梁市，被认定为国家级贫困县，也是北京理工大学精准扶贫对象，而实践团目的地是方山县峪口镇的一个小村庄——桥沟村。在这里，由北京理工大学和方山县人民政府合办的方山北理工暑期学校迎来今年的开学仪式。作为学校的重点团，北京理工大学每年有数十个学院、近百名志愿者来到这里，以支教老师的身份，为当地的孩子们带来知识和快乐。实践团在支教活动的间隙对当地进行调研活动。方山县本身经济基础薄弱，山西省又处于转型发展的重要阶段，旅游业正处在开发当中。当地的北武当山风景区是当地一处较大的风景区，也是当地居民的信仰所在，所以实践团将调研方向锁定在北武当山景区，了解方山，了解北武当。

对实践团大多数成员来说，这是人生历程中的第一次支教活动。实践团成员大多没有授课经验，对方山当地不了解，部分成员甚至没有体验过当地这样艰苦的生活经历，但是大家都带着对方山未知的猜想和从老师口中获得的一星半点信息，带着对孩子们的一腔热忱之心。实践团成员下定决心："要为孩子们讲生动有趣的好课，立志带好自己教出来的第一届学生，做一名合格的支教老师，更重要的是为孩子们带去北理人的关怀。"

按照学校的课程分配，实践团负责教孩子们趣味数学这一课程，这一课程颇受当地家长以及孩子们欢迎，但这也意味着实践团将教授更多的学生，面对更大的压力。从带队老师口中得知，实践团所教的孩子占学校总学生人数的三分之一。同时方山北理工暑期学校的孩子们来自周边村庄和小镇，趁着暑假期间，带着对知识的渴望慕名而来，他们的年龄从七八岁到十四五岁不等，年级跨度非常大。为了照顾到所有孩子的上课体验，实践团在出发前将备课方向分为了高年级和低年级两个部分。

实践团临行前备课过程异常艰辛。实践团成员在出发前只知道当地的孩子学习基础不扎实，但是他们表现水平具体如何、他们大多聚集在哪个年龄段，他们的生活条件如何，这些实践团都不得而知。备课所涉及的题目如果太简单，就达不到授课效果；如果题目太难，就不太能把握住上课节奏，孩子们也无法跟上课程进度。为期一周的课程安排，每天近五六个小时，要求的题目数量还是很大的。在实践团所有成员商量分工之后，成员们开始着手出题，多做准备，将题库尽量扩大，涉及范围更为广泛，上课时根据情况在题库中进行选择，确保课堂顺利推进。

终于，前往方山的日子到了。经过一天的辗转跋涉，多次倒车，实践团成功抵达吕梁市桥沟村。在村口，一位和蔼的老奶奶送我们抵达支教地点，热心善良，实践团成员如沐春风，备受鼓舞。看着校园内简陋但整齐的校舍与教室，石子铺成的"操场"，炭灰抹成的黑板，以及一系列朴素的设施，实践团成员并没有表示出任何不适，反而更加期待接下来的一周里在这个学校里有所作为。

初到学校，不待安顿好，实践团成员就与学校里的学生玩了起来。孩子们见到年轻的老师们并不怕生，带着实践团成员参观起校园，调皮的孩子还试图用沾了煤灰的手在老师们的脸上留下"黑爪印"，老师们好生躲闪，片刻就在操场闹作一团，气氛十分融洽，也可谓是开个好头，让成员们把对能否与当地学生相处好的顾虑放下了一大半。投我以桃，报之以李。对待如此可爱的孩子们，如此可敬的村民们，实践团只想尽己所能，教给孩子们更多的知识。整顿结束，在宿舍开了一个简单的会议，会议中我们便迎来了来到支教学校的第一个"措手不及"：学校的多媒体设备不完善，实践团也没有电脑与投影的转换接头，直接导致实践团第二天用PPT展示教学的计划不能如期开展。一阵匆忙过后，我们借齐了装备，带着些许忐忑和期待等待着第二天正式教学的开始。

正式开始教学第一天是最忙乱的，很多情况都出乎实践团行前的预料。在低年级课堂，由于年级跨度从一年级到四年级，大家对知识的掌握情况大相径庭，老师们准备的很多教学内容不能及时得到学生的有效反馈。因此，只能从准备好的课件中挑选适合的内容进行教学，导致教学进度无法达到支教团的预期。而高年级的情况则有所不同，支教老师们为学生准备的数学趣味知识由于多媒体设施不齐全只得通过板书授课，课堂的生动性大打折扣，导致很多学生心不在焉。教学第一天结束，实践团成员筋疲力尽，手头准备的课件资料也已告罄。晚上，在昏黄的灯光下，实践团成员重振精神，对一天活动进行总结，发表意见，做出调整，积极为第二天备课。

有了第一天的经验以及充分的备课准备，实践团教学工作第二天渐渐步入正轨。但实践团的支教之行注定充满磨难，天公不作美，前一晚的大雨使学校停了电。实践团依旧无法使用PPT进行教学，只能回归老方法：板书抄题讲解。一位老师抄题，另一位老师在讲台上带领同学们解题。虽然这种方式使讲课的效率降低，但是比起通过PPT直接展示，这种教学方式与同学们互动性增强，老师也可以让有想法的同学随时上讲台展示，拉近了老师与学生的距离。教学第二天的课堂氛围也比第一天好很多，老师与学生的相处更加融洽。因为停电，下午的课程取消，实践团决定把握时间开展在方山的调研任务。

通过询问班上的学生，实践团了解到附近有一座横泉水库。在两位热心的同学带领下，实践团前往水库开展调查。虽然暴雨给大家的生活带来了诸多不便，但雨后的天总是具有独特的美，低低的云，蔚蓝的天，三公里徒步行程，沿途风景使人心旷神怡，一路上欢声笑语，不知不觉就到达目的地。根据实践团对横泉水库的考察，认为对横泉水库做出部分旅游开发可以带动当地经济发展，提高山西省吕梁市方山县的知名度，对其他产业规模的扩大也有推动作用。在旅游开发过程中，也应注意开发过程中对环境的保护，横泉水库是当地百姓生活用水的供水水源，对于旅游产业中可能出现的弊端，当地政府应当积极妥善地做出应对措施，如控制日入流量、做好路线规划等问题。前一秒晴空万里,后一秒狂风暴雨,在调研结束回去的路上,大雨说来就来,但是实践团成员还是拥有美好的心情。调研结束后,实践团回到学校,点着蜡烛,加班加点整理调研相关材料并为后续课程努力备课。依旧是劳累的一天,依旧是断水断电的一天,但这样的生活愈发充实,各个成员内心愈发成熟笃定。

在方山的第四天到来,转眼间,支教日程已经过半,各位老师的授课能力都渐入佳境,和孩子们的课堂互动也越来越默契。午餐过后,实践团开始筹划第二次的调研任务:调查当地著名景区北武当的旅游开发状况。到达景区之后,实践团采访北武当山景区办公室主管人员,了解风景区整体地貌。在跟工作人员交谈中,实践团了解到北武当山深受当地人喜爱,每年三月初三庙会是景区客流量高峰期,途中实践团遇到不少当地居民带儿童前来爬山。但是在交流中,实践团也发现景区存在不少问题,最重要的就是景区建设所需资金不到位、政府支持扶持力度不够,随之而来的就是景区宣传力度不够、客流量稀少且不平均、山上基础设施及安全保障设施有待提高等系列问题。在和当地居民交谈中,实践团也了解到其他问题:景区票价较高、景区内停车等收费制度不合理等。实践团成员提出可以借助网络宣传力量,在全国范围内对景区推广,得到工作人员的认可,他们也表示景区正在发展之中,相信未来一定会越来越好。之后,在实践团的切身体验中发现北武当山优美景色有很大可开发空间,山上集垃圾桶、太阳能充电设备、宣传片于一身的设备给山上游客带来很大便利。这天夜晚,笼罩多天的乌云已经消散,窗外满天繁星,银河万里,窗内烛光闪烁,实践团成员围坐一起,借着烛光,畅谈经历,撰写后续。

第五天清晨,睡梦中醒来,推开门,迎面而来的是醉人的暖意。经过了几天雨水的洗礼,远处的山,近处的云,都变得愈发的迷人。由于连续的降水,学校的电力和用水依旧没有恢复,但是校方为了保证实践团成员的生活,购入一台发电机维持基本用电。教学方面,老师们为了学生更好地掌握知识,在板块化讲解的基础上,更加系统地教学并且增加练习量。到了晚上,学校的供水供电系统终于恢复。经过这几天停水停电的艰苦生活,实践团成员都体会到了农村生活的艰苦,也意识到水电资源的宝贵之处,表示在今后的生活中会愈发地珍惜这些资源。

第六天,初来方山的兴奋感和遭遇各种困难的抑郁都已平淡。支教任务照常开展,低年级课程的三位支教老师与孩子们进行多番互动,课堂氛围极为活跃,孩子们的积极性被充分调动,上课严谨而不失幽默。下午两个班的老师都为孩子们播放了与数学相关的电影及纪录片,拓宽孩子们的视野,让孩子们对数学这门学科有更深的理解。老师与孩子打成一片。孩子们纯真的笑容,触动着每位支教老师的心,尽管支教环境艰苦,但是没有一位后悔自己来到方山。可惜天公不作美,本是蓝天白云,晴空万里,临近饭点,却骤降暴风雨。暴雨来袭,学校又陷入了停电风波,但是实践团成员已经可以从容面对,心中毫无波澜。想着明天依旧有沉甸甸的教学任务,便感到为人师的紧迫感与责任感。"内心若是笃定,何惧未知风雨",点上蜡烛,拼起桌子,打开电脑,在黑夜中微光下,实践团继续前行。

支教学校内一片狼藉,掀倒的柳树、压折的玉米、吹落的瓦片,无一不在控诉着昨日骤降的暴风雨给这里带来怎样的破坏。而实践团成员却无心对此发出过多的惊叹,波澜中带着平静,平静又伴着涟漪——这已是支教的最后一天。想着明天就要和这群孩子告别,成员们心中泛起惆怅。但是工作还是工作,最后的时间里,更要高质量地完成任务。与孩子们共享最后的欢快时光。

"天下没有不散的筵席",授课时间过得飞快,临近下课时间,支教老师们也不得不与孩子们告别。高年级的教室里,几位老师依次上台与孩子们敞开心扉,说出自己对"学习""大学""理想"的看法,希望能为孩子们建立起正确的价值观,引导和树立他们上大学的愿望。老师们鼓舞孩子们一定要勇敢迈出自己熟悉的世界,向更远的地方前进,拥抱更大的天地,拥有更宽广的视野和理想。老师们结合自身的经历,强调学习、高考的重要性,并在最后,为孩子们的未来送上了自己由衷的祝福。低年级班级这边,老师们也一一与孩子们说出告别的话语,尽管孩子们还小,但也能感受到他们对分别的不舍,有孩子问:"老师,你们明年还来吗?"支教老师们都笃定地给出肯定的回答。下课时间到,老师们站在门口目送孩子们缓缓走出教室。有的孩子跑过来给老师手中塞上叠好的纸条,翻开来里面写着"老师,我爱你,再见!",在纸张的角落还画着歪歪斜斜的爱心。不论是低年级还是高年级的孩子都用自己的方式对老师送上了离别的小礼物:一些纸条、千纸鹤、玻璃瓶。怀着欣喜又有些感伤的心情，老师们收下这些礼物，既是欣喜、满足的，因为这代表着老师的身份得到学生们的认可和爱戴，同时，心情又带着分别的惆怅和不舍，尽管时间不长，但实践团的老师们已经和孩子们建立了深厚的感情。

这夜的月光格外清亮，来自不同学院的所有实践团在学校院中围坐，零星地摆成心形的蜡烛、几捧瓜子、开怀的歌声，这是临行前夕，暑期学校的书记、校长为所有支教老师准备的茶话会。蜡油渐渐在石砖地上铺开，茶话会在经典的《难忘今宵》和《朋友》中落幕，同样落幕的，还有实践团的方山之行。

时间永是流逝，实践团的支教历程也已终了。七日七夜，不长不短，恰到好处地在实践团成员与孩子们的心中点燃了师生情、朋友谊，在自己的青春时光与孩子们的童年岁月里刻下一段难以忘怀的经历。第一次，如此清晰地体会到一种名为感动和感恩的人间至情。

实践团成员唐睿提道："有人曾经问，为何我们要去一片远离都市繁华的地区支教？来之前，其实对这个问题也是有些困惑的，支教结束后，我想这时候我应该能够给出他想知道的答案了。用一段我偶然看到的文字作答，'将自己投入奉献社会，用最初的心做永远的事，燃爆了。读万卷书，行万里路，亲身经历生活百态，体验世界万千，积累阅历与视野，收获触动和感悟，挣翻了！有趣的灵魂终将相遇，遇见有趣的人，经历有意思的事，碰撞火花绚烂，十五天的朝夕相处，天涯海角的经历体会，狂欢绽放，齐心协力做一件有意义的事，帅呆了！而且每个人都有过一个教师的梦想，七尺讲台，粉笔勾勒，点亮一个孩子的世界，照亮山外的视野，说不定由此改变他一生，这简直美极了！'"

是啊，简直美极了！

也有人质疑支教的意义。他们会发问：你们去支教能给小孩带来什么？他们成绩又不见得提高，一周一下就过了，你们走了之后又有什么改变？你们做的究竟有什么意义？你们所做只是为了你们自己而已吧？

思维给了他们局限。成绩的提升并不能代表什么，真正有意义的是，多少孩子从未遇见过这样能够与他们温柔地、平等地交谈的老师，多少孩子会因为展现给他们的外面广阔天地的视野而改变一生。当然，支教理由人人不尽相同，但为孩子们做一些己所能及的事，却是我们这些支教志愿者共同能做的事情！

当用心沉浸在为孩子们备课讲课的工作时，不仅会感到自己内心的满足，也会体会到作为老师的不易，会被可爱的孩子们感动，也会认识到应该对老师感恩。当在支教路上遇见一群志同道合的同行者，会体会到一种名为知己的感觉，那是心灵的满足与愉悦。当遇见一群可爱的孩子时，会觉得自己的所有劳动都是值得的，都是在播撒希望的……

志愿支教，无悔支教。当真正支教过后，会发现：支教不仅是一种体验实践，更是一种责任！

（文：助力脱贫——北京理工大学材料学院方山社会实践团）

第六章

奔涌的后浪

激昂青春创业志　弘材济世道中行
——北京理工大学材料学院"藿然而愈"团队创新创业故事

"藿然而愈"团队参加第五届中国"互联网+"大学生创新创业大赛

他们志向高远，为了研发出国内第一流的新型抗菌止血材料而甘耐寂寞、埋首科研，历时三年攻关实现技术突破，为打破高端医用敷料被国外巨头垄断的局面而贡献力量；他们心系扶贫，数次前往广东湛江开展社会实践，为了帮助当地贫困农民实现脱贫致富而栉风沐雨、多方奔走，以道地南药广藿香为突破口、新型止血材料为承载体，建立种植基地，助力湛江"精准扶贫"事业，因而被共青团中央授予全国大中专学生志愿者暑假"三下乡"社会实践活动优秀团队；他们敢为人先、勇立潮头，积极投身到大学生创新创业的浪潮之中，促进科研成果转化的同时带动广藿香产业升级，并因此在第五届中国"互联网+"大学生创新创业大赛斩获佳绩，先后获得北京市赛一等奖、全国决赛银奖，创造了北理工在"青年红旅"赛道的最好成绩……他们就是来自北京理工大学材料学院的"藿然而愈"团队。这支年轻有为的团队由王玮哲、常怡雪、甘君妍、寇新宇四位2018级硕士生组成，在天然高分子实验室陈煜副教授的指导下，他们在科研、创新创业和精准扶贫等多个维度都取得了累累硕果，为学校和社会奉献出属于自己的青春与智慧。

科研探索：止血材料三年磨一剑，创新产品一朝破难关

在2014年秋天，满怀着对未来的激情与向往，大一刚刚入学的王玮哲踏进了北京理工大学的大门，从此开始了他在材料学院的学习与探索。在本科期间的学习生活中，他不仅认真地学习了有机化学、物理化学、材料科学基础等课程，为材料学的科研工作奠定了坚实的基础；更是通过材料学院开展的一系列先进材料论坛和师生双选会，对材料科学的前沿发展表现出了强烈的兴趣。一张张绚丽的谱图、一项项复杂的数据……材料科学的大门正在徐徐打开，殿堂内丰富多彩的研究内容无一不吸引着他的目光。

而在众多的研究课题中，来自天然高分子实验室的陈煜副教授的研究内容——基于天然高分子的先进抗菌止血水凝胶仿佛是夜空中最明亮的那颗星，一下子吸引住了他的目光，引起了他最为强烈的兴趣。经过陈煜老师的介绍，他了解到实验室目前主要从事的是以壳聚糖、海藻酸钠等天然高分子为基础，面向医疗器械方面的水凝胶体系研究，其中止血方向的研究工作是目前最热点、同样也是最困难的课题。而生来就喜欢挑战困难、突破创新的性格，更是让王玮哲毫不犹豫地选择加入陈煜老师的课题组，从此开始了他在抗菌止血水凝胶方面的探索与研究。

在进入实验室后，他对目前国内止血方面的市场现状展开了全面的调研，结果发现：止血，近百年来都是医疗行业内一个永不过时的话题，针对手术中止血的难题不断地有新技术、新方案涌现出来。目前市场上的止血产品一般都不具备抗菌性能，而高端止血产品则受国外巨头垄断，所以，如何在保障止血材料快速止血性能的同时，赋予其优异的抗菌性能，并且控制整体成本，已经成为止血材料研究领域一个公认的难题。而自己所在的材料学

院天然高分子材料实验室则长期从事快速止血材料的研究,具备丰厚的研究经验与条件,为止血材料技术的突破奠定了基础。

身为材料人,"材以致用,服务社会"是材料人肩上的使命,而止血材料更是"惠泽众生,利国利民"的关键材料之一。面对这一世界性难题,王玮哲丝毫没有产生气馁畏惧的情绪,反而更加意志坚定,他暗暗下定决心:无论花费多少时间精力,也一定要翻过这座看起来似乎不可逾越的高山!然而他也深深懂得,科研探索从来不是单打独斗的"个人秀",而是需要集思广益开展"团队作战"。因此,在陈煜老师的指导与帮助下,他与课题组内几位志同道合的同学达成了一致,共同组建起了"霍然而愈"团队,开始了为突破止血难题而不懈奋斗的旅程。

"霍然而愈"团队成员进行实验操作

实验室之前止血材料性能较差,他们就花费大量的时间和精力调研文献,从天然高分子材料中获得灵感,利用海藻酸钠和壳聚糖等天然材料构建水凝胶止血体系,利用其可以快速吸附的特性,在止血过程中极大地加速了血液中水分的吸收与脱除,从而实现血小板等凝血因子的富集,大大提升了止血速度,成功地将止血时间由先前的3~5分钟缩短至30秒,并显著提升止血效果的稳定性。而面对止血材料缺乏抗菌性的困境,他们则展开了激烈的讨论:目前最常见的抗菌组分一般是银离子等化学抗菌剂,虽然它们的抗菌效果非常出众,但不可避免地会对生命体产生毒害副作用,因此并不适合应用于手术止血等。为了寻找到生物安全抗菌组分,"霍然而愈"团队另辟蹊径,决定从天然植物中寻找突破口。

为了解天然抗菌组分的问题,"霍然而愈"团队利用暑期社会实践的契机,多次踏上了南下的列车,前往广东省河源市、中山市、湛江市等地寻找新的天然材料。在累计近百天的调研时间里,"藿然而愈"团队的成员们忍过了高温烈日的炙烤,也熬过了狂风暴雨的洗刷,前后穿行数百公里,深入山川与农田,走访了几十家企业和研究机构,调研了上百种天然材料。随后在实验室中历时半年时间,经过对薄荷油、茶树油、玫瑰精油等五十余种天然植物提取物的分析与测试,他们终于惊喜地发现:广藿香精油的抗菌效果最佳,最适合研发止血材料。

"锲而不舍,金石可镂。"在他们眼中,科研攻关的过程无疑是非常艰辛的,一次次地跌倒再爬起,通宵熬夜实验的煎熬,这些奋斗的艰辛最终换来的是成功的甘甜,是止血技术新的突破的喜悦。最终历时将近三年,他们成功开发了精油包埋等5项核心技术,将广藿香精油与先进止血材料完美融合,研发出系列化抗菌止血新产品,包括适用于皮肤表面创伤的抗菌止血海绵、适用于大动脉出血的抗菌止血微球、适用于贯穿伤等特殊创面的贯穿伤止血装置。产品可以实现30秒内快速止血,抑菌率达99%以上,极具市场竞争力。此外,在团队科研成果的基础上,实验室还先后申请了5项国家发明专利,发表高水平学术论文11篇,并与军事医学科学院、解放军总医院等展开项目合作,推动新型抗菌止血产品在临床上的测试,为医护工作者的"悬壶济世"作出属于自己的贡献。

助力扶贫:止血技术带动产业升级,社会实践助力精准扶贫

湛江市地处广东省的西南边陲,是目前我国最大的广藿香产地,同时也是经济发展落后、贫困农民众多的地区。当地属于典型的亚热带季风气候,土壤以沙质土为主,光照充足,降水丰沛,特别适合广藿香等亚热带植物的生长。经过"藿然而愈"团队多次深入调研,他们发现:与广州、深圳的灯红酒绿、歌舞升平相比,湛江无疑是处于相反的一极,当地共贫困人口24万,占广东省贫困人口总数的1/7,贫困村多达200多个。以团队重点调研的长岐镇新联村为例,2017年全村共有人口1 947人,其中建档立卡的贫困人口多达124人,占全村人口的1/13。

"藿然而愈"团队进行社会实践活动

而作为当地具有900多年种植历史的特色产业,道地南药广藿香却没有得到充分的开发利用。当地广藿香的产品仍然以粗加工的中药材为主,缺乏利润,附加值低;中药材市场价格波动很大,农民的收益少,种植积极性不高。此外,落后的种植技术也让农民的成本居高不下;并且市场上现有的广藿香精油均为工业级,尚没有符合国家医疗标准的医药级广藿香精油。

无论是炮制中草药,还是制造藿香正气水,这样低价值的应用途径,既埋没了广藿香巨大的经济潜力,也无法真正帮助农民脱贫致富。因此,创造高附加值的应用途径是产业的大势所趋,也是精准扶贫的必然选择。面对困难,他们从未萌生退意,而是产生了一个大胆的想法:"既然市场上没有,那不如我们自己尝试去做!"于是,一场踏遍湛江乡土的探索旅程从此开始,他们利用暑假的时间,多次前往广东湛江开展社会实践,对广藿香产业进行实地考察。

虽然做了充分的准备,但行程的艰辛还是超出了大家的想象。在4月27日晚上,团队成员们坐上了启程的列车,踏上了这趟几近30小时的南下之旅。在驶入广东后,火车因为暴雨而走走停停,一再晚点,到达湛江时大家已是身心俱疲。为了抓紧时间,成员们稍作休整,就迎着暴雨匆忙乘车前往遂溪县乌塘镇。因为乌塘镇地处偏远、道路狭窄,车刚刚驶进村镇就出现了导航失灵的问题,大家只得下车徒步前进。大雨让本就坑洼的小路变得更加泥泞,四周土墙堆砌,村子房屋排布凌乱,然而成员们没有丝毫的抱怨和气馁,一直保持热情,奋力前进。

在将近傍晚成员们到达了农民家,然而紧接着又遇上了严重的沟通问题。当地农民几乎不会普通话,他们所讲的湛江方言大家都没办法听懂。面对语言不通的困扰,"藿然而愈"团队几经周折之后终于联系上了村委会的干部,在他的"翻译"下,调研才得以顺利开展。时值七月,天气酷热无比,他们一边抹着流个不停的汗,一边和当地农户交流着。当地天气多变,一转眼又下起暴雨,雨水让本就坑洼的田间小路变得更加泥泞,但是他们的脚步却没有停歇,不管吃多少苦,也一定要解决医药级精油的难题!

为了更好地了解广藿香种植的现状,"藿然而愈"团队的成员们还跟随当地农民实地体验了一次广藿香的收集采摘工作。在灼人的烈日下,大家弓着腰在广藿香的田间慢慢行走,将地上已经落下的枯叶一个个收集到袋子里。广藿香特殊的中药味道,混杂着海风的咸味,让人不禁有点晕眩;然而手指上满满的泥土气息,却让大家心里慢慢地踏实下来:收获的喜悦与成就感才是最令人安心、最令人欣慰的!

然而,在长期的社会实践中他们却发现,当地广藿香产业存在"大而不强"的局面:广藿香产品以粗加工的精油、中药材为主,利润微薄,缺乏高附加值应用渠道;而2014年以来广藿香市场价格暴跌,更加挫伤了农民微薄的利润,扶贫形势十分严峻。这种惨淡的现状深深刺激着团队成员的内心,也促使他们思考,如何利用他们手中的科研成果,帮助当地贫困百姓脱贫致富?

为此,他们又一头扎进湛江的乡村地区,先后考察了6个贫困村,走访吴川、遂溪、雷州近千亩种植地,调研种植情况;走访了5家广藿香加工企业,了解当地生产情况,摸清产业现状;举办了3场座谈,与当地政府、科研单位探讨解决出路……经过长期筹划后,"藿然而愈"团队与当地政府展开合作,构筑了"团队+种植基地+下游企业"的扶贫模式,在长岐镇新联村等地建立起了3个广藿香种植基地;而"藿然而愈"团队则与精油加工企业合作提炼优质精油,生产研发系列化抗菌止血新产品,提升广藿香产业附加值。

经过一年多的建设与耕耘,3个种植基地目前已经覆盖了291亩的广藿香,在6月—12月长达半年的收获期内,基地每两周组织一次收购,长势旺盛的广藿香已经给187名贫困村民增加130万元的收入,种植利润也已经从2400元/亩跃升到了7260元/亩,帮助他们实现了脱贫致富,预计未来

3年将累计帮扶2000名农民，创造出近千万元的经济效益。而他们丰硕的社会实践成果也受到了学校和团中央的认可，先后被授予北理工暑期社会实践品牌团队和共青团中央全国大中专志愿者暑期"三下乡"社会实践活动优秀团队的称号，让科技扶贫的故事为更多的人所了解。

创新创业：敢为人先扬意气　勇立潮头建新功

真正的科技创新成果，应该是服务国家、造福社会、惠泽万民的福祉，而并非仅仅囿于高校、研究所等象牙塔之内，成为教授、博士们手心中的玩物或者加官进爵的敲门砖。利用高校的优质平台资源，集聚大型科研基础设施以及尖端人才，持续在科技前沿进行创新突破，并且将高校的科技创新成果迅速高效地与产业相结合，推向市场，促进产学研深度融合，加快应用技术创新步伐，才能有效地提升产业创新能力和企业竞争能力，助力我国的"工业制造2025"目标的实现。而高校老师、学生主动地创新创业，对于推动先进科研成果产业化而言更是直接有效的渠道之一，并且逐渐形成滚滚潮流。

青年兴则国家兴，青年强则国家强。习近平总书记曾指出："中华民族伟大复兴的中国梦终将在一代代青年的接力奋斗中变为现实。"而今，大学生创新创业也俨然成为时代大潮，吸引着无数青年学子前赴后继投身其中。

"霍然而愈"团队也受到习近平总书记给第三届中国"互联网+"大学生创新创业大赛"青年红色筑梦之旅"的大学生回信精神的感受，决心利用手中的先进止血材料投身于创新创业中，促进科研成果的转化，创造更大的社会价值。在学校与学院的指导之下，他们积极报名参加了第五届中国"互联网+"大学生创新创业大赛，从而参与过创业的他们，迎难而上，从零开始努力。

从商业计划书到商演PPT，从参加路演，到接受专业评委的质疑和批评，面对从来没有接触过的领域，他们也一度错误连连，甚至对自己的能力产生怀疑。有的评委说"你们的计划不切实际"，有的评委说"医疗器械注册周期长、经济效益回报慢，不是几个大学生可以搞好的"，有的评委说"止血材料助力精准扶贫是纸上谈兵，没有实际操作的可行性"，甚至还有的评委质疑"你们的止血材料技术实际效果真的有描述的那么好吗"……

面对一句句的质疑和否定，他们从没想过气馁和放弃，而是愈挫愈勇、屡败屡战。在长达半年的比赛时间里，熬夜成了家常便饭，无数个夜晚他们都在实验室挑灯奋战，比赛PPT的版本也从十几版，几十版，最终增加到了上百版，而他们也从一群一无所知的"小白"慢慢成长为一支青春锐气的创业新军。

"藿然而愈"团队参加第五届中国"互联网+"大学生创新创业大赛

最终，在2019年第五届中国"互联网+"大学生创新创业大赛中，他们一路高歌猛进，在"青年红色筑梦之旅"赛道上取得了北京市赛一等奖、全国决赛银奖的优异成绩，并且刷新了北京理工大学在红旅赛道上的最好成绩！

"路漫漫其修远兮，吾将上下而求索。"对于"藿然而愈"团队而言，科研的探索和创业的艰辛都是一场贯穿大学生涯的修行，永远需要保持一颗谦卑的心砥砺前行。未来，他们还将继续秉承"先进止血材料，助力精准扶贫"的理念，继续研发更新更强的止血材料，提升广藿香产业，用科技和创业成果为国家、为社会创造更大的价值！

回 声

甘君妍，材料科学与工程2018级硕士生

社会实践让学生身体力行接触到实际的生活百态，在远离学术的氛围中思考当下。炎热的天气，漫长的路程，我们用仅仅几天的时间体会着农民的日常，而他们的辛苦劳作，更让我们感受到扶贫攻坚的重要性。作为研究生，我们要为贫困人民带去实际的效益，需要充分利用科研的优势，结合前沿的科学技术，提高农村基础生产的价值，为当地适种的产品打开销路，让农民的汗水可以换来应得的收入。我们从与农民的交流中看到他们对脱贫的渴求，高质量地响应国家扶贫政策，是我们的责任。科技扶贫，虽艰必行！

王玮哲，材料科学与工程 2018 级硕士生

在大学校园里我们获得的学问与见识是远远不够的，更多的要走出校园、走向社会，进行实地的调研与实践，才能增长见识、开阔眼界，成为更加全面的人才。身为北理工学子，我们应该自觉地将自身的发展与祖国的前途、民族的未来紧密结合，走访祖国大地，了解国情民情。湛江市是道地南药广藿香的传统种植区，湛江人民开发利用广藿香已经有长达 900 年的历史，然而这种独特的传统中药却未能帮助当地农民脱贫致富、奔向小康。"精准扶贫"是国家重要的方针战略，身为带有红色基因的北理学子，我们要积极地结合自身优势，响应国家号召，用先进科技助力于湛江农民的脱贫致富，勇立潮头，敢为人先，用汗水书写出青春的华彩篇章，将科技扶贫的硕果书写在祖国大地上，为全社会的"大我"的利益与幸福而努力奋斗！

寇新宇，材料科学与工程 2018 级硕士生

跨越了大半个中国，来到了历史悠久，文化底蕴深厚的湛江市。市区的富丽堂皇与乡间的桑户蓬枢形成了鲜明的对比。习近平总书记的那句"脱贫攻坚战进入决胜的关键阶段，我们务必一鼓作气、顽强作战，不获全胜决不收兵"一直萦绕在我的心田。

而看到新联村新联亿圣蚕桑种养扶贫基地给贫困农民点燃了希望的灯，心里欣慰的同时也想做一些力所能及的事来改变湛江其他贫困村落的现状。通过扶贫基地+扶贫车间+扶持生产+电商服务+产业分红的"5+"扶贫模式，在新联村形成种桑养蚕—蚕丝加工—蚕蛹加工—桑叶加工等一系列产业链。通过保底收购、聘用农户、产业分红等渠道，实现一次扶贫，永久脱贫。

实验室的止血技术与岭南道地中药广藿香的精油可以完美结合，而湛江是广藿香的主产地。经过实地调研，当地广藿香精油厂大多是小作坊，产业不成规模；精油大多售给第三方，没有自己的深加工体系；而农户也主要以散户种植为主，第一年种完之后，到第二年就需要及时更换土地。有成熟的扶贫模式可以借鉴，再加上参观完热科院的成熟产品之后，我陷入了深深的思考。科技扶贫并非易事，但是作为当代青年，要有自己的担当，如果有好的想法应该落到实处。

常怡雪，材料科学与工程 2018 级硕士生

科学研究要接地气，要从社会中来到社会中去。我觉得我们做科研最根本的目的不是升职加薪，而是应该服务国家、服务社会。我国每年在科研上投入的经费数量巨大，论文、专利等科研成果数量也在逐年攀升，但科研成果转化率不高。农民关心的问题和科研工作的着力点有些错位。以肥料举例，科研工作者多致力于提高功效，而农民对价格更敏感，然而在实验室中，价格因素往往会被忽视。在追求尖端技术的同时，又能注重技术的转化，使科技造福更多的人，这样的科研才算是有意义的科研。

（文：材料学院"藿然而愈"团队）

用创新谱写的青春乐章
——北京理工大学材料学院"Hyzinc"团队创新创业故事

一、序言

过去,电池的诞生推动了移动设备的发展;而今天,电池技术的进步深刻地改变了社会的运行方式。风能、太阳能等可再生能源利用技术的发展在改善传统一次能源为主的能源消费结构的同时,提高了能源利用的清洁度,但是此类新能源发电技术通常存在不稳定、不连续的特点,使得电网难以消纳,带来了严重的弃风、弃光问题。大规模储能体系的建设,是解决这一难题的关键。面对这样艰巨的挑战,这支来自北京理工大学材料学院能源与环境材料系的 Hyzinc 团队,将目光聚焦在清洁、高效、低成本储能单元的研发上,旨在通过电池材料和体系的创新,推动储能体系的建设,打破可再生能源发电面临的困境。过去几年里,在吴锋院士总体规划、谢嫚老师精心指导下,他们始终将科研与社会需求紧密结合,不断在储能体系的构建上实现创新突破,推动了储能单元的实用化研究。团队先后在第八届广东省大学生科技创新大赛、克莱斯勒杯第四届黑马创业大赛、第五届"互联网+"大学生创新创业大赛、"挑战杯"首都大学生创业计划大赛等多项比赛中斩获佳绩。

2020 年,他们放眼世界,通过与英国帝国理工学院、牛津大学等高等院校的合作,推出了在规模储能中具有里程碑意义的水系混合锌离子电池,实现了电池安全性、成本和性能的有机统一。此外,电池良好的环境友好性更有效提升了产品全生命周期的清洁度。因此,在第六届中国国际"互联网+"大学生创新创业大赛中,Hyzinc 团队创造了材料学院在国际赛道中的最好成绩，并实现了材料学院在中国国际"互联网+"大学生创新创业大赛中金奖零的突破。目前，这支青春洋溢、充满朝气的团队由王紫恒、周佳辉、江颖3位博士生和楚迪童、李成、位广玲、张壹心、郝宇童、周耀宗、刘安妮7位硕士组成。这次比赛的终点不过是面向未来的一个起点，他们仍将矢志科研，砥砺奋进，在吴锋院士与谢嫚老师带领下，在北京理工大学和材料学院的支持下，将科研创新真正转化为推动社会发展的不竭动力，为我国智能电网的构建和清洁能源利用技术的发展奉献出北理青年学子的力量。

团队合影

二、用创新对抗熵增，以绿色回馈社会

Hyzinc团队组建初期，团队成员本科所学专业差别较大，分别来自环境工程、金属材料、高分子材料、木材科学与工程等多个研究领域，大部分学生对科研目的和科研历程了解有限，甚至在电化学理论知识以及相关实验操作上是一个彻底的"小白"。基于这一情况，谢嫚老师提出利用"结对子"的形式进行一对一交流，依靠高年级同学"传帮带"的作用，使双方互相监督学习，保持大家学习劲头的同时，营造了良好的科研氛围。深夜的5号楼、长明的白炽灯以及不停运转的蓝电设备见证了成员们在一次次的失败和重来中建立起属于自己的科研思维的过程。

闭门造车只能固步自封，集思广益才能迸发灵感，因此，在吴锋院士的规划和谢嫚老师的组织下，一个充满自由与活力的学术交流平台应运而生。

在这个学术沙龙中,没有老师与学生的差别,大家都只是致力创新的研究者,只不过是有的研究者科研经历丰富一些,有的科研工作者科研生涯刚刚起步而已。在这个沙龙里,一些奇妙的、跨学科的,甚至有些天马行空的想法都可以畅所欲言。在这种思维的碰撞中,Hyzinc 团队开始对科研创新的目的进行深入的思考:目前锂离子电池暴露出的安全问题能否通过简单的电解液设计实现解决,现有的电池体系是否能够满足未来智能化社会对电池的个性化要求,我们又应该从何下手,如何做起?

经典电化学理论指出,电池中发生的化学能到电能的转换依靠的是电极在放电过程中发生的氧化还原反应。对于传统电极材料而言,由于反应的不可逆性,电极材料在这一过程会被不断地消耗,因此,该能量转换过程实际上是一种不可逆的熵增过程,极大地限制了电池的能量密度与循环寿命。20 世纪中后期,国外的研究者率先提出了"离子电池"的概念,这一体系电池的反应机制依靠的是碱金属离子在正负极层状材料中可逆地嵌入/脱嵌实现化学能和电能的可逆转换,实现了在能量密度、循环寿命等多个性能指标上的跨越式突破,这就是我们今天使用的锂离子电池的基本反应原理。尽管锂离子电池在多个方面取得了突破,但是,随着实际应用对电池能量密度和安全性的要求越来越高,研究者开始探索更加多样化地提高电池性能的反应体系。

2002 年,吴锋院士团队首次提出采用轻元素、多电子反应体系实现电池能量密度跨越式提升的创新思路,在电极材料设计、界面调控以及反应体系构建等多方面拓宽了电池研究的格局。基于这一思想,Hyzinc 团队发挥课题组在电极材料结构设计、形貌调控以及界面优化上的科研优势,专注于高性能、低成本新体系电极材料和电池体系研究,先后对有机系钠离子电池、水系钠离子电池以及水系混合锌离子电池展开了深入的探索。在钠离子电池研究中,通过材料调控手段的创新,有效地解决了传统普鲁士蓝材料中普遍存在的结构缺陷和结晶水多的难题,实现了高性能钠离子电池正极材料的难点突破,生产出比容量高且循环稳定性强的钠离子电池普鲁士蓝正极材料,在有机系及水系钠离子电池中均展现出优异的电化学性能。这一研究过程中,不同电解液体系对电池成本、安全性以及环境友好性带来的显著影响引发了团队成员对于绿色高效且具有实用意义的电池体系的思考。

于是，Hyzinc团队通过将具有多电子反应特征的锌离子电池与安全性高的水系锂离子电池有机结合，设计了一种高性能、低成本、高安全性的水系混合锌离子电池。水系二次离子电池体系使用具有不燃性的水系电解液，从而大大降低了安全问题产生的可能性。此外，水系电解液的高离子电导率和低成本在提高电池快速充放电性能的同时降低了电池的成本。在电池关键材料的研究上，团队通过一种简单高效的制备手段，合成了具有可规模化生产的锰酸锂复合材料，材料在比容量和循环稳定性上均实现有效提升。并且，团队在电解液上的创新更是克服了传统水系电池中的胀气问题。因此，Hyzinc生产的水系混合锌离子电池实现了远超铅酸电池的能量密度，且成本相对锂离子电池降低30%以上，是一款真正具有市场化和规模化意义的新型电池产品，对于水系高性能二次电池的商业化更是具有里程碑式意义。

目前项目现有成果成功申请一项国家重点研发计划项目，发表SCI一区论文30余篇，申请发明专利10余项，已获授权4项，拥有软件著作权3项。此外，团队通过与比亚迪、鹏辉能源、恩力能源等知名企业开展合作，对水系混合锌离子电池的储能模块设计、光储充一体化系统进行试点应用，旨在通过科技创新的力量，实现能源利用的高效化和清洁化的愿景，让每个人在未来都能够尽情享受电力带来的便利。

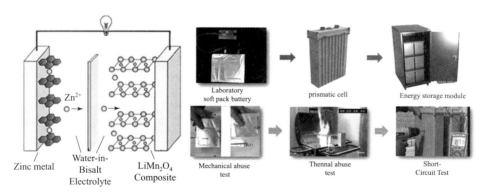

Hyzinc团队研究内容

三、以需求引导科研，用实践探求真知

一所学校或企业部门单独实现科研成果转化的道路十分艰难，对于材料学研究而言，实验室科研往往与实际应用存在一定距离，由于难以把握市场需求的变化，部分优秀的实验室科研成果很难转化为商业化的应用性技术或者产品，从而限制了科研创新对社会发展的推动力度。意识到这一问题以后，Hyzinc 团队在成立初期就始终强调对新能源技术市场需求的调研，将科技成果转化和市场需求有机结合起来，同时借助近年来学校和企业逐渐加强的相互合作以及谢嫚老师与企业的积极联系，指派团队成员到相关企业学习实践，同企业技术人员、销售人员进行充分的交流，了解技术难点、分析市场产品需求。同时，要求成员每年至少参加一次相关领域产业发展会议或科技成果转化大赛，加强每个人的科技创新成果与企业市场对接意识。

在此基础上，团队对大规模储能和低速电动车市场的市场需求、市场容量、关键技术问题以及政策条例进行了深入的分析。市场调查数据显示，到 2025 年，我国的电网侧调频和削峰填谷的储能需求预计达到 5.8 吉瓦，风电和光伏储能需求总量将超过 90 吉瓦。与此同时，我国低速电动车产业也在飞快发展，到 2025 年全国低速电动车销量预计达到 266 万辆。以上这些共同构成了我国对于大规模电化学储能装置的刚性需求，到 2025 年，市场总额据估算约为 305 亿元，市场容量十分巨大。然而，大规模储能领域市场还存在着诸多痛点亟待解决。例如，应用于大规模储能领域的电化学储能装置应具有高安全、长寿命、低成本、环境友好等特点，其中最为重要的是兼顾性能与成本；然而，目前市面上常见的电化学储能装置如锂离子电池、铅酸电池等，在大规模储能领域都存在着显著的缺点。例如，锂离子电池虽然能量密度高，但是电芯成本过于高昂，作为原材料的锂金属更是产地分布不均，价格波动极大。同时大规模的锂离子电池装置的安全性也存在着隐患，使用锂离子电池作为储能装置的电动汽车和手机等应用均出现过严重的自燃现象，给人们的生命和财产安全带来了危害。若应用于大规模的储能中，一旦出现安全性问题，后果将不堪设想。铅酸电池也是目前常见的电化

学储能装置之一，虽然其价格低廉，符合大规模储能装置的要求，但是循环寿命较低且能量密度较差，更换频率的提高反而抬高了成本。而且铅酸电池的电解液和电极材料对环境和人体都有危害性，大规模应用不利于生态环境保护。

无论是钠离子电池还是水系混合锌离子电池，其在电池能量密度、成本以及环境友好性上均体现出良好的应用前景。尽管在实验室条件下的研究已经取得良好的成绩，但是历史已经证明，一种技术或者一种产品能否实现产业化，能否真正转化为推动社会生产力进步的工具，一定要经过市场的检验。因此，在将科研问题与市场导向相结合的研究思路的指导下，Hyzinc团队始终坚持以解决社会需求为目标的攻坚方向，在电极材料放大化生产、电池组装工艺以及储能模块构建等方面积极与业内知名企业进行交流合作。团队先后前往宁德时代、比亚迪、鹏辉能源等公司进行交流学习，并且聘请相关企业研发部门技术骨干作为技术指导，深度参与团队的项目研发之中。此外，Hyzinc团队还先后前往山东青岛、江苏溧阳以及四川成都等地参与企业交流，深入分析了该体系电池在规模化生产条件上的可行性、目标市场的需求情况以及市场的投资意向，为之后的电池的核心专利申请以及关键的产业化步骤积累了宝贵的经验。

在水系混合锌离子电池的研发过程中，团队数次前往清华大学（固安）中试孵化基地，与研发工程师进行交流。在这一过程中，团队成员发现，水系二次离子电池在循环稳定性以及循环寿命上一直存在明显短板，同时，实验室条件下不太明显的胀气问题在工业化放大之后马上转变成限制电池循环寿命的最大阻碍。就上述问题的解决，团队在结合实验室科研结果的基础上与工程师进行了反复的研讨。团队从界面和电解液两个方面入手，利用创新结构的设计制备了锰酸锂复合材料，实现了比容量和循环稳定性的有效提升。此外，通过一种极具创新性的"water in bisalt"的电解液设计，有效克服了低电流密度下的胀气问题。团队还在工业化生产条件下对该电池体系进行整体的放大和测试，有效验证了水系混合锌离子技术从实验室走向工厂的可行性，最后甚至对电池进行了极端的安全性测试（火烧、针刺实验等），证明了该体系电池的本征安全性，为下一步的商业化尝试打下了坚实的基础。

Hyzinc 团队参与学术讨论

四、用拼搏开辟道路，将青春化作乐章

目前，我国高校科技人力资源总量投入巨大，然而能大面积推广并产生经济与社会效益的科研成果以及专利项目较小。2000年以来，我国高校专利发明申请量占全国总量的11.7%，但是经济效益不高。相比之下，美国高校在该国专利申请量中只占4%，但专利许可费收入占12%，每年收益超过10亿美元。造成这种情况的很大一部分原因是我国对现有研究生的科技成果转化能力培养不足。因此，对于研究生而言，创新创业比赛体现的不仅是每个人的综合素养和科研创新思维，更考验成员之间团结协作、协商解决问题的能力。从一群学生到一个科研的创始团队，这中间需要走过太多不平坦的路途，如果没有积极进取的勇气，如果缺乏团结一致的合作，如果抛弃了科研的初心，任何一个团队都难以走到最后，科研成果的转化也只会半途而废，我国的科研创新基础也并不会真正获得提高。

正是在这样的情况下，Hyzinc 团队在谢嫚老师指导下，始终着眼于填补大规模储能领域电化学储能装置的市场空白，致力于新型高性能、低成本、高安全性的电池体系的研发工作。从2017至今，由谢嫚老师亲自领队，团队先后参加了多项创新创业比赛。团队从最基础的商业计划书撰写开始学习，一步步了解产品的市场调研过程，明确关键的股份分配问题，并不断地打磨队员的演讲能力，在一次次模拟答辩中接受来自投资人评委的"质问",锻炼了演讲者强大的心理承受能力。在比赛中,团队遇到的最大的问题就是如何将自己的产品与技术用简单易懂的言语介绍给行业外的投资人和评委,这一问题在与"互联网+"国际赛道的竞争中体现得尤为明显。为解决这一难题,团队成员开启了"头脑风暴"的模式,提出了各自的观点,最终成员们用更加简洁凝练的语言对核心技术进行归纳,增加图形化的语言表达,强调与同类产品的对比,用更加直观的方式说明了产品核心技术在性能和安全性上的优异表现。正是凭借着这种团结一致又锲而不舍的精神,成员们在一个个不眠的夜晚和一次次失败中不断成长,PPT 的改动版本,内容多到需要以"G"为单位来计算,路演的逻辑思路也先后数次推翻,直到比赛前一夜成员们还会为了一些细节的改动而产生争论。总而言之,比赛的一路上充满了酸甜苦辣,但是这也是这些经历令人难忘的缘由。青春本就是充满朝气与活力的,他们则用脚踏实地的拼搏书写了属于北理学子的青春乐章。

"锲而不舍,金石可镂。"在持续的科研攻关与竞赛磨炼之中,Hyzinc 团队在近 4 年的时间里斩获国家级、省(市)级、校级共计 14 个奖项,相关新闻被今日头条、东方财富等主流媒体报道,并先后两次获投资方约谈。最为重要的是,团队在 2020 年一年内实现了"丰收",不仅成就了材料学院在中国国际"互联网+"大学生创新创业大赛国际赛道金奖的突破,还荣获了北京地区高校大学生优秀创业团队一等奖、"挑战杯"首都大学生创业计划大赛铜奖、"世纪杯"北京理工大学创业计划大赛银奖等多项殊荣。此外,团队还先后应邀参加了青岛国际院士港协同创新成果展示与对接合作研讨会,以及成都校友科技创新成果展,在两次路演中均获得了媒体、企业、校友以及政府部门的一致好评。

通过参加创新创业大赛、商业路演等活动,学生的科技成果转化与宣传的能力得到了有效的锻炼。团队的凝聚力、执行力以及协商解决问题的能力得到显著提升。Hyzinc 团队的成功不仅是老师和成员们努力的结果,同时也是北京理工大学在人才培养方案上创新建设的最好体现。在未来相信会涌现出更多的优秀创新创业团队,发挥北京理工大学在应用科研领域的优势,推动科研成果向市场应用的转化,推动整个社会的创新体系建设,让北理人的青春乐章奏响在祖国的每一个角落。

Hyzinc 团队参与双创竞赛

五、结语

　　随着中美在高科技领域的竞争逐渐白热化，我国在一些关键领域的短板逐渐暴露，一些"卡脖子"问题成为研究者关注的焦点。在这一历史发展的关键时刻，我们必须认识到，一个国家科研水平和创新能力将在未来直接影响其在国际标准制定以及国际事务中的话语权。新能源技术作为决定社会智能化发展程度的核心技术，必须要通过不断的科研创新和成果转化建立起相对优势，从而取得在这一领域的国际主导地位。面对这一挑战，Hyzinc 团队将始终秉持以科研创新服务社会发展的初心，以社会需求为导向，把科学问题与实际生产相结合，通过一步一个脚印的科研积累推动新型电池体系的发展，发扬团结一致、敢于拼搏的团队精神，将青春的汗水挥洒在祖国的土地上，以实际的科技转化力量推动清洁、高效、智能化社会的发展与进步。

不忘初心路,奋进新征程
——北京理工大学材料学院思政工作纪实

创新,突破,永不言弃!
——北京理工大学材料学院"水火有腈"团队创新创业故事

他们心系社会、立志科研,在耳闻目染了社会生活中真实存在的火灾事故后,立志减少新能源领域火灾事故的发生,为国家的公共安全事业作出自己的贡献;他们潜心钻研,三年磨一剑,最终在国际上首次实现了聚磷腈类阻燃剂的固相反应技术;他们还齐心并力,砥砺前行,努力促进科研成果的产业化升级,积极参与各项大学生创新创业比赛,并屡创佳绩,先后获得2020年北京地区高校大学生优秀创业团队二等奖、北京市"互联网+"大学生创新创业大赛二等奖,第六届中国国际"互联网+"大学生创新创业大赛金奖的好成绩,刷新了北京理工大学材料学院的最好成绩……

"水火有腈"团队合影

他们就是来自北京理工大学材料学院的"水火有腈"团队,这支敢闯敢当,特立潮头,心系公共安全的团队由张志达、刘霖靖、李雪利、刘奔奔、侯博友 5 位硕士研究生组成，由北京理工大学材料学院的潘也唐老师带领，在阻燃中心杨荣杰和李定华老师的指导下，立足于北京理工大学国家阻燃材料工程技术研究中心、国家阻燃材料与制品质量监督检验中心，经过 3 年的刻苦钻研、不懈努力，利用国际首创的固相反应和高分子同步致孔技术，合成出可应用于新能源汽车领域的，阻燃、防水性能兼备，综合性能优异的新型聚磷腈防水阻燃剂，为阻燃材料科研领域以及整个社会公共安全贡献了属于他们自己的一份力量。

立志科研：解决社会安全问题

近几年，新能源汽车自燃的事件时有发生，这也是人们购买新能源汽车最为担心的问题。导致新能源汽车火灾事件的主要原因是汽车及其充电桩等配套设施中，其组成大部分是高分子材料，极易燃烧。同时在汽车轻量化技术的不断推动下，高分子材料的占比越来越大，因此其阻燃性能已经成为新能源汽车稳步发展的关键问题之一。

2017 年 7 月 16 日，还在马德里理工大学攻读材料学博士学位的潘老师亲身目睹了一场新能源汽车的火灾事故：一辆行驶过程中的汽车，突然发生意外自燃，虽然车内两名乘客在死神面前逃过一劫，但均受到了不同程度的烧伤，汽车也因此完全报废，无法继续使用。后期相关部门的调查结果表明，此次事故是由于车内电线短路引燃电子元件等材料造成的。

这次经历深深地触动了潘老师，这也让潘老师意识到，新能源汽车市场对高效阻燃材料需求的迫切性。然而潘老师也有一个疑问：虽然根据国家相关规定，用于新能源汽车领域的各种电子元件材料在应用前需要经过阻燃处理，理论上来讲，汽车零部件，尤其是电子元件，都是经过严格测试，满足国家相应安全标准的，但为什么新能源汽车自燃事件仍然层出不穷呢？

这就不得不提到汽车用塑料部件的阻燃剂市场问题。目前广泛应用于新能源汽车领域的阻燃剂主要包括三类：卤系阻燃剂、无机阻燃剂和磷系阻燃剂。卤系阻燃剂主要包括四溴双酚 A、十溴二苯醚和八溴醚等，虽然卤系阻燃剂在阻燃性能方面具有优异的表现，但这类阻燃剂存在严重的环保问题，在燃烧过程中会产生大量有毒有害的气体，正逐渐被各个国家限制使用。比如欧盟 RoHS 法规中规定，将于 2021 年大幅度禁止含卤阻燃剂在电子电气设备中的使用。因此随着人们环保意识的加强，大部分卤系阻燃剂必然会退出市场。另外两类应用广泛的阻燃剂中，无机阻燃剂阻燃效率较低，只能通过提高添加量去弥补阻燃效率的缺陷；而磷系阻燃剂虽然阻燃效果较好，但是价格高昂。同时，无机阻燃剂和磷系阻燃剂存在因吸潮失效而造成严重的性能损失的问题，这成为限制其应用的主要原因。新能源汽车的充电桩长期暴露于户外，风吹雨淋的户外环境对阻燃剂的持久效力造成了巨大的挑战，而新能源汽车除了面临雨水冲刷问题，日常的洗车以及涉水也加快了阻燃剂的吸潮失效。人们在高速运行的汽车中处于封闭环境，阻燃剂一旦失效，其造成的火灾隐患极有可能造成严重的后果。

同时，全球新能源汽车行业已经进入高速发展阶段，在联合国可持续发展目标和中欧各国政府的政策支持下，新能源汽车将迎来爆发式增长，全球新能源汽车数量将在未来 5 年增加到 1800 万辆，而相应的配套设施，如充电桩等，数量也会随之大幅增加。2025 年新能源阻燃剂市场将达到 20 亿美元，这对每一个新能源汽车行业从业者来说，既是一个机遇，也是一个挑战。

在了解到这样的产品现状和市场环境后，潘老师对新能源汽车阻燃行业产生了浓厚的兴趣，这不仅仅与他常年的研究方向契合，更激发了他实现该行业技术突破的决心。潘老师看到了新能源汽车行业的蓬勃发展，也看到了新能源汽车行业在发展过程中的安全隐患。防患于未然，这正是每一个阻燃领域从业者应有的行业素养，潘老师决心在自己多年从事阻燃材料研究的基础上，研发一种无卤环保的防水阻燃剂，满足新能源汽车阻燃市场的未来需求。在之后半年多的时间里，潘老师大量阅读相关资料，对比了 30 余种现存阻燃剂，最终确定了自己的研发方向：新型聚磷腈类防水阻燃剂。

三年磨剑：新型防水阻燃剂成功合成

2018 年入职北京理工大学后，潘老师组建了"水火有腈"团队，继续进行新型聚磷腈防水阻燃剂的深入研究工作，立志实现相关技术的创新突破。

然而实验开展过程中，一个个技术难题逐渐暴露了出来。

团队首先面对的难题是原料的环境友好性问题。传统的聚磷腈类阻燃剂合成依赖于有毒的试剂，如：四氢呋喃、N，N-二甲基甲酰胺、吡啶、乙腈和三乙胺等，这些有机溶剂的使用，使得传统合成工艺长期饱受环境问题的困扰，不利于其工业化生产的进一步推进。

为解决这一行业难题，潘老师提出一种设想：尝试在合成过程中营造一种特殊的条件，不使用溶剂，使原料在固相中就能发生反应，避免因使用溶剂而造成的环境污染问题。在潘老师的带领下，团队搜集了大量的文献资料，在对海量的科研成果进行筛选后，团队发现了在反应釜中可以催化缩聚反应的相关报道，这进一步增加了潘老师设想的可能性。在这个思路下，团队选取不同反应物进行了多次试验，结果表明这个实验是可行的。

环交联磷腈类阻燃剂是以磷氮六元环为基础，可以通过与其他化合物发生化学反应，不同基团的引入能赋予阻燃剂不同的物化性质，从而制备具有特定性能的阻燃剂。然而潘老师并不想止步于分子结构的设计，立志于制备一种特殊微观纳米结构和化学分子结构共存的新型磷腈类阻燃剂，使其能够同时实现结构力学增强的作用和化学元素阻燃的效果。潘老师的思路一提出，就给团队成员造成了一定的困扰，合成一种特定的分子已经是很困难的技术攻关，在微观结构上进一步设计将会使工作难度进一步增大，特别是目前研究当中，并没有足够多的理论支撑。团队内部就实验设计产生了分歧，部分成员对实验的可行性提出了质疑，实验进度受到阻碍。

"水火有腈"团队在实验室

不过潘老师并没有急于要求团队成员立刻开展实验，而是希望他们先更多、更广泛地涉猎相关领域的文献资料，他曾说过："科研首先是开放大胆的实验设计，随后才能是扎实的实验操作。不要急于反对任何一个创新想法，科研就是为了将不可能变为可能。"潘老师不仅仅通过扎实的知识储备指导团队成员开展实验，更用坚强、创新的精神感染团队成员，不断进步，敢于突破。长达一个月的时间，团队成员一次次提出不同的设计思路，又一次次在尝试中推翻重来，在失败中总结经验，不放过任何一个微小的细节，终于总结出一条成熟的设计思路：利用三种前驱体进行固相反应，其中两种作为缩聚反应的单体而在一定的温度和压力下发生缩聚反应，另外一种反应物是嵌段聚合物，在合成过程中穿插于反应产物中，最后通过煅烧的方式去除，从而可以得到一种多孔、大比表面积的反应产物。团队成员尝试了十几种不含亲水基团且含有丰富阻燃元素的化学药品作为反应物，与六氯环三磷腈进行固相反应，不断调整合成实验的反应条件，稳扎稳打，对比表征和测试结果，最终筛选出了三种满足性能需要的反应物。

就在大家为科研进展取得突破感到欣慰时，新的问题再一次打击了团队成员。日常生活和工业生产中，真正应用于不同环境的高分子材料多种多样，阻燃剂被合成出来，但应用到不同的塑料材料中，却不能发挥理想的阻燃效应。

在尝试了多种高分子材料后，团队成员很遗憾地发现，添加新型阻燃剂后的阻燃制品不能体现出良好的阻燃疏水效果，这样的结果，给刚刚成功制备出新型阻燃剂的团队成员泼了一盆冷水。实验设计是有理论基础的，表征结果也证明阻燃剂成功合成了，可最终应用时却呈现出不尽如人意的现象，问题究竟出在哪里？这一次，团队成员众志成城，共同寻找解决方法。大家知道这是成功前的最后一关，一旦迈过这个关卡，最终迎来的将是坦坦大道。

排除了在实验设计和操作上的失误后，团队成员终于明白，问题出在嵌段聚合物的后处理上。前期因为过于着眼于磷腈和改性原料上，却忽略了为了形成多孔结构的嵌段聚合物，通过煅烧去除嵌段聚合物的方式破坏了反应产物的结构，而导致了最终不尽如人意的测试结果的产生。最终团队成员通过多次试验及总结，找到了一种易溶于甲醇的嵌段聚合物，通过淋洗的方式将其去除，从而在固相反应完成后，制备出带有多孔结构的聚磷腈阻燃剂，并使聚磷腈阻燃剂的比表面积远超同类型阻燃剂,最后实现了目标阻燃剂的制备。

在一次次实验挫折后,团队最终成功合成出新型聚磷腈防水阻燃剂。测试结果表明,团队合成的阻燃剂不仅阻燃效率高,疏水性强,对塑料机械性能的影响也满足市场的需求。同时,团队在合成工艺的改进方面,对聚磷腈类阻燃剂的工业化生产也起到了巨大推动作用。在总结了相关的实验结果后,团队将相关科研成果投稿在工程技术领域顶级期刊《Chemical Engineering Journal》上(影响因子大于10)并申请了两项国家发明专利,对这项国际首创的聚磷腈防水阻燃剂的固相合成技术进行保护,形成了有效的技术壁垒。

创新创业:从科研到产业的蜕变

习近平总书记强调:实现我国经济持续健康发展,必须依靠创新驱动。要深入推进科技和经济紧密结合,推动产学研深度融合,实现科技同产业无缝对接,不断提高科技进步对经济增长的贡献度。"水火有腈"团队积极响应习近平总书记关于"产学研深度融合"的号召,立志实现新型聚磷腈防水阻燃剂的产业化生产,在创造社会价值的同时,解决新能源汽车领域用阻燃剂长期存在的问题,为国家安全贡献自己的力量。

"水火有腈"团队进行产业调研

在学校及学院的鼓励与号召下,团队在了解到第六届中国国际"互联网+"大学生创新创业大赛的相关信息后,立刻积极报名。潘老师表示,创新创业大赛不仅仅是一次简单的学生活动,也将是新型聚磷腈防水阻燃剂迈向市场化需求的重要一步。潘老师鼓励团队成员要走出科研人员的身份桎梏，将眼光放到市场和社会的高度，以创新创业为起点，将科研成果真正转化成规模化产业。

正式决定参加比赛时，团队的产品刚刚完成实验室阶段的生产，成员们都清楚，这离满足产业化的需求的产品尚还有一段路要走。课题组杨荣杰老师和李定华老师鼓励团队成员，首先要对自己的项目有信心，阻燃中心除了在科研工作上，一如既往地对团队提供支持，也会在创新创业上扶持团队，以减少后顾之忧；学院领导王浩宇书记也表示，科研项目可以和创新创业工作同时开展，学院也会为项目的商业化孵化提供最大限度的支持。从校赛开始，到北京市赛、国赛，学校团委及学院学工处领导刘渊书记、车辉泉主任为团队组织了一次又一次的专家培训，在各方平台和领导的大力支持下，团队成员深感肩上担子的沉重。但团队成员化压力为动力，不负老师们的期待，日夜兼程，全力以赴，从行业调研到商业模式，从政策分析到未来公司的筹备，打磨每一个细节，矫正每一次思路。在一次次培训、路演中，团队逐渐摸清了参赛项目的脉络，不断完善进步，逐渐打造出一个令人满意的作品！

2020年，从5月份筹备创新创业项目开始，到11月参加"互联网+"总决赛金奖答辩，一路走来，作为从没有接触过创业项目的新生团队，"水火有腈"从零出发，牢记使命，也曾遭受过质疑和轻视，也有过挫折和困境，但团队从未轻言放弃。在获得市赛评委的认可后，团队百尺竿头更进一步，联系马德里理工大学及马德里先进材料研究院，打造了一个优秀的国际化创业项目。在潘老师的带动下，团队不把目光放在硬性标准上，而是力求做到出色。在商业策划书制作、视频制作和团队协作上，团队打造的是一支精益求精、有热血、有态度的团队，敢于乘风破浪、迎难而上，一路奔着最优秀团队的目标进发！

最终，团队在2020年第六届中国国际"互联网+"大学生创新创业大赛中，取得了总决赛金奖的好成绩，也首次实现了材料学院在该项赛事上的金奖零突破。但"水火有腈"团队知道，金奖只是一个美好的开端，未来绝不止步于此，将新型聚磷腈防水阻燃剂真正推广到市场应用，打造阻燃领域龙头企业才是最终目标。不忘初心，牢记使命，团队必将在更广阔的舞台展现风采，为国家科研事业崛起，民族产业兴盛作出更大的贡献！

敢闯会创，勇立潮头

——北京理工大学材料学院邓向星团队创新创业故事

百年"钴"基　工业根本

硬质合金是由高硬度的碳化物和黏结金属通过粉末冶金工艺制成的一种合金材料，其中主要以碳化钨为硬质相和钴为黏结相构成，因此具有很高的硬度、强度、耐磨性和耐腐蚀性。从1921年硬质合金被开发以来，由于钴和碳化钨良好的润湿性，钴基硬质合金一直使用到现在。硬质合金号称"工业牙齿"，主要用于切削工具、冲压工具与模具、采矿和筑路工程机械等领域。我国是世界上硬质合金产品最大需求国，也是世界上硬质合金产量最大国。2020年全球硬质合金产量约为11万吨，中国硬质合金产量占40%左右。目前全球约有600多家大型硬质合金生产商，其中国际著名的主要有瑞典山特维克集团、美国肯纳金属公司、以色列伊斯卡公司、日本三菱综合材料株式会社等公司，这些头部企业几乎垄断了硬质合金的高端市场，获得极大的经济利润。而中国企业株洲硬质合金集团虽然是世界上最大的硬质合金生产商，但是其产品销量主要是集中低端市场，导致量多而利润低的局面，其根本原因是无法实现高端硬质合金的制备和生产。我国是制造大国，每年对硬质合金产品需求极大，于是出现了中低端市场竞争激烈，小规模企业众多，产业结构和产品结构不合理，生产设备落后，技术含量低等问题。

不忘初心路,奋进新征程
——北京理工大学材料学院思政工作纪实

五年"钴"情 矢志不渝

2015年邓向星在马德里卡洛斯三世大学读博士,他与钴"纠结"了整整五年,钴基硬质合金代替性材料(产品)是他的攻关课题,五年里,他孜孜不倦,废寝忘食,同事调侃他是"执拗的中国人"!最开始邓向星在实验中制备硬质合金显微组织照片中,发现一些黑色的小圆圈,而且这些小圆圈几乎存在所有的样品中。于是他向他的博士导师求助,导师看了显微组织照片一眼,毫不犹豫地告诉他这是缺陷空洞,会降低硬质合金的使用性能。一开始邓向星相信了博士导师的话,但是随着实验进行,他发现这些小圆圈可以均匀地分布在硬质合金里面,并且此时样品的致密度已经到达了100%,不可能是空洞。邓向星把这些证明材料拿给博士导师请教,但是她还是坚持自己原来的意见,告诉邓向星这些她以前看过很多遍了,虽然"孔"能均匀分布,让她也有点惊讶,但是她还是坚持认为这些黑色圆圈是空洞。两个人为此争论了半天,谁也不能说服谁。虽然邓向星的博士导师相对开明,但是和导师意见相左并且激烈地争论,甚至拍桌子不欢而散,也让邓向星承受了不小的压力。但是邓向星没有选择放弃,而是继续投入实验当中,通过更加详细的实验数据来证明自己的结论。而邓向星之所以选择"钴"作为自己的攻关课题,是因为钴基硬质合金几乎在所有的工业领域及资源开采中不可或缺,一方面其具有一定的致癌性,另一方面因战略稀缺性成为一种"贵金属",价格波动很大,因此研究"钴"的替代性材料有着极大的市场价值和国家安全战略性意义。而从性能角度出发,在传统钴基硬质合金(WC-Co)在制备过程中,不可避免地发生碳化物(WC)晶粒"长大",从而降低了硬质合金的硬度和耐磨性能,钴基硬质合金代替性材料可以有效改善这一性能短板。

邓向星从理论论证到模拟实验,再到实验验证,一路走来,真的坎坷!第一次攻关以失败告终。邓向星以前都是通过大量的实验结果,来实现成分和工艺的优化的,这个过程费时也费力。邓向星深知计算模拟是未来材料发展的趋势，甚至结合人工智能和大数据，能供更加节约人力成本，实现全自动化的新材料研发。但是从头脑上的意识到具体的学习和实践是一个充满坎坷的路途。第一是需要有设备，模拟软件和电脑都比较昂贵，由专门的人员负责管理，每周一系统开放，通过预约使用，每个人每两周最多使用一次，一次使用不能超过一天。第二是需要有人教授，在接触一个新的软件初始阶段，如果有师傅领进门，那么学习的过程会顺利很多，仅靠自己一个人去摸索和尝试，很枯燥也容易走进死胡同，从而丧失进一步学习的兴趣。当时在这个两个条件都不充分的时候，课题的研发进度非常慢。邓向星仍然很清晰地记得那天是 2017 年 12 月 25 号圣诞节，所有的同事都回家过节，因此软件和电脑都空闲下来了，邓向星高兴不已，那天夜里当身边所有人都沉浸在快乐的节日氛围中时，他一个人默默地加班，通过模拟计算去验证自己的想法。

在攻坚的过程中，邓向星也曾想放弃，焦灼、痛苦、压抑、不甘，整个人甚至濒临崩溃的边缘。他向导师请假，选择一个人徒步走完 800 多公里的朝圣之路，历时 27 天，在这个让自己的身体不断前行、思想却放松下来的过程中，对于课题研究、科研之路，他都有了新的认识。经历调整后的邓向星回到实验室潜心研究，成功通过 X-ray 射线和透射电子显微镜证明黑色的小圆圈不是孔洞，而是铬的氧化物。在无可挑剔的实验结果面前，邓向星博士生导师也认可了他的结论，使得实验进度又向前推进了一大步。邓向星还记得他博士生导师对他说的话，"在这个领域，你已经远远地超过了我。"这是对于邓向星的认可。但对于邓向星来说，掌握的知识技术越全面，也意味着自己身上的责任更重，在东方的祖国，始终是邓向星内心的牵挂。结束博士学位的求学之旅，邓向星毅然决然地带着与'钴'相爱相杀五年的科研技术，回到祖国，成为一名祖国的科研工作者。

"铬"取代"钴"

回国后，邓向星加入北京理工大学材料加工系，同时也是北京理工大学重庆创新研究中心（重庆两江新区）的一员，在冲击环境材料技术国家级重点实验室王扬卫老师的指导下，在第六届中国"互联网+"大学生创新创业大赛国际赛道总决赛获得金奖。邓向星团队将粉末冶金技术和热力学模拟技术相结合，开发出新型纳米级铬基硬质合金材料。与传统钴基硬质合金钻头相比，该铬基硬质合金钻头具有更优异的切削性能、更长的使用寿命和更低的生产成本，可以广泛地应用在PCB和高硬度金属、医疗设备的加工以及要求高耐磨和高耐腐蚀的结构材料中。

邓向星参与双创竞赛

这种成功并不是一蹴而就的，在科研初期遇到了很多困难，实验结果迟迟达不到预期，一切都要感谢坚持。

而未来还有很长的路要走。这种新型铬基纳米硬质合金的优越性主要在于降低成本和提高使用寿命，创新只是第一步，要实现习近平总书记的号召"推动产学研深度融合，实现科技同产业无缝对接"，还需要集中解决量产和品控问题，邓向星及团队积极寻求企业合作，向工业化技术不断探索，心怀家国之信念，可期闪耀之未来！

北理工人　永远向前

习近平总书记指出："一切向前走，都不能忘记走过的路；走得再远、走到再光辉的未来，也不能忘记走过的过去，不能忘记为什么出发。"为中国人民谋幸福，为中华民族谋复兴，是中国共产党人的初心和使命，也是激励一代代科技工作者前赴后继、为国奋斗的根本动力。青年一代有理想，有本领、有担当，国家就有前途，民族就有希望。作为科技工作者，科技报国是时代的号召，也是时代的眷顾，敢闯会创，勇立潮头，相信在不远的未来，这种新型合金将在实际应用中大放异彩！

（文：杨漾）

精抛细磨指间跃，工匠精神心中铸
——北京理工大学材料学院"金材决研"团队故事

金相大赛感悟

金属材料应用广
相变转化奥妙多
大道至简忆初心
赛场谱就师生谊
匠心独运真功夫
砥砺前行砂纸上
磨炼毅力增韧性
抛光腐蚀见精微

全国大学生金相技能大赛最初是由清华大学、北京科技大学、天津大学、国防科技大学、昆明理工大学、重庆大学、东南大学、中南大学、湖南大学、上海应用技术学院等高校联合发起的一项大学生赛事。

第一届全国大学生金相技能大赛于 2012 年 12 月在北京科技大学举办，此后每年举办一届。2015 年 8 月，教育部高等学校材料类专业教学指导委员会正式发文，决定作为大赛的主办单位对大赛的组织工作进行具体指导。自此，全国大学生金相技能大赛成为一项得到教育部有关部门认可的全国性大学生赛事。2020 年 2 月 22 日，中国高等教育学会发布 2019 年全国普通高校大学生学科竞赛排行榜，全国大学生金相技能大赛被正式纳入排行榜，

"金材决研"团队参加"徕卡杯"第八届全国大学生金相技能大赛

成为排行榜内 44 个竞赛项目之一。目前,该项赛事已经成为材料类专业规格最高、制度最健全、覆盖面最广、影响力最大的一项赛事。

北京理工大学 2015—2020 年参加全国大学生金相技能大赛以及中国体视学学会金相与显微分析分会主办的全国高校大学生金相大赛,累计获奖 28 项,其中特等奖 1 项,一等奖 2 项,二等奖 9 项,三等奖 12 项,优胜奖 3 项,"我与金相大赛"征文一等奖 1 项,程焕武和王琳老师获得优秀指导教师奖 8 项。材料学科是有着较强实验性的学科,通过金相大赛以赛代训的形式培养学生的金相技能及实验动手能力,培养静心专注的"工匠精神"。

初识金相:材料人的基础手艺,科研人的必备心态

2019 年 7 月 25 日至 30 日,"徕卡杯"第八届全国大学生金相技能大赛在江苏常熟成功举办。来自全国 255 所高校的 765 名选手和 500 余名指导教师参赛，参赛人数及规模均创下历史新高。

早在2019年4月，北京理工大学就展开第二届"材料杯"金相大赛暨第八届全国大学生金相技能大赛选拔赛工作，经过层层选拔，最终马越、谷珺昳、李方萍3名同学脱颖而出，组成"金材决研"团队代表学校参加全国大赛。他们在程焕武、王琳、王迎春和刘娟老师的指导下，精心制备每一个样品；经过刻苦训练，尤其是暑假期间集训，突破难关，解决遇到的每一个技术细节问题。最终经过6场紧张激烈的角逐，马越同学和谷珺昳同学获得二等奖，李方萍同学获得三等奖，为北京理工大学赢得荣誉。

而他们与金相的故事开始于……

"唰——唰——唰——"

从金相制备室中传来试样与砂纸接触摩擦时的声音，不紧不慢，节奏稳定，颇有一种气定神闲的悠然姿态。虽然这声音是两种材料间的相互磨砺，并不能算得上"悦耳动听"，甚至可以说些许刺耳和乏味，但是当这种声音执着地一遍又一遍响起时，反而令人不自觉安定下来，仿佛这小小的试样本身附着一种信念与追求。这是谷珺昳同学与金相制备技术的初次相遇，简单却又带着些特殊的意味。

2018年9月，材料科学与工程专业的小学期，这是继专业分流时的学科宣讲后，谷珺昳同学第一次走进材料学院的实验室，近距离亲身接触材料相关的设备，学习材料相关的基本实验技能。毫无疑问，作为一名材料人，尤其是作为学习金属与无机非金属材料的"材子材女"，首先需要学会的技能就是"金相技术"。这项技术不需要昂贵的设备，不具备复杂的工艺，也没有高深的原理，它只需要几张砂纸、一方抛光台、些许腐蚀液和操作者的一双手。当然，必不可少的关键要素，是操作者的专注与认真。

金相技术，全称为"金相试样制备与显示技术"，顾名思义，是通过对试样进行制备和显示，获得其金相组织，并进行金相分析的一种技术。金相试样制备是通过取样、磨光、抛光、侵蚀等步骤，使材料成为具有金相观察要求的过程，是检验分析材料的手段之一，旨在揭示材料的真实结构。

金相技术是专业基础实验的基本方法，也是金属材料研究和工业检验常用的方法。金相技术作为金属材料研究和检验手段，要追溯到100多年以前。1860年索拜开始运用显微镜研究和检查金属内部的组织；1864年他在历史上第一次发表了金属显微组织的论文；1916年在美国材料试验学会（ASTM）的会议上，第一次确认光学显微镜是研究和检验金属材料组织的有效手段。此后随着金属材料的发展和研究的需要，光学显微镜本身、照明系统和金相试样制备方法与设备等方面都有了很大的改进和发展。目前金相技术是广泛应用的材料研究和检验方法；各国材料检验标准中，金相检验都是物理检验的重要项目。

在小学期的实践活动中，谷珺昳同学跟随着老师的指导，学习如何制备金相。最开始，听着老师的介绍，金相制备似乎是一件很简单的事情——仅仅磨光、抛光、腐蚀、观察四个步骤，用一些简单的工具就能实现。但真正上手时，才发现并非她想象中那么简单。磨光时的角度、力度、速度，抛光时的一张一弛、一松一紧，腐蚀时的分秒必争、毫厘之差，都会对试样的金相组织显示造成千钧般的影响。只有在反复的练习中寻找手感，在枯燥的磨制中保持沉静，在刺耳的噪声中专注自身，最终才能制备出一份漂亮的金相试样。

在练习过程中，谷珺昳逐渐了解到，金相试样的制备只是一名材料人进行实验时最为基础的一步，查看金相组织也仅仅是评估一种试样的基本属性的角度之一。但同时，它也是每一个材料人踏上征程永远不会缺席的一步，每一个材料人在刚刚接触材料的微观结构时，都不会缺少这一项技术的锻炼。指导老师告诉她，这项技术的练习，不单单是为未来的实验打好基础，更重要的，是在这种练习中锻炼出一份沉稳的、不急不躁的、稳扎稳打的心态。在未来的诸多实验中，有许多都是在忍受漫长的孤独之后，才能最终获得那份绚烂的成果。如果没有这种追求卓越、精益求精、脚踏实地的态度，无论是进行什么研究，都很难抵达成功的彼岸。

这番话被谷珺昳深深记在心中，也让她对金相技术产生难以言喻的心情。正是这样的心情，让她与金相大赛结缘。

不忘初心路，奋进新征程
——北京理工大学材料学院思政工作纪实

潜心钻研：浑然不惧迎艰难，全力以赴向国赛

"金材决研"团队参加"徕卡杯"第八届全国大学生金相技能大赛

  训练地点在北京理工大学中关村校区实验室，而谷珺昳同学身处30公里外的良乡校区，李方萍和马越两位同学也正值保研准备阶段事务繁忙，三位同学利用自己的课余时间，抓住一切机会前往实验室进行单独训练。7月初，团队开始集体训练，这个过程是艰苦的，也是充实的。

  在集体训练的时间里，三位同学需要每天上午在金相制备室磨炼自己的技术，下午进行总结反思，以保证当天训练的有效性，并为第二天的训练做好理论准备。在短短二十多天里，三位同学需要快速掌握球墨铸铁、纯铁、20钢的不同特性，并根据自己的制备习惯调整每一道工序的力度、时间、程度等等，以保证每一种试样的每一道工序、每一个细节都尽善尽美。一个试样的制备时间是40分钟，一天最多完成6个试样，25天

就是 150 个试样。每一次的制备机会都很珍贵，每一次的失败都需要格外重视。

"金材决研"团队赛前培训

当时的金相制备室没有空调，制备室在酷热的夏日中显得格外闷热，充满了令人难以忍受的暑气，本就单一枯燥的金相制备过程在这样的环境下更容易使人心烦意乱。但是三位同学并没有被这样的条件打败，反而极为专注于手上那方小小的圆柱状试样，以认真严谨的态度对待每一次训练的机会，对待每一个未经打磨的原始样品。

由于集训的时间比往年短了近一个月，三位同学需要在很短的时间内适应训练的高强度节奏，掌握以往两个月的训练内容，这在精神上的辛苦程度可以说是前所未有。除了时间紧、任务重的问题，在集训中还出现了一些金相组织的"意外情况"。往年训练时，最难以解决的是组织上的划痕问题，但这一问题在本次训练中却轻易从技术层面上解决了。反而是诸多奇怪的现象，困扰了三位同学许久：球墨铸铁的组织上总会出现莫名的脏污，纯铁的组织中总会因为力道偏重而出现假相，20 钢上总会在抛光过程中出现一串飞溅状坑点……这些金相组织上的难题在往年从未出现过，因而也没有相应的解决方案，只能依靠三位同学不断"试错""总结"。最终，在大量对比试验的探究下，在无数试样砂纸抛光膏的消耗下，在不断倾注心力和精力的努

"金材决研"团队比赛现场

力下,三位同学和老师齐心协力,最终还是全部找出了原因所在,给出了解决方案。

集训,不仅仅只是为了一场比赛所做的准备,它仿佛变成了一项重要的课题,而三位同学和老师便是攻克难关的研究人员。海量的数据记录,海量的控制变量图样比对,铺天盖地席卷而来,仿佛令人窒息,最终却只凝练为短短几行的成果。这不就是一个科研人员、一项科研课题的心路历程吗?或许在外人看来,这些研究只是在前人的文献基础上做出微小的探索,给出了简短的结论,但除了科研人员自己,没有人知道究竟多少心力付诸其中,多少思考灌注其中。

工匠精神:精益求精高品质,科研报国唯炼心

2019年7月25日至30日,"徕卡杯"第八届全国大学生金相技能大赛在江苏常熟如期举办。材料学院程焕武、王迎春老师率三位同学组成参赛团队抵达常熟理工学院。台上一分钟,台下十年功。经过6场紧张激烈的角逐,北京理工大学代表队取得二等奖2名、三等奖1名的优秀成绩。

第六章 奔涌的后浪

当然，比赛只是一种检验考核的方式，它并不意味着"金材决研"团队对金相技术的钻研探索到此为止。相反，通过比赛所培养的金相技能及实验动手能力，以及通过比赛所得到的各位选手之间的相互交流，这些潜在的收获将大大帮助同学们未来的科研道路。

他们学到的，是执着专一的科研精神。金相技术的训练过程是枯燥的、单一的、重复的，这与材料人在科研中的经历很是相似。耐得住寂寞，才能成就伟业。材料人在金相制备的过程中，学到的是技能，也是科研精神。如何在平淡乏味的过程中坚持不懈，如何在枯燥无聊的事情中找到细小的乐趣，这便是执着专一的科研精神。

他们学到的，是精益求精的工匠精神。金相制备看似是一件简简单单的小事，可"想要做到"很容易，"想要做好"却大不易。材料人在金相制备的过程中，学到的是技能，也是工匠精神。一屋不扫，何以扫天下？将每一件简单的事情做到极致，这便是精益求精的工匠精神。

他们学到的，是愈挫愈勇的奋斗精神。金相组织十分脆弱，在制备过程中只要出了一点小差错，就可能对组织造成极大的破坏，往往很难一次性将金相试样制备成功，时不时便会在漫长的制备后得到一个令人失望的结果。但"逆商"是人生路上不可或缺的一部分。材料人在金相制备的过程中，学到的是技能，也是奋斗精神。人生如逆旅，我亦是行人。人生从不会一帆风顺，科研亦然，材料人不会被压垮，而是在一次又一次的挫折中逐渐成长，这便是愈挫愈勇的奋斗精神。

在金相被机器抛光时，团队优员也在被时间打磨、抛光，越来越严谨，越来越成熟。每一个经过制备的试样都独一无二，每一个经过磨炼的"材子材女"也同样独一无二。而正是这些独特的经历，使"材子材女"们一步步成长，逐渐变得沉稳，逐渐变得踏实，心怀家国天下，投身学术科研，成为严谨的具有新时代工匠精神的优秀材料人！

（文：程焕武、谷珺昳）

博观而约取，厚积而薄发
——北京理工大学材料学院优秀学生杨珏莹成长故事

杨珏莹（左二）参加双创竞赛

杨珏莹，北京理工大学材料学院2019级博士生。本科同样就读于北京理工大学材料学院，获得北京理工大学最高荣誉奖学金徐特立奖学金、三次国家奖学金、周发岐科技创新奖学金特等奖、"创青春"全国大学生创业大赛银奖等二十余项荣誉。曾任化学与化工学院微尘志愿者协会副主席、材料学院团委宣传部部长等职务，累计志愿时长近300小时。

脚踏实地，仰望星空：在进步中获得三次国家奖学金

学习从来没有捷径，如果说兴趣是最好的老师，那么勤奋就是最忠实的伙伴。身为学生，只有将基础学得扎实，才有建造高楼大厦的可能。她的座右铭，一直都是简单的四个字：天道酬勤。

凭着"打破砂锅问到底"的精神，放学的时候，教室里常常只剩下老师和她两个人。点滴的积累造就了点滴的进步，让结果向着更好的方向递进，从大一上学期的平均分 89 分，到 90 分、92 分、94 分……她的专业排名已经连续三个学年位于专业第一，共有两门课程获得满分、十五门专业课全部取得优秀，曾六次获得本科生奖学金一等奖、三次获得国家奖学金、两次获得学校"优秀学生标兵"称号。除此之外，她还在大学三年级的第一学期选修研究生课程，使自己能够深入学习专业知识。

在完成自己学习计划的过程中，她也积极帮助同学解答疑惑。还在良乡校区的时候，她就成为学业指导中心的一名小导师，为大一的学弟、学妹们讲解微积分的知识，辅导北京学院的同学们完成功课。

她认为，"大家好才是真的好"，于是在班长的协助下，她为专业的同学开展微积分、有机化学、物理化学的串讲，并带领整个宿舍获得"优秀宿舍"的荣誉。

学习之外，杨珏莹积极参加各类学术竞赛，获得美国大学生数学建模竞赛 H 奖、校级"世纪杯"课外学术作品竞赛特等奖、第十二届全国大学生文学作品大赛二等奖等奖项。她对语言比较感兴趣，获得北京市英语竞赛二、三等奖和"外研社杯"英语阅读大赛校级二、三等奖。在大一的暑假，由于对语言浓厚的兴趣，她参与了香港大学暑期学校，进行为期 21 天的语言学的学习，在这一跟专业毫不相关的领域获得 A- 的成绩。"语言的学习就是触类旁通和勤能补拙，在港大的学习生活可以见识和内地教育完全不同的一种学习方式，可以说是研究性学习的先导。"

强国兴邦,技术为先:不停歇的创新创业探索

技术惠民,是当今发展的一大趋势。所以,在班主任陈煜老师的影响下,她在大学二年级加入陈煜老师课题组,作为负责人积极申报了校级和国家级大学生创新项目,这一项工作现在还在进行中。

杨珏莹和科研项目团队

在实验室师兄师姐的带领下,她参加了多个创业比赛,以推广产学研结合的理念,让团队所做的工作受到更广泛的关注和支持。老子曾言:"天下难事,必作于易,天下大事,必作于细。"创业比赛看似是小事,但是其意义却不可估量。产学研相结合,必须一直有探索的好奇心。经历了无数次思想的碰撞、无数次观点的争执、无数次幻灯片的润色修改,她和师兄师姐们一路走过校赛、走过市赛,走进了决赛。

在这个过程中,在指导老师陈煜老师的带领下,他们一直在思考如何才能做到成果转化,让研究成果走下书架上货架。于是她和小伙伴们开始

了漫长的创新创业之路。她一直坚守最初的目标——推广产学研结合的理念，让团队所做的工作受到更广泛的关注和支持。而整个过程中的关键，是解决放大生产存在的问题，比如产品的稳定性、工艺的连续性、设备的成本、副产物的回收，这是实验室产品不需要考虑的问题。"锲而不舍，金石可镂"，产业化的过程是艰难的，但是也正是这份艰难，才更值得他们坚持下去，为实现新材料、新技术、新方法而不断探索。他们利用社会实践，解决了副产物的回收——蓖麻油再利用的问题，这给了他们很大的信心。备战"互联网+"北京市决赛的过程，是他们最为艰苦的时候，因为答辩的前两天，他们正在平顶山专业实习。好在指导老师陈煜老师也前往河南指导他们的实习工作，于是，白天他们去工厂实习，晚上的时间就在小小的房间里面一起练习。还记得这句话吗？"天将降大任于是人也，必先苦其心志，劳其筋骨，饿其体肤"，虽身处这样艰苦的环境，他们都能静下心来安心备赛，甚至在回京的火车上，他们还不断地练习。经过两个星期的反复打磨，项目受到了评委和投资人的高度认可。当答辩结束时，听到评委称赞他们"创业项目就需要这样贴近实际、能够落地的好项目"的时候，一切辛苦的付出都有了回报。最终，她所在团队获得北京理工大学第十五届"世纪杯"学生创业竞赛金奖、2018 年"创青春"首都高校大学生创业大赛铜奖、第四届中国"互联网+"大学生创新创业大赛（北京赛区）一等奖、第六届中国大学生高分子材料创新创业大赛二等奖等荣誉，更是在 2018 年"创青春"全国大学生创业大赛斩获银奖，刷新了材料学院的最好成绩。"没拿到金奖是一件令人遗憾的事情，但是这也更加说明'人外有人，天外有天'，创新创业的道路从来都不是一帆风顺的，天道酬勤，只有继续努力而已。"

学生工作，薪火相传：从团支书到部长的坚持

大一时期，她担任 09011506 团支部的团支书。在担任团支书的这一学期，除了进行增强支部凝聚力的各种活动，她还带领支部在团日活动过程中积极与大二的团支部联谊，在交流的过程中学习到了一些宝贵的学习经验。俗话说："没有规矩，不成方圆。"在团干部的商讨下，她组织同学

们一同制定了"支部活动未请假、迟到30分钟按缺席处理""向支部提出建设性意见予以奖励"等团支部规章,为更好地管理团支部打下良好的基础。

大二时期,她担任材料学院青年团校良乡校区负责人的工作。由于学部的拆分,本部和良乡校区的工作需要同时开展,所以,如何深化两个校区的联系、如何强化学生干部的工作能力,是两个最值得思考的问题。在这个学期,在指导老师、研究生师兄师姐的带领下,她协助完成了开营仪式、新媒体培训、主题知识竞赛等活动。在活动中,受益的不仅是参与培训的学生干部,更多的是对于她自身能力的加强与提升。最令她骄傲的是,大二结束后,团校的所有部员全部留任,这是多么难得的事情!

大三时期,在繁忙的实验和学习中,她仍然没有扔下学生工作。在这一学年中,她担任材料学院团委宣传部部长一职,协助其他部门完成各项活动,并培养了一批能够独当一面的学生干部。

即使是在大学的最后一年,她也没有放弃学生工作。在党支部书记的推荐和自荐后,她担任材料学院本科生第二党支部的宣传委员,发挥大三时期担任宣传部部长的余热,负责党支部的公众号运转工作,并承担一部分党支部的党务和党建工作。

杨珏莹积极参与学生活动

三年半的学生组织生活,使她在刚入学时能够接触到优秀的学生干部,他们给了她许多让她受益终生的建议和帮助,也使她在即将毕业的时候还能和学弟学妹们打交道,帮助他们解答他们的迷茫与困惑。"北京理工大学是从延安中走过来的,延安精神,薪火相传,学生工作也如是——将获得的经验、感悟一届届传承下去,在学生工作中服务同学、提升自我。"

矢志公益,不忘初心:"以微尘之心,献磅礴之爱"的承诺

始终铭记着,2016年夏,微尘志愿者协会换届的时候,她对自己、对学长学姐、对这个组织许下的承诺——矢志公益,不忘初心。

从小到大对于读书的爱好造就了她对图书馆工作的向往,在高考结束之后,偶然看到漳州市图书馆在招聘暑期志愿者,她便义无反顾地加入了志愿者组织,从此一发不可收拾,到现在总计志愿时长近300小时。

她希望能够将她的想法和公益结合,帮助更多的人,于是,在大二时她留任了微尘志愿者协会,并在其中担任副主席一职。在担任副主席以来,她时刻铭记自己"矢志公益,不忘初心"的承诺,积极承担图书馆的工作。她的主要工作就是协助图书馆开展图书推广及各种主题讲座,承办了吴鹤龄老先生赠书仪式、纪念长征七十五周年系列主题活动、图书馆标识征集大赛等工作,和图书馆一起更好地服务于同学。帮助更多的同学了解图书馆,进而爱上阅读、爱上志愿,也是一个十分有意义的工作,所以,除了协助图书馆的工作,她还在开学初轮班带领新生参观图书馆,让新生更加了解图书馆的结构,并举办"微尘嘉年华",让更多的同学都能看到书籍有趣的一面。

与此同时,志愿者是志愿者协会重要的组成部分,她和其他的主席、部长一起,加强对微尘志愿者协会的管理,实行报销制度,完善规章制度,并启用"志愿北京"管理志愿时长。2016年的第一学期,微尘在"志愿北京"上已有时长1 533.97小时。为将志愿活动的影响扩充开来,她积极寻求和其他志愿者组织进行合作。自从2017年开始,她和房山区志愿者联合会积极合作,协助他们进行了"学雷锋"活动、普法宣讲活动、社区便民活动等一系列活动,扩大了微尘的影响力。由于在志愿活动方面的贡献,她在2017年获得"北京理工大学图书馆优秀志愿者""志愿服务先进个人"称号。

杨珏莹积极参与志愿服务

2017年的暑假,她参与了"出走世界"泰国暑期义工的活动。在泰国,她的工作是给三年级的小朋友上课。支教期间,她教了他们一些数学计算和简单的汉语,希望能在他们的成长生涯中开阔他们的眼界。

感恩担当,一路同行:从材料学院到材料学院

2015年的9月,她正式成为北京理工大学材料学院的一分子。4年之后,2019年的9月,她以博士研究生的身份再次走进了北京理工大学材料学院。很多人会问她:"珏莹,你这么优秀,为什么会选择在北理的材料学院直博呢?"其实,大三的暑假她报名过包含清华、北大在内的五个夏令营,并且全部都拿到了入营资格,那么她最终是为什么还选择留在北理的材料学院呢?

因为材料学院的材料学科,不仅是"211工程""985工程""双一流"等历次国家重点建设学科,也是全国第四轮学科评估A类学科。2017至2020年的QS世界大学学科排名中,北理工材料学科连续4年进入前100强。作为一个历史并不算古老的学院,材料学院给了她很多机会,学习上、工作上、文体活动上……丰富多彩的活动让她拥有了充实的大学生活,她也都能

在学院中找到自己的归属、找到自己的朋友。

因为高分子专业,给她的发展提供了很好的平台。老师们会鼓励高分子专业的学生进入实验室,一方面能够帮老师做科研辅助工作,另一方面能够知道自己适不适合走科研这条路。例如,从本科开始,给她上专业课的老师很多都是大教授级别的,有学术界的大牛,比如庞思平院长,也有很多年轻的优秀教师,比如教授聚合物结构与表征课程的李霄羽老师,他们不仅给她传授知识,而且还在课堂上跟她说了许多他们的研究以及研究过程中发生的事情,让她了解前沿的研究方向,以及怎么把她的课程和科研相联系。学院还有一流的课程设置,课程可以满足应用需求,而且还有一些课余时间可以做自己喜欢的事情。这些课程中值得一提的是专业实习,实习听起来很枯燥,其实并不是,她当时是在大四的时候,和整个专业的同学一起去河南的平顶山尼龙厂实习实践,对于她来说就是开辟新天地的好机会。

除了外部的因素——这些成绩的取得离不开学院和导师的培养,对于主观而言,在北理她做的研究是她感兴趣的,她所喜欢的。所以她很庆幸当初高考的时候选择了北理,来到了这么一所好学校,因此四年以后她再次选择了这所她所热爱的学校。读博这一年来,学院和导师也给了她很多帮助,自己的选择是没错的。大家都在努力为自己的未来而努力。

受到了学院如此大的帮助,她逐渐地成长,也在努力地帮助学弟学妹们。她是求是书院的朋辈导师,其实从大二开始她就在学业指导中心担任辅导微积分的朋辈导师。学校就一些基础课,比如微积分、大学物理、线性代数,都配有朋辈导师。除了学业辅导,还有专业分流辅导,现在北理的招生政策是以大类招生为主,会经历专业分流的阶段,如果有提前焦虑或者选择恐惧症的同学们怎么办?会有高年级的学长学姐、老师们为他们介绍各个专业。她在大一的时候就听过保送到清华的张冉学姐的讲座,对高分子专业学什么也有了一个全面的了解。除此以外还有科研辅导,在上个学期应她的本科同学,也是求是书院的晏直誉导员的邀请,她给大一大二的同学们讲了一场有关怎么申报大学生创新创业项目的讲座。很多学弟学妹问她,当初是怎么找到自己感兴趣的科研方向的,这个问题她之前也应该问过其他的学长学姐,现在,她可以告诉学弟学妹们:怎么知道什么适合自己有两种方式,一种是干一行、爱一行,另一种则是在尝试中挖掘自己的潜力。

从五年前踏进北理开始,这儿就是她梦想生根发芽的地方,常怀梦想,温故知新。她将坚定自己的信念,继续认真对待每件事,并在接下来的学习生活中不断践行。天道酬勤,相信一心一意,必有回响。

立足前沿交叉　服务国家需求
——北京理工大学材料学院优秀学生闫崇成长故事

闫崇，北京理工大学材料学院 2017 级博士生，主要从事高能量密度金属锂电池的研发课题，读博期间以第一作者身份在材料类顶级 SCI 期刊《Advanced Materials》(《先进材料》，影响因子 21.97) 和化学类顶级 SCI 期刊《Angewandte Chemie》(《德国应用化学》，影响因子 12.02) 发表原创性学术研究论文 3 篇，国际会议论文 2 篇，参与发表 SCI 论文 6 篇，申请国家发明专利 3 项，国际 PCT 专利 2 项。科研项目获批北京理工大学研究生科技创新项目的个人重点项目立项。曾荣获工信部 2018 年度创新创业一等奖学金、北京理工大学优秀研究生等荣誉，并多次在全国性的学术会议上斩获优秀报告或优秀墙报奖。原创性研究成果多次被工信部官方网站、北京理工大学官方网站、搜狐网、能源学人等媒体宣传报道，在推动本领域的认知和学术体系的完善上作出自己的贡献。闫崇正致力于将自己的科研成果与创业实践进行结合，让实验室的产品走向市场，研究成果已受到能源领域内上市公司关注并签署了相关合作协议。

不忘初心路,奋进新征程
—— 北京理工大学材料学院思政工作纪实

闫崇(左一)与老师和同学们一起参加固态电池研讨会

响应国家战略需求,矢志电池研发技术

党中央、国务院对新能源汽车及动力电池发展高度重视,多次召开专题会、座谈会,为产业创新发展指明方向。在一系列政策措施支持下,国家动力电池产业发展成绩显著,动力电池产业规模和出货量保持全球领先,支撑新能源汽车蓬勃发展,动力电池的技术进步和成本下降带动整车性能和竞争力提升,动力电池产业生态迈向健康发展,国际竞争优势逐步构建。目前,我国新能源汽车市场急需动力电池单体能量密度的提升,同时对固态电池等新体系电池的研究开发也亟待解决。

近些年一系列的政策和文件都在为新型电池体系的研发提供源源不断的支持,闫崇清楚地意识到新能源汽车行业是国家重大战略续需求的重要组成部分,而实现高能量密度电池目标离不开脚踏实地的科研。其中最关键的一个环节就是电池的电极材料研发,尤其是固态电池中的金属锂负极材料和电解质材料的研发,这是一个企业生存的命脉,更是国家发展的关键。

因此,在面向电池安全实用化的前提下,闫崇积极响应国家大学生创新创业的号召，开展金属锂负极固态电解质界面前沿探索工作，为其创业实践积攒先进研发技术。在博士正式入学几个月前，闫崇主动跟导师黄佳琦提出到实验室开展课题研究。在导师的同意下，他顺利地通过实验室安全考试，拿到实验室准入证，正式开启博士生涯的科学研究工作。那一刻，他真切感受到自己的个人命运与国家战略需求紧密相连，作为一名党员，他默默下定决心，要始终以国家需求为导向，时刻坚持与党同频共振，以笔为剑，科技报国。

闫崇在实验室中研究金属锂电池

勇攀科学技术高峰，攻克学科领域难题

在高能量密度金属锂电池的体系研究中，金属锂电极界面特性的差异直接影响到电池的安全性、耐久性和电压特征。金属锂电池的研究从1970年就已经在开展，然而该材料的高度活泼性和空气敏感性，导致锂离子在充放电过程中不均匀和不可控制的沉积（锂枝晶的生长），这造成以下两个灾难性的后果：一是锂枝晶具有穿透隔膜的潜在风险并导致短路，导致热失控、起火和可充电电池可能爆炸；二是锂枝晶很容易脱离导电骨架，导致形成死锂，因此库仑效率低。因此，锂金属负极长期以来一直很难被用于可充电电池的实际应用。

针对这一长久困扰研究者的难题，闫崇尝试很多方案，均以失败告终，但他从未想过放弃，在跟导师的一次详细讨论中，受到人体皮肤保护层的启发，有了新的灵感。闫崇设计通过利用室温下氟化铜和锂之间的容易置换反应，在锂金属负极的表面上实现非原位盾牌保护层。与领域内主流的磁控溅射沉积或氟气快速反应方案相比，该保护层呈现出高杨氏模量和高表面能的特性，从而防止枝晶生长，加速锂离子的扩散；铜原子的存在破坏原本固液界面中长程有序结构，扩展离子通道，保证锂离子在界面处的快速迁移。经过在实验室长时间的反复探索，他寻找到最佳保护层条件，在该盾牌保护层的保护下，电池的循环寿命延长 8 倍，这一科学发现发表在材料类顶级 SCI 期刊《Advanced Materials》(《先进材料》)，并受到审稿人高度评价，发表后该研究成果被多家科研机构和媒体进行了报道，认为其推动领域内新的认知，具有标志性意义。

闫崇在实验室中进行电池的测试

该研究成果的发表过程只是闫崇在创业实践研发生活中的一个缩影，每一篇原创性研发成果的发表背后都包含着他日日夜夜在实验室的坚守，更蕴藏着对科学研究的热爱。黄佳琦老师曾评价道："闫崇是一名兼具丰富的知识储备与顽强韧性的博士生，能取得这样的创新创业研发成果，和他付出的巨大努力是分不开的。"

如今，闫崇正在努力寻找更多志同道合的同学，在有一定核心研发技术的基础上积极开展创业实践的探索，推进产学研转化进程。这是一条相比科研更为复杂的路，但他做好了准备。闫崇坚信，真正具有价值的研发技术是不会被市场埋没的，他对自己的研发技术应用到创业实践充满期待。

学科融合各展所长，前沿交叉铸就未来

近代科学发展特别是科学上的重大发现，国计民生中的重大社会问题的解决等，常常涉及不同学科之间的相互交叉和相互渗透。实验室中的很多同学都来自不同专业，有各自擅长的领域。闫崇作为实验室常规组会的牵头人，总是会提前了解同学们的研究领域，然后根据不同同学的研究方向特点，积极进行组会引导，鼓励同学们在组会上进行学科的融合和交叉讨论，结合科研与创业实践的具体要求，以及产业化的具体进展情况等展开头脑风暴，进行思维的碰撞讨论。在这样的一次次讨论中，实验室的同学们对于课题和学科领域都有了更深刻的认识。

做好自身的科学研究和创业实践研发工作的同时，闫崇还时时刻刻提醒自己作为一名共产党员的先锋模范作用，以身作则，用自己的实际行动影响身边更多的人。

闫崇的师弟许睿同学评价他："师兄是一个酷爱学术但又很有创业想法的人，他有很多正能量，不断影响着组里的每位同学，不仅教会大家如何将科研与生产距离变得更近，更是配合导师带动大家团结一心，齐心协力，让课题组发展欣欣向荣。"

时代机遇造就人才，处在新能源、材料和化学交叉学科迅速发展的风口，闫崇感受到机遇与挑战，正在努力夯实自身科研基础，提升自身本领，增长创业实践才干，为国家战略需求服务、为国家能源行业进步贡献自己的一份力量。

小本的"顶级 SCI"诞生记
——北京理工大学材料学院优秀学生李宗麒成长故事

能源危机和环境污染问题已成为阻碍经济发展的首要问题，也是世界各国关注的焦点。在众多新能源技术中，太阳能电池（也称为太阳能发电技术或光伏发电技术）成为最具有应用前景的方向之一。随着光伏发电技术的迅速发展，杂化卤化物钙钛矿成为最有希望的新一代光伏材料。

在不到八年的时间里，钙钛矿太阳能电池获得了 22.7% 的光电转换效率，其性能已超过了多晶硅太阳能电池，被《Science》杂志评选为 2013 年度十大科技突破之一，并被誉为"光伏领域的新希望"，受到诸多科研人员的青睐。在这其中，就有一位年仅 22 岁，来自北京理工大学材料学院材料化学专业的 2015 级本科生李宗麒，在导师的指导下，凭借自己的勤奋与努力，在钙钛矿太阳能电池研究领域中有了自己的位置。

2018 年 5 月 24 日，作为一名大三在读学生的李宗麒，在材料学院陈棋教授的指导下，以第一作者身份在能源领域顶级期刊《Joule》（影响因子 27.054）发表题为《Cost Analysis of Perovskite Tandem Photovoltaics》（《钙钛矿叠层光伏成本分析》）的研究成果。

兴趣的"种子"在北理工落地生根

高中时期，李宗麒就对清洁能源及太阳能电池相关领域有着浓厚的兴趣，自学了国外该领域的最新研究技术与研究进展，由于当时国内慕课的发展还不完善，李宗麒的自学主要是通过慕课平台来进行的。"全英文的授课形式对当时的我来说是一个很大的挑战，为了达到更好的学习效果，每次听课前我都会提前预习课程内容，以便在听课过程对所学的知识有更深刻的理解。我想这就是兴趣的力量。"李宗麒说道。即便是在备战高考期间，李宗麒也挤出时间继续学习，积累大量的该领域知识，为他升入大学进入实验室开展课题研究打下了良好的基础。

2015 年，怀揣着这颗"太阳能电池"兴趣的种子，李宗麒如愿成为北京理工大学材料学院材料化学专业的一名本科生，而学校的人才培养模式，更为这颗种子的生根发芽提供了沃土。在学校每年秋季的实践学期，各个学院会根据不同专业学科方向的特点，为学生量身定制相应的实践课程。

李宗麒所在的材料化学专业，会要求学生们提前进入实验室，深入了解各个科研方向，挖掘自己的兴趣点及潜在科研能力。这种实践课程的设置，让李宗麒觉得有一点"小兴奋"。他积极咨询实验室里各个课题组的研究方向，在了解到陈棋教授课题组目前正在重点关注钙钛矿太阳能电池的产业化研究后，他主动与陈棋教授沟通交流，并于大二下学期正式进入课题组，在陈棋教授的指导下，正式进入叠层钙钛矿太阳能电池生产成本的研究中。从此，李宗麒正式开启了良乡校区上课、中关村校区做实验的两校区"奔波"模式。

纸上得来终觉浅　绝知此事要躬行

"最初进入实验室的时候，我依旧把主要精力放在学习基础知识上，认为只有具备了足够的基础知识才能对实验本身有足够的理解。"李宗麒沿用之前的学习模式，继续通过 Edx、Coursera、MIT 等网络公开课，学习半导体和太阳能电池的相关领域知识。然而，由于理论知识过于抽象，李宗麒逐渐意识到，学习中遇到的一些问题，并不能完全从理论课程中找到解决方法。之前的学习模式导致科研进展缓慢，为此，李宗麒和指导教师进行了深入的交流。"陈老师为我指定了一位课题组组长，要求我协助学长完成实验内容，熟悉实验的操作流程，在实践过程中发现问题并尝试解决。"陈棋教授为李宗麒提供了新的思路。

导师陈棋指导李宗麒进行实验

"在制备实验中要用到有机试剂时,需要提前对其进行提纯,理论上,应该是提纯次数越多试剂越纯净,可是实际操作中并非这样。"在实际操作中,提纯次数越多,试剂反而更容易受到外界环境的氧化进而被腐蚀,这些从实践中总结的小经验,是书本上的理论知识无法取代的。"在实验过程中,除了锻炼自己的操作技能,还可以更好地将理论知识与实践经验相结合,对所研究的课题内容有了更直观的认识和更深刻的理解。"李宗麒豁然开朗。

通往成功的路上,往往还需要克服困难的毅力与恒心。在李宗麒最初收到《Joule》期刊审稿人意见时,受到了不小的"打击",这份意见涉及计算模型的更改、研究对象的替换、所有数据基础的确认与更新、补充信息的修改、实验数据图表的重新绘制、文章陈述的修改等。在大多数人眼中,在一个月的规定时间内完成修改几乎不可能;但是,李宗麒和团队的伙伴们没有放弃,而是迅速制订工作计划,全身心投入文章的修改工作中。"让我印象最深的一次是对新的计算模型进行设计,从晚上11点开始,我们通宵工作,直到第二天下午2点与陈老师讨论确认后,才回到宿舍休息。虽然辛苦,但是在两周内,我们就重新确定了计算模型、研究对象和核心数据与假设,为文章的修改打下了很好的基础。"李宗麒回忆道。

寒假期间，李宗麒依旧每天按照已定工作进度，完成对每个研究对象的成本计算以及成果图制作，这样的状态一直持续到春节。"在大年三十的晚上，陈老师还在通过电话和我确认实验数据的合理性。"对于陈棋老师的倾心指导，李宗麒心怀感恩。

"小本"发出"大文章"

"骐骥一跃，不能十步；驽马十驾，功在不舍。"在老师的指导和团队的共同努力下，李宗麒以第一作者身份在能源领域顶级期刊《Joule》发表题为《Cost Analysis of Perovskite Tandem Photovoltaics》的研究成果。他在文中详细地分析了两种叠层钙钛矿太阳能电池的生产成本，通过预测平准化度电成本（Levelized Cost of Electricity，LCOE），详细探讨了叠层太阳能电池技术路线对于钙钛矿光伏产业化的重要意义，并预言了钙钛矿太阳能电池未来发展的可能技术走向。

钙钛矿材料由于其带隙可调，所以能够和不同吸光材料组合起来，成为具有优异光电性能的叠层电池材料。研究表明，通过调节钙钛矿吸光层的带隙，钙钛矿/晶硅太阳能电池和钙钛矿/钙钛矿太阳能电池的理论光电转换效率分别可达到39%和34%。

在太阳能电池材料领域，通常用平准化度电成本（LCOE）来衡量发电实体在系统寿命周期内单位发电量所消耗的成本，这是决定发电技术能否商业化的成本估算标准。而对于钙钛矿叠层技术的太阳能电池材料，尽管存在商业化的可能性，但是目前尚未有相关的LCOE测算方法和研究。而李宗麒及其合作者，正是针对这一空白，采用"自下而上的成本模型"，对钙钛矿光伏组件的制备成本进行估算，并进一步计算光伏系统的LCOE。他们在特定的假设下，通过比较四个有代表性的光伏组件，研究发现钙钛矿光伏组件的材料成本要低于多晶硅光伏组件。

除此之外，李宗麒和团队成员，还针对组件效率和寿命进行了研究，首次提出了LCOE下降率（LCOE Decrease Rate）的概念，用来指导和规划钙钛矿光伏和叠层钙钛矿太阳能电池的技术发展路线。他们所发表的论文从商业化的角度为钙钛矿太阳能电池领域的发展方向提供了参考。

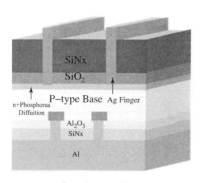
PERC多晶硅电池材料组成

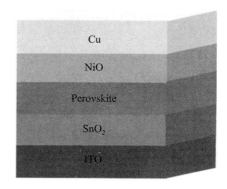
单结钙钛矿电池材料组成

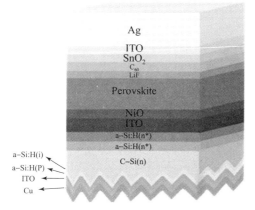
钙钛矿/晶硅叠层电池材料组成

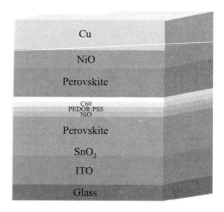
钙钛矿/钙钛矿叠层电池材料组成

回想自己第一篇 SCI 论文的诞生过程,李宗麒觉得自己很幸运。"虽然经历过实验的失败,但是都能在陈老师的指导下,及时寻找到解决问题的方法,遇到困难时,可以得到老师和课题组小伙伴们的帮助,心中又充满力量。"李宗麒说,"在本科阶段能够提前进入实验室,不仅可以在科研中拓展解决问题的思路,也锻炼了自身的团队协作能力,这对于今后的科研工作,受益良多。"

"本科生提前进入实验室,可以通过实践为知识找到出口,这是知识内化最有效的手段之一。同时,在实践中提高学生的科研鉴赏力,拓宽视野和格局,这为培养一流的复合型人才奠定了重要的基础。"在谈到学生本科阶段进入实验室的培养模式时,陈棋教授这样说道。

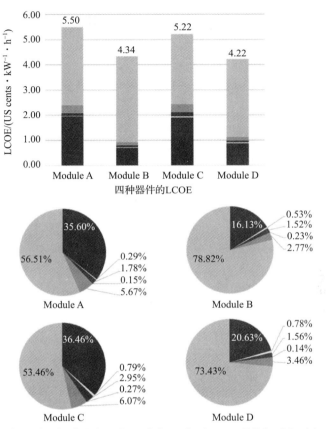

四种器件的LCOE

■Others ■Overhead ■Labor ■Depreciation and maintence ■Utilities ■Materials

四种器件的LCOE组成细分